本书系2022年度河北省社会科学发展研究课题《课程思政与师德师风协同建设研究》（课题编号：20220604005）成果

课程思政与全面发展

刘凤彪　著

河北大学出版社
·保定·

课程思政与全面发展

出 版 人：朱文富
责任编辑：刘 婷
装帧设计：张彦琪
责任校对：耿兆飞
责任印制：常 凯

图书在版编目（CIP）数据

课程思政与全面发展 / 刘凤彪著．-- 保定 ：河北大学出版社，2023.1
ISBN 978-7-5666-2076-7

Ⅰ．①课… Ⅱ．①刘… Ⅲ．①思想政治教育－教学研究－中国 Ⅳ．① D64

中国版本图书馆 CIP 数据核字（2022）第 176650 号

出版发行：河北大学出版社
地址：河北省保定市七一东路 2666 号 邮编：071000
电话：0312-5073019 0312-5073029
邮箱：hbdxcbs818@163.com 网址：www.hbdxcbs.com
经 销：全国新华书店
印 刷：保定市北方胶印有限公司
幅面尺寸：170 mm × 240 mm
印 张：18.25
字 数：254 千字
版 次：2023 年 1 月第 1 版
印 次：2023 年 1 月第 1 次印刷
书 号：ISBN 978-7-5666-2076-7
定 价：52.00 元

如发现印装质量问题，影响阅读，请与本社联系。
电话：0312-5073023

序　一

课程思政是当前教育系统的一项重要工作，实现了在教育理念、教育制度、教育实践方面更好地发挥“四为服务”功能的重大创新。

课程思政充分挖掘课程背后的思政元素知识点，在传授理论知识的同时，教育和引导学生正确认识社会、理性看待问题，有效实现了教书、育人的双重目标。课程思政推动着教师扎根中国大地办教育，不断提升自身知识水平，努力培树崇高师德，切实把为学、为事、为人统一起来，当好学生成长的引路人。从这个意义上来看，课程思政的根本在育人，基础在课程，关键在教师，成效在学生。

习近平总书记在全国高校思想政治工作会议上深刻指出：“大学是立德树人、培养人才的地方。”“学生在大学里学什么、能学到什么、学得怎么样，同大学人才培养体系密切相关。”课程思政是实现高校人才培养目标的重要举措之一，全面开展课程思政建设，不仅是对“培养什么人、怎样培养人、为谁培养人”这一重大理论问题的回应，而且是在教学实践层面解决这一问题的有效方式和途径。教育部《高等学校课程思政建设指导纲要》把全面推进课程思政建设作为落实立德树人根本任务的战略举措，其根本目的是将价值塑造、知识传授和能力培养三者融为一体，寓价值观教育于知识传授和能力培养之中，帮助学生塑造正确的世界观、人生观、价值观。

人才培养目标的基础在课程，课程思政的基点同样也在“课程”。对课程而言，一般有知识、能力、情感三类目标，其中课程思政的任务主要是挖掘课程中的情感目标，而情感目标的核心是价值观，发挥着汇聚各种思政元素的强大磁场作用，是课程中各种思政元素的统摄和统领。所以，只有把价值塑造、知识传授和能力培养三者融为一体，才能最终形成完整的课程体系。

这之后，就是如何将高质量的课程内容传授给学生，内化为学生的价值观。这其中的关键在教师。教师的教学工作，就是以智慧启迪智慧、以灵魂塑造灵魂、以价值引领价值。教师在教学过程中倾注情感、把握心理、用心浇灌，最能代表隐性课程春风化雨、润物无声的鲜明特点，也最能体现课程思政陶冶情操、启迪心灵的人文价值。

而如何评价教师依托课程践行立德树人根本任务的成效，则主要看能否引发学生学习，能否改变学生。把学生培养成有能力、有情怀、有担当、让党和人民放心的社会主义建设者和接班人，是教育工作者的光荣使命。这一点，也是教育的本质所在。

显然，以上每一个环节都有着十分广阔和深入的研讨空间，需要我们持续探索、不断发力、久久用情。这是教师肩负的崇高职责，也是对课程思政的必然要求。

凤彪在书中引用了《裴子言医（序言）》中的一段话："学不贯今古，识不通天人，才不近仙，心不近佛者，宁耕田织布取衣食耳，断不可作医以误世！医，故神圣之业，非后世读书未成，生计未就，择术而居之具也。是必慧有夙因，念有专习，穷致天人之理，精思竭虑于古今之书，而后可言医。"凤彪认为教师和医生都是神圣的职业，因此教师也适合用这段话自警、自律。医生关注的是人的肉体生命，教师关注的是人的精神生命，二者的职业特点极为相近。医生不能头疼医头、脚疼医脚，而必须探究病因、对症下药，确保病人身体健康、心情舒爽。这是医德。教师不能打开书本讲课、合上书本走人，而必须循循善诱、因材施教，确保学生知识丰富、精神充盈。这是师德。教育培养了人的道德情操、价值观念，使人的肉体生命拥有了情怀、思想和美德，而实现这一教育功能的，正是教师的大爱，是课程体系，是课程思政。《课程思政与全面发展》一书所阐述的，正是教育在推动人的全面发展中的情感归因和价值指向。

凤彪先后担任河北省职教发展研究中心主任、省委教育工委党校书记，转岗适应能力较强，在不同岗位都有所建树。这次他在《课程思政与全面发展》中以教育目的、教育属性为出发点，提出的课程思政的师德本义、教师文化建设、课程思政建设的五个维度、全面发展的元能力以及课程思政建设让课堂教学复其本然、让教育能力成其必然、让言传身教彰其应然等观点，给人耳目一新之感。特别是从课程思政建设角度探究人的全面发展，对师生的共同成长和造就更多新时代好老师、大先生进行了深入分析，相信一定会为当前的课程思政建设提供极好的参照与借鉴。

凤彪同志热衷于教育研究，为人忠厚、工作勤勉，多年来耕读不辍，出版专著、发表论文、主持课题研究，这也是他在用自己的学识、言行践行课程思政。

衷心希望凤彪多出精品力作，继续为我省教育事业贡献才智。

是为序。

河北医科大学党委书记　翟海魂

二〇二二年九月二十三日

序　二

和凤彪书记并不熟悉，他原本在省里从事职业教育管理和研究工作，我则在地方基础教育战线，相互之间没有什么交集。认识他也只是两年之前，那时，他已转岗从事教育管理、干部培训和党建研究，因工作需要，来衡水中学开展党建调研。记得在总结讲话时，凤彪书记谈到了课程思政。他说："课程思政的本义，宏观上讲是师德建设，检验着教师的人文素养和综合素质能力。"正是这句话，拉近了我们彼此的距离，所以，接到他的书稿并嘱我为他写序时，不仅没有违和之感，还颇有亲近之意。

我一直坚持认为，立德树人是教育的根本任务，但人文精神是教育的灵魂，失去了人文精神的滋润，教育就会失去灵魂。高中阶段是一个人世界观、人生观、价值观形成的关键时期，对于高中生来讲，高中教育不仅要让他们拥有知识和能力，更要培养他们胸怀家国的人文精神。人文精神才是学生生命成长之本，本立才能道生。

这些年，衡水中学之所以能够凤凰涅槃、浴火重生，创造了那么多让人难以想象的业绩，其根本就源于支撑学校持续发展的"衡中精神"，即胸怀家国、持恒追远、直面挑战、奋勇向前的责任担当精神，蓬勃向上、斗志昂扬、爱岗敬业、艰苦奋斗的激情实干精神，众志成城、高效执行、精益求精、创新进取的团结精进精神，立己达人、美美与共、开放包容、合作共赢的和谐共生精神。深藏在师生心中的衡中精神，与《课程思政与全面发展》所提到的一个人全面发展的元能力不谋而合，与《课程思政与全面发展》所论述的教师应具备的人文素养和涵育的教育情怀不谋而合。这是我看到书稿后的第一感觉。

另一方面，凤彪书记把教师作为教育发展的第一资源展开论述，提出教师文化是学校文化建设的重要内容，认为教师从事的是“使人明”的工作，必须做到先“自明”。同时，教师要与学生同青春、共成长，在成就自我中成就学生。显然，凤彪书记是把教师发展贯穿于整个办学过程之中。而这一观点，又与我实现了思想认知上的呼应、重合。这些年，我正是秉持教师的发展、学生的发展和学校的发展应一体推进的教育理念，特别是把教师发展作为校长的第一使命，大力倡导“发展是教师的最大渴求，培训是教师的最好福利”这一方针，以专业成长为抓手，有效推动了教师跨学科、跨领域、跨文化的全面发展。凤彪书记在书稿中说：“教师和学生在课堂之外‘面对面’的触碰，是多位教师和无数学生之间偶然发生的影响或互动。这个过程没有预演彩排，没有教学环节介入，只是诸多教师的音容笑貌、脾气秉性、好恶取舍等魅力风范在穿越校园之时，留给学生驻足欣赏的那一道七彩光影。”教师个人的行为规范、言谈举止是学校教师文化建设的重要内容，是校园文化建设的重要组成部分，是课程思政在课堂之外的延伸与拓展，这与我校多年来所践行的师资培训指导原则不谋而合。

还有，书稿对教师责任、教师角色，学习力、教育力，教师个体师德、教师群体师德建设，以及课程思政建设的五个维度，特别是人文素养对教师开展课程思政的影响等方面的思考，都和我产生了思想上的强烈共鸣。

读完书稿，感觉全书既有理论溯源与假说，又有实证分析与建议；既有课程教学解剖，又讲教师师德建设与专业发展，全面而具体、深邃而感性，于中小学是一本不可多得的课程思政指导用书。衷心希望《课程思政与全面发展》一书能惠及更多中小学教育工作者。

凤彪书记说，课程思政建设让课堂教学复其本然、让教育能力成其必然、让言传身教彰其应然。我要说，课程思政建设让观点相近、思想相通之人，虽因疫情相隔难以相见亦欣欣然。

谨以为序。

河北衡水中学党委书记　郗会锁

二〇二二年八月十九日

目　录

中篇　发展篇

下篇 理想篇

绪　论

三年前的冬季，新冠肺炎疫情突然暴发。在这场突发的灾难面前，每天发生的事情让我们看尽了人间百态。由于疫情扩散蔓延，春节假期之后学校不能如期开学、工厂不能如期复工，社会按下了“暂停键”，大家都在这场全球公共卫生突发事件中煎熬、奋争、战斗。围绕停课不停学，教育系统全体师生共同经历了一场前所未有的艰难大考，各种声音、论调此起彼伏，各种境况、遭遇层出不穷，检验着每一个人的承受能力、辨别能力、应对能力。而就在我们以为疫情即将过去、春天快要到来的时候，疫情却一波又一波悄然“反扑”。

面对愈加严峻的疫情防控形势，病毒的每一轮肆虐都告诉人们，不守规则是多么可怕；而严格落实防控措施的艰难经历，也让我们看到了有多少人在为此付出和牺牲。

生活是多彩的，生活也是多变的。都说未来可期，但明天的未知又让生活充满了不确定，让生活成了一个需要不断辨别、不断取舍的艰难过程。面对每天发生的各种事情，我们时时处处都需要做出判断、做出选择。判断和选择是生活的一个常态，只不过平时的判断和选择显得比较轻松和从容，而非常时期会让人们感到恐慌和不安。

然而，唯有困难之时方显英雄本色。新冠肺炎疫情暴发以来，我们从每天的事态进展、媒体报道以及发生在身边的各种事件中，看到了人们的不同选择：医护工作者、科研人员的逆风而行，志愿者不惧感染风险的默默奉献，菜农果农、退休老人、少年儿童的无私捐款捐物，患者们相互鼓励安慰、笑对疫魔的超然，国家紧急调拨大批物资发往疫区、包机接回滞留国外的游客、调集军队和各省医疗队支援湖北的决策……总之，在这些选择中我们看到了中国人民的坚强勇敢、团结友爱、舍己救人、无私无畏、大爱无疆，看到了道路自信、制度优势、国家强大、民族团结。

当然，大家不想看到也不愿意看到的恐慌焦虑、谣言恶搞、不守规矩、哄抬物价、缓报瞒报、推责甩锅等庸俗低级、无耻无能、病态恶毒的丑陋画面也时有出现。

从早期的停课不停学，到疫情基本控制后的分期分批错峰开学，再到各地根据疫情发展形势和防控工作实际对不同学段采取的全封闭式管理教学、暂停返校、分期分批错峰放假、停止线下培训等不同举措，对管理者、教师、学生都是一种考验。而之后3年的疫情跌宕起伏和多点暴发，又进一步加剧了疫情对生产、生活、学习的影响。在全球疫情不断加速蔓延的严峻态势下，疫情防控的复杂性、艰巨性、反复性成为常态化疫情防控工作的突出特点，也是我们每天做出选择时都要面对的特殊因素。

能否迅速适应突变的形势，能否有效跨越眼前的困境，能否科学组织好线上的教育教学以及开展各种远程服务，是对大家的共同考验。

这场“大考”没有一个统一的标准答案。临场发挥的表现取决于决策者、参与者的科学素养、知识架构、决策力、判断力、执行力等综合素质能力，检验着每一个人的政治立场、思想觉悟、宗旨观念、道德认知。“不经一番寒彻骨，怎得梅花扑鼻香。”（黄蘖禅师《上堂开示颂》）经历这场突发疫情之后，学生、老师的综合素质能力和意志品质都必将得到前所未有的提升。

这就是生动的课程思政！这就是鲜活的生活思政！这就是促进一个人全面发展的动力源泉！当然，这也是教育要达到的目的，即教育和引导学生能够直面生活的不确定性，并适时做出正确的选择。总之，通过教育我们要学会遵规守矩、不畏艰难，要能够透过云雾看到明天的太阳，感到生活美好、未来可期！

显然，这是一种素质、一种能力、一种价值观念、一种人生态度。

作为教育工作者，在这个问题上必须不断深入思考：为什么在同样的事情面前，大家的表现截然不同？面对突如其来的危机，我们究竟应该如何应对？或者说，我们需要如何培养学生面对选择时应该具备的理智、理性、果敢、坚定意识？如何引导学生认识到什么样的选择才是科学的、正确的、符合实际的？我们应该如何在平时的教育教学中提高学生的综合素质能力，引导他们做到理性规矩、能够担当奉献，促进每一个人的全面发展？如何利用好日常开展的旨在锤炼思想、启迪智慧、涵养精神、陶冶情操、追求境界的各种教学活动和社会实践活动，培养学生健康的心理、完美的人格、高尚的道德、昂扬的精神呢？

“学高为师，身正为范。”对于每一位老师来说，如何有效加强师德建设、提高自身修养，真正起到示范引领作用，从而在教育教学这个太阳底下最光辉的崇高岗位上努力践行职责，不断实现自身的全面发展，做学生为学、为事、为人的大先生呢？

如果我们把这场疫情当作教材，自然会从中受到这样的启发：教育就是生活，是教师对学生的示范引领、熏陶感染；而研究、实施课程思政，也必须要从生活的角度来认识课程思政，全面挖掘各种课程和教学活动中蕴含的思想政治教育资源，实现全员、全程、全方位育人。所以，我们要用好新冠肺炎疫情防控阻击战这个社会大课堂，从党中央的英明决策和全社会的积极响应中凝练、提取适应新时代的品质要求，培养学生层次丰富、底蕴饱满、内涵深厚的综合素质能力，践行人的全面发展，全面落实立德树人根本任务。

教师是园丁。我们每一位老师都真心希望我们的学生向上、向善、向美，不忘初心、坚定执着，常怀感恩、志向高远，自信阳光、笑容灿烂，堪当民族复兴时代大任。而“对教师来说，想把学生培养成什么样的人，自己首先就应该成为什么样的人”①。所以，建设、实施课程思政必须坚持政治性和学理性相统一、价值性和知识性相统一、建设性和批判性相统一、理论性和实践性相统一、统一性和多样性相统一、主导性和主体性相统一、灌输性和启发性相统一、显性教育和隐性教育相统一，“把思政小课堂同社会大课堂结合起来，教育引导学生立鸿鹄志，做奋斗者”②。

这正是撰写《课程思政与全面发展》一书的指导思想，也是积极参与新冠肺炎疫情防控阻击战的一个研究成果。据此，本书形成的编写理念是：新时代课程思政建设既要丰富学科素养，又要重视教师文化建设；既要完善学科品质，也要实现教育哲学；既要执着学理追求，也要践行人的全面发展。按照这个思路，本书共分三个层次进行编写。

上篇是立论篇。从教育源于劳动、教育是有目的的人类社会活动出发，重点阐释教育的政治性以及教育方针演变的逻辑脉络和新时代党的教育方针的内涵特征，为建设教师文化和践行立德树人根本任务奠定理论支撑。

“求木之长者，必固其根本；欲流之远者，必浚其泉源；思国之安者，必积其德义。”（魏徵《谏太宗十思疏》）贯彻落实好党的教育方针，必须加强师资队伍建设，加强教师文化建设，培植师德师风，涵育教育情怀，把教师个人的全面发展摆到学生的全面发展之前，用教师的全面发展推动、引领学生的全面发展，使教师能够在成就自我中成就学生。这是教师履行“教书、育人”双重职责的立论基础。

教师是教育工作的中坚力量，必当提升思想境界，提高履职能力，

---

① 新华社：《坚持党的领导传承红色基因扎根中国大地 走出一条建设中国特色世界一流大学新路》，《光明日报》2022 年 4 月 26 日，第 1 版。

② 习近平：《思政课是落实立德树人根本任务的关键课程》，《求是》2020 年第 17 期。

修炼教学境界、教师境界。面对百年未有之大变局，只有深刻把握“培养什么人、怎样培养人、为谁培养人”这个教育根本问题的时代内涵，才能坚持教师职责的政治性，才能准确理解课程思政的深远意义。同时，也只有坚定树立正确的理想信念，补足精神之“钙”，切实解决好世界观、人生观、价值观这个“总开关”问题，才能丰富教师文化内涵，使教师成为新时代“四有”好老师，成为学生健康成长的“引路人”，成为塑造学生品格、品行、品味的“大先生”。

中篇是发展篇。中篇首先分析了课程思政的师德本义，提出了课程思政建设的五个维度，强调了我们每个人都是生活在现实社会生活中的具体的人，每个人的行为都会与社会、与周围的人、与自然界发生各种各样的关系。正如马克思所说，“人的本质不是单个人所固有的抽象物，在其现实性上，它是一切社会关系的总和”①。因此，本篇将践行立德树人使命的关注点放在了如何帮助学生走向社会、适应社会、融入社会、奉献社会方面上来，核心思想是论述实现人的自由、全面发展需要培养的一系列元能力，强调劳动是全面发展的基础和保障，分析了大中小幼课程思政一体化视角下的教师专业发展。

一是课程思政的师德本义。狭义的课程思政就是利用课程背后隐含的思政元素开展思想政治教育，广义的课程思政则是教师个人的全面发展思政、师德师风思政。教师要提升人文素养、强化道德自律，通过广义的课程思政建设实现和学生的“同青春、共成长”，使课堂教学复其本然，教学能力成其必然，师德师风彰其应然。

二是课程思政的五个维度。课程思政建设的第一维度是立德树人的政治高度，是对上篇阐述的任何一个人都属于一定的组织、有着各自的立场、“不入于杨，则归于墨；不入于老，则归于佛”（韩愈《原道》）等观点在教育教学实践中的具象化。有了立德树人的政治高度，

① 《马克思恩格斯选集》（第一卷），北京：人民出版社，1995年，第60页。

也就有了课程思政建设的自觉性，有了思政元素的挖掘深度，而挖掘后课时占比的分配量度则属于课程讲授中的技术问题。至于师德师风的弘扬力度以及对课程思政建设的考核评价，一个是广义层面的课程思政建设问题，另一个则是教育发展中必须触及的深层社会文化改革问题。

三是对全面发展的基本认识。人文素养、人文精神在技术时代对全面发展意义重大，教育力、学习力在实现教师职业的双重属性中发挥着重要作用。做事、教书是教师职业的基本属性，要求教师知识丰富、理念先进、技能高超、技艺娴熟；做人、育人是教师的政治属性，要求教师品德高尚、志向高远、勇于担责、知行合一。

四是对支撑全面发展的元能力的概要分析。由于“每个时代总有属于它自己的问题，只要科学地认识、准确地把握、正确地解决这些问题，就能够把我们的社会不断推向前进”[①]。面对后疫情时代社会发展的复杂形势和多变的社会思潮影响，特别是经济与文化、道德、科技等的多重融合趋势，为促进人的全面发展，需要注重培养一系列旨在提升综合素质能力的元能力。

五是课程思政一体化视角下的教师专业发展。针对教师专业发展来说，此专业非彼专业，这里的专业应该是全面的专业、广域的专业。因此，从大中小幼课程思政一体化建设出发，对教师专业发展提出岗位需要的特殊性、教师职责的特殊性要求，从而必须推动实现教师的全面发展。

下篇是理想篇。宏观意义上的课程思政就是通过师德修养与教育情怀塑造，不断推动和实现人的自由全面发展。“道之所存，师之所存也。”（韩愈《师说》）教师成长过程就是师德修养过程，教育情怀塑造过程就是师德自觉养成过程。教师要增强责任感、使命感，在“务

① 习近平：《之江新语》，杭州：浙江人民出版社，2007 年，第 235 页。

学不如务求师”（扬雄《法言·学行》）的境界修炼中，通过成就自我来成就学生。

教育是国之大计、党之大计。教育不能脱离社会现实，教师不能脱离生活实际，教学必须服务于学生的未来发展。“好的学校特色各不相同，但有一个共同特点，都有一支优秀教师队伍。”① 古人云：“言为士则，行为世范。”（刘义庆《世说新语·德行第一》）新时代人民教师要坚定理想信念，不断加深对中国特色社会主义的思想认同、理论认同、情感认同，厚植教育情怀。“要用好课堂讲坛，用好校园阵地，用自己的行动倡导社会主义核心价值观，用自己的学识、阅历、经验点燃学生对真善美的向往，使社会主义核心价值观润物细无声地浸润学生们的心田、转化为日常行为，增强学生的价值判断能力、价值选择能力、价值塑造能力，引领学生健康成长。”② 特别还要“不断提高自身道德修养，以模范行为影响和带动学生”，“严爱相济、润己泽人，以人格魅力呵护学生心灵，以学术造诣开启学生智慧，把自己的温暖和情感倾注到每一个学生身上，让每一个学生都健康成长，让每一个孩子都有人生出彩的机会”。③

---

① 新华社：《坚持党的领导传承红色基因扎根中国大地　走出一条建设中国特色世界一流大学新路》，《光明日报》2022年4月26日，第1版。

② 习近平：《做党和人民满意的好老师——同北京师范大学师生代表座谈时的讲话》，《光明日报》2014年9月10日，第2版。

③ 新华社：《坚持党的领导传承红色基因扎根中国大地　走出一条建设中国特色世界一流大学新路》，《光明日报》2022年4月26日，第1版。

上篇 立论篇

教育的政治属性：你的样子就是教育的样子

教育不仅传授知识和技能，更传播思想、锤炼精神、塑造人格，最终实现“学以成人”。也正是在这个意义上，培养什么人、怎样培养人、为谁培养人成为新时代教育的根本问题，成为民族振兴、社会进步的重要基石，成为功在当代、利在千秋的德政工程。教育的这一特殊重要性，使得教师不同于其他任何普通职业，而是一项带有政治色彩、高尚情操、自觉意识、自律精神、家国情怀、仁爱之心等诸多人文特征的光辉事业。所以，本篇的立论基础，主要是分析教师应该如何认识教育本质、如何理解教育方针，从而自觉履行教师职责、弘扬教师文化、践行立德树人根本任务。

一、教育是为政治服务的

“育才造士，为国之本。”（权德舆《策问·进士》）作为新时代教育的首要问题和根本任务，立德树人决定着教育的发展方向，并使教育具有了特殊的时代意义。如何办教育，遵循什么样的方针办教育，其实就是在回答教育是为谁服务这个根本问题。这一问一答，为教育涂抹上了鲜明的时代色彩、阶级色彩乃至政治色彩。作为一个有担当的新时代教育工作者，对此必须有着高度的警觉和清醒的认识。

我们知道，在马克思主义发展史上，《共产党宣言》是无产阶级政党系统宣示自身主张的第一个纲领性文献。早在 170 多年前，马克思、恩格斯不仅第一次在这个纲领性文献中科学解释了人类社会发展的一般规律，而且重点分析了资本主义社会的特殊规律，揭示了资本主义社会运行的一般过程，尤其是无情地揭露了资产阶级思想政治教育的阶级本质和虚假属性。在对教育的阶级性、教育为政治服务这个问题上，马克思和恩格斯在批判资产阶级教育时一针见血地指出："资产者唯恐失去的那种教育，对绝大多数人来说是把人训练成机器。""你们的教育不也是由社会决定的吗？不也是由你们进行教育时所处的那种社会关系决定的吗？不也是由社会通过学校等等进行的直接或间接的干涉决定的吗？共产党人并没有发明社会对教育的作用；他们仅仅是要改变这种作用的性质，要使教育摆脱统治阶级的影响。"① 这就非常清楚地向世人昭示，在资本主义社会，受资本主义生产关系决定的教育是为资产阶级服务的，这种阶级利益、阶级意志的根本指向就是政治性的终极体现。

《共产党宣言》的问世，旨在向全世界公开说明共产党人的观点、意图，系统论述共产党人的一般原理，明确表达共产党人的理论主张和实践要求。《共产党宣言》所表达的基本观点、阐述的基本原理，马克思、恩格斯在几个版本的序言中都做了进一步的凝练，特别是恩格斯为说明这一重大理论贡献属于马克思一人而反复提及："每一历史时代主要的经济生产方式和交换方式以及必然由此产生的社会结构，是该时代政治的和精神的历史所赖以确立的基础，并且只有从这一基础出发，这一历史才能得到说明；因此人类的全部历史（从土地公有的原始氏族社会解体以来）都是阶级斗争的历史。"② 对这一规律现象，毛泽东同志也曾经说过："一定的文化（当作观念形态的文化）是一定社会的政治和经济的反映，又给予伟大影响和作用于一定社会的政治

① 《共产党宣言》，北京：人民出版社，2014 年，第 45—46 页。

② 《共产党宣言》，北京：人民出版社，2014 年，第 12 页。

和经济；而经济是基础，政治则是经济的集中的表现。”[①] 这就清楚地告诉我们，绝对不能脱离社会现实空谈教育的意义。脱离现实社会的政治经济基础，这样的教育是没有灵魂的，也是没有生命的。理解了这些，就理解了教育的根本属性。

教育属于上层建筑，是有阶级性的，是讲政治的。教育工作者不能将教育从真实的社会制度、社会关系和社会运动中抽离出来，孤立、片面地看待教育，而必须将教育问题置于产生这种问题的社会制度、社会关系和社会运动之中来看待。“政治路线确立了，要由人来具体地贯彻执行。由什么样的人来执行，是由赞成党的政治路线的人，还是由不赞成的人，或者是由持中间态度的人来执行，结果不一样。这就提出了一个要什么人来接班的问题。”[②]

不仅教育具有政治性，每一个人、一个组织、一个企业的命运都和政治密切联系在一起。每一个人、一个组织、一个企业的社会活动、经济活动，都受政治的影响，都为政治服务。

比如，总部设在美国的联邦快递公司，表面看是一家国际性快递集团，但在美国制裁华为时，为什么联邦快递将华为公司从日本寄往中国的包裹转运到美国，并试图将从越南寄往华为亚洲其他办事处的包裹也转运到美国呢？[③] 这时候，西方国家一直标榜的契约精神在哪里呢？

比如，1982 年英阿马岛战争爆发时，英国军队海上运输力量薄弱，英国女王一纸命令，在全国征用各类商船 50 多艘，迅速改装为后勤支援舰支和医疗船，体现了其战时动员体制的高效率。[④] 其中一艘“乌干

① 《毛泽东选集》第二卷，北京：人民出版社，1991 年第 2 版，第 663—664 页。

② 《邓小平文选》第二卷，北京：人民出版社，1983 年，第 191 页。

③ 《美国联邦快递将华为寄中国包裹寄美，外交部：应给出合理解释》，2019 年 5 月 29 日，https://wenhui.whb.cn/third/baidu/201905/29/266506.html，2022 年 9 月 1 日。

④ 贾恒阔：《马岛战争中英阿双方战争动员的经验教训》，《军事历史》1994 年第 1 期。

达”号客船正载着 940 名学生在地中海航行，接到征用命令立即在就近港口停靠，让学生上岸，随即驶向直布罗陀，仅用三天就改装为战时医院用船。[①] 这时候，学校组织的学生考察实践以及航海运营中其他船只的客运合同、货运合同是不是也都让位于国家利益了呢？

比如，棱镜门事件中的斯诺登，因为揭露了美国等西方国家侵犯公民隐私的监听监控行为而出逃。这时候西方国家经常说的公民自由权去哪里了呢？

比如，维基解密创始人阿桑奇为什么在瑞典、英国、美国等地都受到迫害呢？

比如，无论是在三年前世界卫生组织建议命名暴发的新型冠状病毒肺炎为“2019-nCoV”之时，还是正式宣布将新型冠状病毒肺炎命名为“COVID-19”之后，为什么个别美国政客、媒体罔顾事实，不尊重世卫组织的决定，一直以“武汉病毒”“中国病毒”对中国进行恶意攻击呢？[②] 甚至美国共和党竟向竞选团队发送了一份就新冠病毒进行反华攻击的长达 57 页的详细备忘录，建议共和党候选人在涉及新冠病毒危机的问题时积极攻击中国。[③] 这又是为什么呢？

如此例子不胜枚举。我们应该从中明白，西方社会的一切都和政治有关，甚至西方的一切都是政治。而且，他们的政治“只许州官放火，不许百姓点灯”（陆游《老学庵笔记·卷五》），霸道、蛮横，没有道德底线，是典型的“双重标准”政治。

所以，今天再提教育的阶级性，强调教育就是政治，既不幼稚也不“左倾”。只是有人在全球经济一体化的时代把教育的阶级属性忽视了、淡忘了。特别是近代以来，受西方片面强调教育的伦理性、神圣

---

① 秀诺：《英国国防的“第四军种”》，《中国民兵》1985 年第 4 期。

② 《蓬佩奥再次“污名化”中国，外交部：用心极其险恶》，2020 年 3 月 26 日，http://news.cctv.com/2020/03/26/ARTIsvJIg1upJYSFgBnEIBWF200326.shtml，2022 年 9 月 1 日。

③ 《美媒披露美共和党竟发“甩锅中国指南”》，《参考消息》2020 年 4 月 26 日，第 8 版。

性、自然性和所谓教育普世价值的影响，国内有部分学者在开展教育学术研究的过程中，在分析教育与人的内在精神成长、道德培养以及与信仰之间的关系时，关注表象问题较多，不知不觉中淡化了教育的政治属性。在教育实践中，有的人过分强调了教育在人的美德涵育、气质修炼等方面的浅层作用，强调的多是举手投足是否优雅、言谈举止是否得体，以及穿衣是否大方、仪表是否端庄、步姿是否洒脱，而对人格魅力、精神境界、思想意识等价值观、人生观、世界观的培养没有真正用力，对培养什么人、怎样培养人、为谁培养人这一根本问题思考不深、落实不力。

习近平总书记在党的十九届四中全会第二次全体会议上的讲话中指出："坚持和完善中国特色社会主义制度、推进国家治理体系和治理能力现代化，是关系党和国家事业兴旺发达、国家长治久安、人民幸福安康的重大问题。""制度优势是一个国家的最大优势，制度竞争是国家间最根本的竞争。制度稳则国家稳。"① 突发的新冠肺炎疫情凸显了这一论断的前瞻性和科学性。事实充分证明，党中央的权威和集中统一领导等各项制度是我们抗击疫情的最大优势，国家治理体系和治理能力现代化建设的逐步深入是我们打赢这场"战争"的强大保障，端正办学指导思想、加强教师队伍建设是我们贯彻立德树人教育方针、提升面对未来不确定性的应变能力的根本途径。

2018 年 5 月 2 日，习近平总书记在北京大学考察时明确指出："古今中外，关于教育和办学，思想流派繁多，理论观点各异，但在教育必须培养社会发展所需要的人这一点上是有共识的。培养社会发展所需要的人，说具体了，就是培养社会发展、知识积累、文化传承、国家存续、制度运行所要求的人。所以，古今中外，每个国家都是按照

---

① 习近平：《坚持和完善中国特色社会主义制度推进国家治理体系和治理能力现代化》，《求是》2020 年第 1 期。

自己的政治要求来培养人的，世界一流大学都是在服务自己国家发展中成长起来的。我国社会主义教育就是要培养社会主义建设者和接班人。”① 我们常说要有家国情怀和担当精神，其实，家国情怀就是和谁有着感情维系，担当精神就是为谁担当奉献，这是教育政治属性在现实生活中的生动体现。思想决定行动，“掌握思想领导是掌握一切领导的第一位”②。今天，我们对待疫情防控阻击战的态度以及每个人的行为，受我们接受的教育和通过教育所形成的道德观念、价值标准、能力素质的影响。当然，这也检验着我们是不是能够正确运用马克思主义的立场、观点、方法去观察世界、分析世界。

社会是个大课堂。经历了这次前所未有的疫情防控阻击战，我们不仅要反思在平时的教育教学中应该如何教育、引导学生客观、理性地看待问题，滋养厚重的家国情怀和勇于担当的奉献精神，更要准备好如何回答学生的其他各种思考、疑惑和问题。特别是要深入思考，我们该如何向学生解释这次事件中的种种现象以及当时我们每一个人在家国情怀、担当奉献方面的态度、情绪和行为。还有就是作为教师，应该向学生、向世人展示什么样的形象。

这个反思和解释的过程，不失是一次对教育政治属性非常好的、非常真实的生动检验，不失是一次对党的教育方针的生动诠释。

二、教师文化是学校文化建设的重要内容

文化是一个经久不衰的话题，也是一个无所不包的概念。不同的国家、不同的民族，在不同的历史时期有着不同的文化。而且，每一个特定的文化，又首先起源于自身悠久的历史，有着其既有的传统和固有的根本。正如马克思在《路易·波拿巴的雾月十八日》开篇中所

① 习近平：《在北京大学师生座谈会上的讲话》，《光明日报》2018年5月3日，第2版。

② 《毛泽东文集》(第二卷)，北京：人民出版社，1993年，第435页。

言："人们自己创造自己的历史，但是他们并不是随心所欲地创造，并不是在他们自己选定的条件下创造，而是在直接碰到的、既定的、从过去承继下来的条件下创造。"① 这就是说，社会历史是一个不断发展的过程，只有从过去、现在、未来这样一个发展的、连续的角度以及横向的、广泛的社会联系中，才能准确地理解某一历史事件、历史人物。当然，这也是我们认识、理解、发展文化的基本方法。

学校作为育人场所，文化的先进性和引领作用不言自明。学校文化既是推动学校发展、提升学校层次的重要手段，也是学校改革发展的成果体现。学校文化建设包罗万象，主要是以师生为对象，以校园为基本空间，以工厂、企业、农村、社区等社会实践基地为补充，是学校的灵魂所依，是办学的宗旨所在。学校文化建设围绕地方经济、行业特色和社会发展需要，以精神文化建设、环境文化建设、行为文化建设和制度文化建设等为主要形式，是学校本身形成和发展的物质文化与精神文化的总和。但不管学校文化如何重要、如何庞杂，从教育者和受教育者这一对辩证关系来说，教师文化在其中占据半壁江山。

社会愈进步，文化愈能显现其互通性、包容性。教师文化也是如此，不可能与世隔绝，不可能封闭不前，而是会不断地从广泛的社会联系中、从先进文化中汲取养分，推动自身的繁荣和发展。这是文化本身的自觉性。研究教师文化，其实就是比较不同时期、不同社会背景下的文化态势，并努力探寻办学思想、教育理念、人才培养模式对教师文化发展中的价值取向之影响。

早在 1897 年，实用主义哲学的代表人物、实用主义教育的创始人约翰·杜威就在其著名的《我的教育信条》这一教育理论纲领性著作中提出，"学校科目相互联系的真正中心不是科学，不是文学，不是历史，不是地理，而是儿童本身的社会活动"。他认为学校主要是一种社

① 《马克思恩格斯选集》(第一卷)，北京：人民出版社，2012 年，第 669 页。

会组织，学校教育许多方面的失败，是忽视这一基本原则，单纯地把学校当作一个传授某些知识、学习某些课业或养成某些习惯的场所。而实际上，“教育是社会生活的过程，而不是生活的预备”①。正是基于这种思想认识，杜威提出了学校即社会、教育即生活的观点，倡导从做中学。这一点，也对教师文化建设具有启迪、借鉴的意义。

教师承担着教书育人的双重任务。“善为师者，既美其道，有慎其行。”（董仲舒《春秋繁露·玉杯》）教师在学生面前所呈现的不仅仅是其专业水平、专业能力，更重要的是其人格魅力和专业精神。如果说教书体现的是教师的专业能力，那么育人则需要教师的专业精神来实现。

表面看，专业精神是对工作的执着程度、认真程度、热爱程度，直接影响着其专业能力的发挥和提升。但专业精神是在一定的文化背景和价值理念下形成的，所以又和教师的教育教学活动紧密相连，从而通过教师日常的一言一行，成为学生人生成长道路上的榜样和示范。这就是说，专业精神的塑造和锤炼，更应该成为教师专业发展和师德建设的重要内容。

党的十八大以来，以习近平同志为核心的党中央高度重视教师队伍建设问题，在不同场合多次强调教师工作的重要意义，特别是对“好老师”“大先生”提出了明确的具体要求。习近平总书记站在党和国家事业发展全局的战略高度，对建设一支宏大的高素质专业化教师队伍寄予殷切希望，特别指出了师德师风是评价教师队伍素质的第一标准，要求把师德师风建设作为每一所学校常抓不懈的工作，既要有严格制度规定，也要有日常教育督导。他要求教师要给学生心灵埋下真善美的种子，引导学生扣好人生第一粒扣子。他提出教师政治要强、情怀要深、思维要新、视野要广、自律要严、人格要正。所以，贯彻

---

① 《杜威教育文集》（第1卷），北京：人民教育出版社，2008年，第7—10页。

落实好党的教育方针，加强师资队伍建设，是实现立德树人根本任务的基础，也是教师文化建设的重要内容。

教师不仅要用发展的理念培养学生，也要用发展的眼光审视自己。教师要专注教学“技”“术”“道”的境界提升，从“业师”“经师”走向“人师”。只有通过自身的全面发展做示范，才能有效教育和引导学生走向全面发展，也才是守好了自己那段“渠”，种好了自己那块“田”。

三、教师是推动教育发展的重要力量

教育是国之大计、党之大计。教育承载着传播知识、传播思想、传播真理、塑造灵魂、塑造生命、塑造新人的时代重任，其本质是激发学生的自我发展、全面发展。“建设社会主义现代化强国，对教师队伍建设提出新的更高要求，也对全党全社会尊师重教提出新的更高要求。人民教师无上光荣，每个教师都要珍惜这份光荣，爱惜这份职业，严格要求自己，不断完善自己。做老师就要执着于教书育人，有热爱教育的定力、淡泊名利的坚守。”①

“国将兴，必贵师而重傅；贵师而重傅，则法度存。”（《荀子·大略》）历史上，我国一直有着尊师重教的优良传统，在不同历史时期对教师也有着不同的要求。中华优秀传统文化中的师德建设思想，至今闪烁着治学、育人等方面的智慧光芒。卷帙浩繁的典籍史册、经典著作以及传承久远的社会公序良俗，也都包含着对教师行业标准和具体言行的规范与约束。

落实好立德树人这一根本任务，培养一代又一代拥护中国共产党领导和我国社会主义制度、立志为中国特色社会主义奋斗终身的有用

① 新华社：《坚持中国特色社会主义教育发展道路　培养德智体美劳全面发展的社会主义建设者和接班人》，《人民日报》2018 年 9 月 11 日，第 1 版。

人才，是我们每一位教师的光荣职责和崇高使命。为践行好这个光荣职责和崇高使命，每一位教师都需要不断提升自身的综合素质能力，强化师德担当，争做新时代的教育家型教师。

高尚的师德是永无止境的职业追求。如果说能够遵守教师职业道德、遵循新时代教师职业行为十项准则等法律法规和公序良俗是合格教师的话，那么优秀教师则有着强大的自律精神和不竭的前进动力，时刻以教育家精神和人格魅力实现职责所托、使命所系，在新的、更高的层面上实现人的全面发展。

教师是一个古老的职业。自人类社会活动出现教育以来，教师就一直承担着非常重要的角色。进入工业社会后，社会分工的细化，促进了职业的分类；师范教育的出现，则进一步奠定了教师职业化、专门化的基础。但无论如何，仅靠提升教师专业能力并不能完全满足新时代教师的专业发展要求，还要有更重要的一方面，就是专业精神。

因为“教学两者，实在是不能分离的，实在是应当合一的”。“先生不但要拿他教的法子和学生学的法子联络，并须和他自己的学问联络起来。”“先生既没有进步，学生也就难有进步了。”所以，“为学而学，不如为教而学之亲切。为教而学必须设身处地，努力使人明白；既要努力使人明白，自己便自然而然的格外明白了”①。

由此可见，教师的气息、衣袂、神态，总之教师的一切都不属于教师自己。在学生面前，教师就是公众人物，是榜样和力量，是学生成长道路上的“引路人”；在岗位面前，教师就是学生做人的镜子，是师德师风的建设者、弘扬者、维护者，是以德立身、以德立学、以德施教的严格遵循者；在党的奋斗目标面前，教师就是教育方针的坚决拥护者、坚定贯彻者和忠实实践者，是“明道”“信道”的“传道者”，是肩负“培根铸魂”神圣职责的园丁。

---

① 陶行知：《中国教育改造》，合肥：安徽人民出版社，1981 年，第 16、107 页。

“百年大计，教育为本。教师是立教之本、兴教之源，承担着让每个孩子健康成长、办好人民满意教育的重任。”[①] 教师是文明的传播者，教师前游，学生从游，教师的风格、风范对学生的人格培养起着举足轻重的作用，潜移默化地影响着学生成长。

教师影响着中国的教育，引领着中国的未来。

教师的样子，就是中国教育的样子。

① 《习近平书信选集》（第一卷），北京：中央文献出版社，2022 年，第 10 页。

第一章　教育的本质

教育是人类社会独有的现象，是塑造精神品质、锤炼人格魅力的重要社会实践，与社会发展进步息息相关。

教育起源于劳动，和人类社会相伴而生，有着悠久的历史和伟大的未来。作为培养人、实现人的自由全面发展的社会活动，教育伴随人类始终，有着明确的价值追求，是人类社会的永恒范畴。“人类社会需要通过教育不断培养社会需要的人才，需要通过教育来传授已知、更新旧知、开掘新知、探索未知，从而使人们能够更好认识世界和改造世界、更好创造人类的美好未来。”习近平总书记站在人类社会发展的高度，提出“教育决定着人类的今天，也决定着人类的未来”的重要论断，鲜明指出了教育对人类社会发展的重要意义。①

第一节　教育的起源

劳动是人类社会的本质活动。劳动创造了人类，创造了人类活动的一切，自然也创造了教育。教育作为人类一种有目的、有意识的社会活动，反过来又为劳动服务。从原始人类探索的生活技巧、发明的

---

① 新华社：《清华大学苏世民学者项目启动仪式在京举行》，《光明日报》2013 年 4 月 22 日，第 1 版。

石器工具到今天日新月异的科学技术乃至可以预期的辉煌未来，都是人类一代代的劳动积累和教育传承发展而来。所以，人类社会的历史既是一部劳动创造史，也是一部教育发展史。

一、教育活动的出现

教育的历史同人类社会历史一样悠久。自人类社会的原始人群因劳动而聚集形成之时起，教育就开始了自身的萌芽发展。

劳动创造了人，创造了思想意识，创造了人类发展不可或缺的教育。马克思曾经在《1844 年经济学哲学手稿》中指出："整个所谓世界历史不外是人通过人的劳动而诞生的过程。"① 这就是说人通过劳动这一方式与自然界发生联系，创造形成了世界的历史。在原始社会初期，人类生存环境极为恶劣，生产力极为低下。为争取必要的生存条件，原始人类过着群居的生活。为保证在落后的生产手段、生产方式下的生存安全和种群延续，早期的原始人类自觉形成了对群体协调行动规则的约定、遵守与维护，还有对石器制作使用、对火种保存控制等简单工具、技能的制作、学习与传承。这一切，都凝结着原始人的群体智慧。而这一过程，也是教育活动的萌发孕育过程。

氏族公社时期，产生了以血缘为纽带的生产和生活单位。人类在这一时期学会了人工取火，畜牧业开始形成，农业渐次分化，语言产生，思维发展，甚至宗教和艺术也得以崭露头角。所有这些，都使得人类社会实践活动的内涵逐渐充实和丰富。这个过程，自然也包含着、促进着教育的初步萌芽和渐进发展。据《尚书·尧典》记载，到了氏族公社晚期的尧舜时代，舜即位任命各部门行政主管时，"契任司徒，掌民众教化；伯夷作秩宗，掌三礼；夔典乐，教贵胄子弟"。也就是说，这时候已经出现了教育行政官员。这从一个侧面说明了当时的教

---

① 《马克思恩格斯文集》（第一卷），北京：人民出版社，2009 年，第 196 页。

育得到了逐渐发展和壮大，教育承载的社会职能也渐渐清晰和饱满起来。

进入父系社会后，生产力的提高使劳动产品有了越来越多的剩余，让少数人脱离生产去从事脑力劳动逐渐成为可能。脑力劳动的分化，文字的产生，知识总量的不断增加，进一步催化了知识交流、传授、积累和发展，同时也孕育出早期的学校，使人类社会的教育活动变得越来越专业和有组织。只不过，这时候刚刚在原始人群中与劳动相伴而生的教育开始一步步脱离大众，成为只有少数人才能享受的特权。

二、教育的本义及其演化

马克思主义认为，生产力决定生产关系，是生产关系变革的前提和基础，是人类社会发展的决定力量。人是生产力中最活跃、最革命的因素，具有无穷的创造能力。在人类社会再生产中，人占有着重要的地位，起着不可替代的作用。这不仅是因为再生产首先是人自身的再生产，而且是因为物质资料的再生产、生产关系的再生产也都离不开人的活动，是在人的再生产基础之上才能完成的。所以，在社会生产中，人是决定性的因素，起着决定性的作用。

人的作用源于劳动，源于人自身的发展需要。“没有需要，就没有生产。而消费则把需要再生产出来。”① 在这个过程中，人类积累的知识技能、创造的发明成果、形成的风俗习惯、养成的道德规范，总之人类社会的一切文化成果，都需要依靠教育将其传承传递下去。而且，人类社会愈是文明发达，知识愈是丰富，对教育的需求愈是迫切。这也就进一步说明了教育是人类社会再生产的需要，推动着人类生活的延续，是人类社会发展的必然。

教育本身也在不断发展，人们对教育的认知也在不断深化。在甲

① 《马克思恩格斯选集》（第二卷），北京：人民出版社，1995年，第9页。

骨文中，“教”表现为有人在小孩旁边手执教鞭，是由外向内的教育，是外施内效；“育”是妇女孕育、生育之意，是由内向外的生发，是顺应规律。“教育”概念的形成，当归功于孟子。战国时期，孟子在论及“君子三乐”时说的“得天下英才而教育之”（《孟子·尽心上》），首次把“教”和“育”联系了起来。

孟子认为，人性本善，故应“存心养性”（《孟子·尽心上》），使其成为修身的关键，也是教育人们培养“浩然之气”（《孟子·公孙丑上》）。荀子认为人性本恶，故提出“学不可以已”（《荀子·劝学》），强调“故礼，上事天，下事地，尊先祖而隆君师，是礼之三本也”（《荀子·礼论》），“以善先人者谓之教”（《荀子·修身》），“言而不称师谓之畔，教而不称师谓之倍”（《荀子·大略》），并提出了尊师、重师、贵师和教师的任职条件以及教学方法等教育思想。扬雄认为“人之性也善恶混。修其善则为善人，修其恶则为恶人”（扬雄《法言·修身》），提出了人性善恶混的观点，所以他强调“师哉，师哉，桐子之命也。务学不如务求师。师者，人之模范也”（扬雄《法言·学行》），重申了在教师的示范下，通过教育提升个人修养的重要性。

西汉教育家董仲舒上承孔子、下启朱熹，认为“人受命于天，有善善恶恶之性，可养而不可改，可豫而不可去”（董仲舒《春秋繁露·玉杯》）。他秉承《中庸》“天命之谓性，率性之谓道，修道之谓教”的理念，提出天道教化、人性教化和王道教化的观点。《汉书·董仲舒传》记载其“兴太学，置明师，以养天下之士”的教育理念，进一步丰富了教育的内涵。董仲舒留下的“善为师者，既美其道，有慎其行，齐时蚤晚，任多少，适疾徐，造而勿趋，稽而勿苦，省其所为，而成其所湛，故力不劳而身大成”（董仲舒《春秋繁露·玉杯》）等至理名言，代表了其为师之道和有关教学方法的鲜明观点，表达了其教育原则、教育立场，至今闪烁着“教师当修炼高尚师德”的思想光芒。

总之，教育的起始带有社会伦理的本真色彩，遵循着伦理道德的基本要求。“教者，上所施下所效也。”“育者，养子使作善也。”（许慎《说文解字》）由于教育的对象有着自觉的意识、丰富的情感、多重的思维，因此教育活动还有着教育者和被教育者之间精神、情感的交流，从而使教育成为一种艺术。而从另一方面来看，“人只有通过教育才能成为人。除了教育从他身上所造就出来的东西外，他什么也不是”①。所以，教育从一出现就是人类社会活动的重要内容，不仅包括知识的学习、智力的发展，还有人格的健全和道德的完善，并一步步成为人类道德修养、文明传承的重要途径，成为鼓励和引导受教育者和教育者一起自觉学习、自主提高的主要形式。

三、教育活动的价值指向

“子曰：三人行，必有我师焉；择其善者而从之，其不善者而改之。”（《论语·述而》）可见，教育活动出现伊始，就是培养人的一种社会活动，有着明确的价值指向。

第一，教育的出现是对知识、技能的传递和传承。作为劳动的产物，教育的功能就是传承人类的知识，提升集体活动的能力。原始人群创造的生产知识、发现的生活技巧、发明的石器工具，都需要一代代的积累和传承，才能更好地用于延续人类的发展。无论是手把手教授还是身临其境的观摩，无论是眼神的示意还是语言出现后的讲解，人类教育在劳动中逐渐萌发，在技能传承中得以发展。可见，人类社会生产手段、生活方式的延续过程，就是教育的萌芽发展过程，也是教育最基本的目的所在。

第二，教育的出现是对人们在群体中形成的规则、意识的维护和弘扬。求生是一切生命的本能。原始社会生产力低下，人的活动范围、

---

① ［德］伊曼努尔·康德：《论教育学》，赵鹏、何兆武，译，上海：上海人民出版社，2005 年，第 5 页。

活动能力受到限制。面对恶劣的环境和频发的自然灾害以及大型猛兽，单个人甚至小的群体难以生存。这样，集群而居、协同配合、分工合作就成了原始社会的基本规则。只有形成并遵守这样的规则，才能保证基本的生命安全和最低的温饱。这种规则的形成、细化、遵循、传承，也使得原始的教育逐渐立体化，并一点点充盈、丰满起来。即便这时候的教育还不能够用完整的现代教育概念来衡量，但蕴含其中的思想火花，显然是在要求每一个个体必须维护群体利益，必须严格遵守群体的规则，有着明确的价值指向。

第三，教育的出现是对民主精神、平等精神的奠基和光大。原始生产力的低下落后，使抱团取暖成为原始人的本能自觉。日常生活的安排，面对困难的决策，未知风险的规避，都在氏族长期形成的传统风俗习惯中有条不紊地进行着。氏族组织中有议事机构行使选举、监督和罢免的权力。比如，"黄帝立明台之议者，上观于贤也；尧有衢室之问者，下听于人也；舜有告善之旌，而主不蔽也；禹立谏鼓于朝，而备讯唉；汤有总街之庭，以观人诽也；武王有灵台之复，而贤者进也。此古圣帝明王所以有而勿失，得而勿忘者也"（管仲《管子・桓公问》）。明台之议、衢室之问、告善之旌、谏鼓于朝，这些都是当时舆论监督的制度和渠道，体现了民主和平等。恩格斯在《家庭、私有制和国家的起源》中曾经说过，氏族公社"丝毫没有今日这样臃肿复杂的管理机关。一切问题，都由当事人自己解决，在大多数情况下，历来的习俗就把一切调整好了。不会有贫穷困苦的人，因为共产制的家户经济和氏族都知道它们对于老年人、病人和战争残废者所负的义务。大家都是平等、自由的，包括妇女在内。他们还不曾有奴隶；奴役异族部落的事情，照例也是没有的"①。

第四，教育的出现是对人类真挚情感、高尚情操的培植和培育。

① 《马克思恩格斯文集》（第四卷），北京：人民出版社，2009 年，第 111 页。

教育在伴随劳动产生的过程中以及在遵守集体规则的生活日常中，自然会在人们的头脑中滋生一些情感，养成一些好恶。久而久之，这些情感、好恶在人们的头脑中就会引起反映，并对人们的行为、习惯产生影响。无论是喜怒哀乐的情感流露，或者是感恩、敬畏、奉献的精神呈现，这些情感和精神都使得人类生活愈发丰富、愈发充实，使得教育的内容日渐丰富、日渐饱满，从而使得人格意义上的人愈发健康、愈发全面。

第五，教育的出现是对如何处理好各种关系的规范和示范。氏族公社的基础是直接的血缘关系，部落联盟的关系则是血缘基础之上的联合，相对关系松散一些。这种群居的、互助的生活方式，使得人类早期就学会了处理各种关系。

其一，血缘形成的集体，第一重要的就是亲情和人伦。《尚书》就提到了“慎徽五典，五典克从”。五典就是五常，一般我们把五典解释为“父义、母慈、兄友、弟恭、子孝”五种家庭伦理道德。这是最基本的、血缘最亲近的人伦关系。由此，我们还可以延伸出每个人与他人的关系。这个他人，可以是五典，也可以是五典之外的人。比如，传统社会中常说的君臣、师生、朋友，现代社会还可以延伸出上级下级、同学同事、合作伙伴等。社会越发达，交往越密切，五典之外的人际关系就越是复杂多样。

其二，农耕文明与自然的关系，是人们日常生产生活中经常要面对的又一重要关系。农耕文明珍视自然、尊重自然、敬畏自然，重视与自然的和谐相处，逐渐积淀形成中华“和文化”。诸如，“禹之禁，春三月，山林不登斧斤，以成草木之长”（《逸周书·大聚解》）；“圣王之制也，草木荣华滋硕之时则斧斤不入山林，不夭其生，不绝其长也”，“春耕、夏耘、秋收、冬藏，四者不失时，故五谷不绝而百姓有余食也；斩伐养长不失其时，故山林不童而百姓有余材也”（《荀子·王制》）；“草木零落，然后入山林”（《礼记·王制》）；“教民养育六畜，以时种树，务修田畴，滋植桑麻，肥硗高下，各因其宜，丘陵阪险不生五谷者，以树竹木。春伐枯槁，夏取果蓏，秋畜疏食，冬伐薪蒸，以为民资"，"草木未落，斤斧不得入山林"（《淮南子·主术训》）；等等。可以说，这一关系其实是人伦关系在自然界的延伸，是中华传统文化提倡和谐、注重协调的又一体现。也正是受这些思想的影响，逐渐形成了至今还发挥着积极作用的中华传统生态哲学体系。

其三，不仅重视人我协调、物我协调，重视与他人、与自然的关系，还把自我协调看作是人类社会必须处理好的重要关系。这是中国传统哲学中"家天下"的思想精髓，也是新时代坚定文化自信的逻辑基础。人类社会以血缘关系为基础，以人伦情感为纽带，将处理好各种关系作为教育的基本内容，不断丰富、充实着教育的内涵。

这就是说，教育的发展也旨在关注人的自身价值，关注自我发展。"吾日三省吾身：为人谋而不忠乎？与朋友交而不信乎？传不习乎？"（《论语·学而》）在快节奏的当下，社会中充满了浮躁、焦虑，更需要我们三省吾身。反思是修心的第一步，要坚持"己所不欲，勿施于人"（《论语·卫灵公》）；"君子成人之美，不成人之恶"（《论语·颜渊》）；"躬自厚而薄责于人"（《论语·卫灵公》）；等等。教育的意义正是加强自我品德修养，重视人格塑造和精神养成，促进人的全面发展。

第二节　教育的属性

教育的属性是对教育的元认知，是理解教育原理的最基本的哲学概念。它要说明教育是什么、有哪些本质特性。自有教育学的理论研究以来，学术界关于教育的属性一直莫衷一是、众说纷纭。在这个问题上的分歧，甚至影响到了教育事业的发展。

进入新时代，面对这样一个常谈常新的话题，我们有必要重新审视和反思，从而对教育的种种属性再次进行认真的梳理。而作为教育工作者，也只有准确把握了教育的属性，才能在履职尽责的教育实践中一方面实现着自身的价值，一方面实现着教育本身的目的。劳动创造人类、创造教育的意义，也正在此中。

一、教育的目的性

教育的本义是培养人。既然是要培养人，这个培养人的活动就一定有着明确、具体的目标、规划。人们常说教育是有着明确目的的培养人的一种社会活动，而"为改变一般人的本性，使它获得一定劳动部门的技能和技巧，成为发达的和专门的劳动力，就要有一定的教育或训练"①。所以说，劳动创造了人，创造了思想意识，创造了人类发展不可或缺的教育。教育在萌芽之时，就将有明确目的的培养人的社会活动作为其发展的本质特性。教育目的，就是为了满足社会需要，满足所处的时代需要，满足人的发展需要。这个明显特征，使得教育在各种社会活动中独树一帜，成为独立的社会实践形式。也就是说，教育从劳动中产生，又为劳动服务。教育通过培养社会所需要的人，实现其为时代服务、为社会服务的价值和目的。正如恩格斯指出的那样："在社会历史领域内进行活动的，是具有意识的、经过思虑或凭激情行动的、追求某种目的的人；任何事情的发生都不是没有自觉的意图，没有预期的目的的。"②

马克思主义认为人类文明发展是有方向性的，是在不断传承中进步的。马克思曾经指出："人们自己创造自己的历史，但是他们并不是随心所欲地创造，并不是在他们自己选定的条件下创造，而是在直接

① 《马克思恩格斯文集》（第五卷），北京：人民出版社，2009 年，第 200 页。
② 《马克思恩格斯选集》（第四卷），北京：人民出版社，2012 年，第 253 页。

碰到的、既定的、从过去承继下来的条件下创造。”[1] 人们通过教育和劳动，在继承前人文明成果的基础上不断开辟新的历史，创造新的文明。我们从教育在劳动中萌芽、产生、发展的过程中可以看出，教育和劳动一样，也不是盲目无序的、不是可有可无的，而是有着清晰的发展路径和前进方向，甚至有着自发的力量。文化教育更是如此。举办教育，建设学校文化，高举的旗帜就是向前、向上、向善、向美。

这个培养人的社会活动的目的性，成为教育区别于其他事物现象的根本特征，也成为其他教育属性的基础。

二、教育的永恒性

前面已经从人类社会发展和教育发展中简要指出了教育是伴随着人类、伴随着劳动出现的，是人类社会所特有的文化现象。由于动物没有语言和思维，不会制造工具，不会有意识地改造自然，也就不会积累经验、发明创新、传承知识。动物活动依靠的是本能，“动物仅仅利用外部自然界，简单地通过自身的存在在自然界中引起变化；而人则通过他所做出的改变来使自然界为他自己的目的服务，来支配自然界”[2]。“蜘蛛的活动与织工的活动相似，蜜蜂建筑蜂房的本领使人间的许多建筑师感到惭愧。但是，最蹩脚的建筑师从一开始就比最灵巧的蜜蜂高明的地方，是他在用蜂蜡建筑蜂房以前，已经在自己的头脑中把它建成了。”[3] 所以，人类社会中教育的出现，就是有意识地传递社会生产经验和社会生活经验，传承人类文化，这是劳动赋予教育的基本职能。

从这个意义上来看，人类实现再生产，必须依靠教育。如果没有

---

① 《马克思恩格斯文集》（第二卷），北京：人民出版社，2009 年，第 470—471 页。

② 《马克思恩格斯选集》（第三卷），北京：人民出版社，2012 年，第 997—998 页。

③ 《马克思恩格斯全集》（第二十三卷），北京：人民出版社，1995 年，第 202 页。

教育，任何社会都无法进行物质资料、精神财富和人类自身的再生产。也可以说，教育是人类社会赖以存在和发展的必要条件，是人类社会物质资料、精神财富再生产和人类自身再生产须臾不可离开的重要手段。只要有人类、有劳动，就会有教育，这是教育的永恒性决定的。

三、教育的历史性

教育既然是为社会服务的，就必然要符合社会的要求。不同社会形态，有着不同的发展目标，也一定有着对教育的不同要求。所以，从教育的目的性这一属性可以看出，教育还有着历史性的属性，它因时而异，在不同的历史时期表现出不同的特点。

不同的时代，有着不同的需求；不同的时代，教育发挥着不同的作用。即便是在同一社会形态的不同时期、不同阶段，因为社会发展的长期目标、中期目标、近期目标的不同，对教育的要求也不完全一样。所以，教育的历史性也是非常鲜明的一个属性。

我们今天所处的时代是一个崭新的时代。中国特色社会主义进入新时代这一重大政治论断，是根据我们进入了一个新的发展阶段，面临着新的社会主要矛盾，正在历史交汇期迈向新的奋斗目标，我国国际环境发生了新的变化做出的。服务这个新时代，教育就要培养德智体美劳全面发展的社会主义建设者和接班人，培养堪当民族复兴大任的时代新人，让每个人都有人生出彩的机会，让每个有志成才的人都有发展的空间，让每个为国家和人民做出贡献的人都受到社会尊重。

四、教育的独立性

人类社会的政治和经济，都有着自身的发展规律和发展特点，都具有独立性。各种社会现象诸如科技、文化、卫生等在不同层面有着不同程度的交叉或重叠，它们有各自的内涵，发挥着各自的作用。它们之间或相互促进，或相互制约，但必须适应当时的经济和社会发展需要。所以严格地说，这种独立是相对的。因此，教育的这一属性也有人称之为相对独立性。

教育的相对独立性是指教育对政治经济制度和生产力发展的能动作用。我们可以从三个方面来阐述：

第一，教育是一种培养人的社会活动，是对人类文明成果的转化。教育要把人类积累的对自然界的认知和改造自然的经验，以及前人形成的社会生活经验，当然也包括各方面的教训，或者说是如何处理人与自己、与他人、与社会、与自然的关系，转化为受教育者的知识或能力。这是其他社会活动所不能替代的。

第二，这种人类文明成果的转化是历史性的，是不可逆的。每一历史时期的教育，都是受教育者继承和发展前一时期的人类文明成果。每一时期的教育，也仅仅对当时或以后的政治经济和社会制度产生影响。

第三，每一时期的教育都有和当时的政治经济制度以及社会生产力发展不平衡的情况出现。这是教育的滞后性，也是深化教育改革发展的意义所在。唯有深化发展，减少滞后，才能有效服务社会。较少出现教育超前于经济社会发展的情况，但这种特殊情况一旦出现的话，大多有利于推动社会的进步。当然，教育与社会完全匹配的理想状态是最稳定的。

五、教育的民族性

每个民族的发展历史、生活环境不同，因此有着不同的语言文字、生活方式、风俗习惯、思维惯性、价值取向、审美情趣、精神境界等。而这些不同，自然会在各个民族的教育上有所体现、有所反映，从而形成教育的民族性，形成各自独立和独有的特色，并深刻影响着民族心理、民族意识、民族文化。

世界各民族之间是平等的，就像人是平等的一样。民族平等是贯穿马克思主义民族理论始终的一个基本原则。马克思、恩格斯曾经在《神圣家族，或对批判的批判所做的批判》中明确指出："古往今来每个民族都在某些方面优越于其他民族。如果批判的预言正确无误，那么任何一个民族都永远不会优越于其他民族。"① 这种民族平等的思想成为民族之间相互借鉴学习的依据，也是研究教育民族性这一属性的缘由和基础。

中华人民共和国成立初期，面对"一穷二白"的落后状况，毛泽东认真研究中国社会主义建设的基本问题，提出了一整套符合中国实际的方针政策，特别强调"我们的方针是，一切民族、一切国家的长处都要学"②。党的十一届三中全会后，邓小平继承和发展了毛泽东思想，指出"任何一个民族、一个国家，都需要学习别的民族、别的国家的长处，学习人家的先进科学技术"③，"社会主义要赢得与资本主义相比较的优势，就必须大胆吸收和借鉴人类社会创造的一切文明成果，吸收和借鉴当今世界各国包括资本主义发达国家的一切反映现代社会化生产规律的先进经营方式、管理方法"④。

所以，教育在民族之间并不是孤立存在的，也不是互不相容的。

六、教育的政治性

教育的目的性，使其在不同社会形态有着不同的表现。这种表现，我们前面称其为历史性。但现代社会仍然存在着社会主义和资本主义意识形态的矛盾，教育要为本阶级培养具有一定思想意识的人的这一目的，使得教育的历史性带上了阶级的鲜明政治色彩，呈现出鲜明的

---

① 中国社会科学院、民族研究院编：《马克思恩格斯论民族问题》，北京：民族出版社，1987年，第46—47页。

② 《毛泽东文集》（第七卷），北京：人民出版社，1999年，第41页。

③ 《邓小平文选》（第二卷），北京：人民出版社，1994年第2版，第91页。

④ 《邓小平文选》（第三卷），北京：人民出版社，1993年，第373页。

政治属性。

在阶级社会，教育是为统治阶级服务的，教育必须反映统治阶级的利益、愿望和要求。所以，政治性是教育的目的性、历史性在阶级社会中的必然反映。当社会形态发生变化，新的统治阶级代替了旧的统治阶级之时，教育也必须进行彻底的变革，要由新的社会形态的教育代替旧的社会形态的教育。

政治性不是教育区别于其他事物的独有属性。在阶级社会中，无论经济基础还是上层建筑，很多事物都有政治性。

“阶级”不是马克思的创造，却是马克思主义的一个核心概念。马克思从经济根源入手，揭示了无产阶级与资产阶级两个阶级之间根本利益的对立，科学分析了无产阶级反对资产阶级的社会革命发生的条件及其方式。早在170多年前，马克思和恩格斯就利用唯物历史观的科学理论，深刻洞察了教育的社会性和政治性，对资本主义社会进行了无情的揭露，揭开了资产阶级自由派学者有关教育神圣、教育平等、教育自由等的神秘面纱，深刻指出：“你们的教育不也是由社会决定的吗？不也是由你们进行教育时所处的那种社会关系决定的吗？不也是由社会通过学校等进行的直接的或间接的干涉决定的吗？共产党人并没有发明社会对教育的作用，他们仅仅是要改变这种作用的性质，要使教育摆脱统治阶级的影响。”① 这一重要论断说明了教育的政治性，为深刻认识资本主义社会中的教育问题以及无产阶级夺取政权后如何开展社会主义教育提供了宝贵的思想指南。正如列宁指出的那样：“马克思主义提供了一条指导性的线索，使我们能在这种看来扑朔迷离、一团混乱的状态中发现规律性。这条线索就是阶级斗争的理论。”②

教育活动中包含着各种关系和矛盾，其中最基本的就是社会发展

① 《共产党宣言》，北京：人民出版社，2014年，第46页。

② 《列宁全集》（第二十六卷），北京：人民出版社，2017年，第60页。

所要求的人的综合素质能力和思想品德与现实需求之间的矛盾。教育的政治性就是在现阶段教育要明确培养什么人、怎样培养人、为谁培养人，要注重在育人过程中对人的思想观念、道德水准、价值追求的塑造，使受教育者不仅学到知识和技能，而且拥有健康的心理和完美的人格，保证他们的身心得到全面发展，成为社会需要的有用人才。

因此，教育的政治性其实是其他一切属性的统领。教育的政治性反映着教育与政治的关系，体现了教育受政权性质、政治体制以及政治纲领的制约，并通过发挥教育的政治功能积极能动地反作用于政治，为政治服务。从教育的这一社会学特性也可以看出，教育本身的需求和应坚持的方向与阶级意志是一致的。

“在现在世界上，一切文化或文学艺术都是属于一定的阶级，属于一定的政治路线的。”“革命的思想斗争和艺术斗争，必须服从于政治的斗争，因为只有经过政治，阶级和群众的需要才能集中地表现出来。”① 有人用教育的永恒性掩盖教育的政治性，也有人因为担心被扣上“极左”的帽子而回避教育的政治性。但无论是夸大还是回避，政治都是实实在在的存在。它不是“左倾”的标签，而只是一种社会关系，一种社会现实。正如列宁 1918 至 1919 年分别在全俄教育工作第一次代表大会、全俄国际主义者教师第二次代表大会上的演说所讲：“在国民教育方面也是这样：资产阶级国家愈文明，它就愈会撒谎，说学校可以不问政治而为整个社会服务。”“事实上，学校完全变成了资产阶级统治的工具，浸透了资产阶级的等级思想，它的目的是为资本家培养恭顺的奴才和能干的工人。”“我们说，我们的学校事业同样是为推翻资产阶级而斗争。我们公开声明，学校可以脱离生活，可以脱离政治，这是撒谎骗人。”② “资产阶级的虚伪表现之一就是相信学校可以

---

① 《毛泽东选集》（第三卷），北京：人民出版社，1991 年第 2 版，第 863—864 页。

② 《列宁全集》（第三十五卷），北京：人民出版社，2017 年，第 77 页。

脱离政治。你们都清楚地知道这种想法多么虚伪。提出这个原理的资产阶级自己就把资产阶级政治放在学校事业的第一位，竭力把学校用来专门替资产阶级训练恭顺的和能干的奴才，甚至竭力利用普遍教育来专门替资产阶级训练资本的走卒和奴隶，他们从来不想使学校成为培养人格的工具。”①

教育的种种属性不仅说明了教育是人类社会的特有现象，而且彰显了教育在推动人类社会发展中的重要作用，同时引导着教育逐渐从生产劳动中分离出来，担负起独立的社会职能。这个过程，其实是从劳动创造教育之始就逐渐开始的。也正是这个过程的持续、深化，使得教育成为传递知识技能、传承文明文化的专门活动，并进一步推进着人的社会化。所以，教育是随着社会的发展变化而发展变化的，并能够以越来越复杂的形式适应社会的发展变化。

其实，教育的社会属性我们还可以总结出很多，比如，有说文化性的，有说长期性的，有说继承性的，有说生产性的，等等。但现阶段最重要、最有意义的，其实恰恰就是教育的政治性这一鲜明属性。

因为现在的教育，从历史的维度来说，是相对于自己过去的教育；从空间的维度来说，是相对于世界范围的教育。也就是说，教育的政治性要求我们必须用大的时空观来审视教育，审视教育所处的环境。美国前总统尼克松就曾经直言不讳地说过：“尽管我们与苏联在军事、经济和政治上进行斗争，但意识形态是我们争夺的根源，如果我们在意识形态斗争中打了败仗，我们所有的武器、条约、外援和文化关系都将毫无意义。”② 美国另一位已故总统里根也表达过类似的观点，认为“在两种不同的社会制度的斗争中，‘最终的决定性因素不是核弹和

---

① 《列宁全集》(第三十五卷)，北京：人民出版社，2017年，第386—387页。

② ［美］理查德·尼克松：《1999年：不战而胜》，王观声等，译，北京：世界知识出版社，1989年，第96页。

火箭，而是意志和思想的较量’”①。

而当20世纪80年代末90年代初，苏联解体、苏共垮台、东欧剧变，世界社会主义遭受严重挫折，“民主化浪潮”席卷全球，以弗朗西斯·福山《历史的终结及最后之人》为代表，西方世界洋溢着“历史终结”的判断，提出历史将终结于资本主义，有人热衷于以“中国政治崩溃论”唱衰中国。

1997年亚洲金融危机后，美籍华裔律师章家敦出版了《中国即将崩溃》，该书出版不久即成为《纽约时报》的年度最佳畅销书。2008年全球金融危机之时，西方国家又相继出现了“中国金融崩溃论”“中国社会崩溃论”等一系列荒唐论调。而当美国和西方经济一度低迷时，他们又认为“中国道路”“中国方案”给西方国家带来焦虑和不安，西方一些政要和学者妄言中国“锐实力”对美国等西方国家的政治体制、价值观构成重大威胁，“中国威胁论”又一度甚嚣尘上。

其实，二战之后东、西方两大阵营由意识形态分歧形成冷战以来，乔治·凯南的“遏制战略”早已从遏制苏联迅速扩大到朝鲜战争爆发后遏制中国，从此反共派和反华派在“麦卡锡主义”旗帜下走到了一起。邓小平曾经一针见血地指出：“西方国家正在打一场没有硝烟的第三次世界大战。所谓没有硝烟，就是要社会主义国家和平演变。”②1997年亚洲金融危机后的“中国经济崩溃论”和2008年全球金融危机后的“中国社会崩溃论”，都是在国内经济遇到困难、国际局势动荡之际，西方世界上演的一出出期待中国发生颜色革命的闹剧。从这些西方政要、学者对中国由“崩溃”到“威胁”的集体臆想中，可以窥见西方社会对中国的蔑视和敌意。这是“由于意识形态和政治制度的差异，在西方国家眼中，中国就是个‘另类’。不管中国如何强调和平崛

① 屈全绳、刘红松：《和平演变战略及其对策》，北京：知识出版社，1990年，第67页。

② 《邓小平文选》（第三卷），北京：人民出版社，1993年，第344页。

起、合作共赢的'中国理念'，都将难以改变对中国崛起的挑剔、指责，甚至非难"①。

一直以来，西方国家对社会主义中国的发展从来就是对峙的态度，他们仇视非西式、非美式民主意识形态中国的崛起。以美国为首的西方国家建立的国际秩序有着浓厚的"西方中心主义色彩"，因而对发展中国家常常采取"双重标准"。② 特朗普政府上台之后，更是直接在2017年美国《国家安全战略报告》中将中国视为"竞争者""挑战者"，甚至是"修正主义国家"，用"美国第一"取代了自由国际主义战略思维，对华奉行接触（试图对中国这样的"体制外国家"进行改造）加遏制（防范中国这样的潜在大国对美国构成威胁）战略。③

在技术层面上，网络媒体的信息传播方式使得文化渗透更加隐蔽和难以控制。美国政治学者安德鲁·查德威克就认为互联网对于意识形态霸权的作用非常之大，已经成为"西方价值观出口到全世界的终端工具"④。国内有学者敏锐地将西方发起的没有硝烟的文化渗透和意识形态战争概括为"三部曲"："第一步，让中国人崇拜西方'标准'；第二步，用西方'标准'裁判中国现实；第三步，使中国人认为西方'月亮'比中国圆，对中国一切都看不惯；最后，使一些民众对社会主义制度、中国共产党领导和马克思主义产生不满，动摇中国人的理想信念，摧毁中国人的自信心，分化中国人的共识，瓦解人心，消磨斗志。某些'敌对'势力对我们的'斗争'往往以'文明''学术思想'的形式出现，使有些人丧失判断力和鉴别力，甘愿上钩，不知不觉掉

① 朱锋：《面对中国的崛起西方为什么忧虑》，《学术前沿》2020年第10期。

② 高程：《从规则视角看美国重构国际秩序的战略调整》，《世界经济与政治》2013年第12期。

③ 杨卫东：《2017年美国国家安全战略报告评析》，《学术前沿》2018年第11期。

④ ［美］安德鲁·查德威克：《互联网政治学：国家、公民与新传播技术》，任孟山，译，北京：华夏出版社，2010年，第35页。

入其设置的政治陷阱。”①

2018 年 3 月，十三届全国人大一次会议期间，我国外交部长王毅就中国外交政策和对外关系回答《环球时报》记者提问时指出：“过去几十年，西方一直在对中国作出各种评判和预测，归纳起来无非一种是‘中国崩溃论’，一种是‘中国威胁论’。随着中国的持续发展，‘中国崩溃论’自己先崩溃了，变成了一个国际笑柄。‘中国威胁论’虽然有了新的翻版，但却更加不得人心。”“只要不怀有偏见，不奉行双重标准，从中看到的绝不是什么威胁，而是满满的机遇。所谓‘中国威胁论’可以休矣。”②

但一直以来，西方社会对其他民族的敌对观念根深蒂固。塞缪尔·亨廷顿甚至在《文明的冲突与世界秩序的重建》一书中认为，由于西方在世界推行普世主义，非西方文明进行反抗，从而形成了冲突。亨廷顿认为，西方人更加相信其民主自由主义思想取得了全球性胜利，因而认为它是普遍适用的。西方，特别是一贯富有“使命感”的美国，认为非西方国家的人民应当认同西方的民主、自由市场、权力有限的政府、人权、个人主义和法制的价值观念，并将这些价值观念纳入他们的体制。世界不同文明之间的断层将是未来的交火线，文明冲突将主宰全球政治。③

这充分说明，冷战结束后，西方更是把文明和文化作为其实现霸权主义的新战略，一直在不择手段地寻求国际关系的重建。特别是借着新冠病毒在全球迅速蔓延，又一次开始恶毒攻击中国。

---

① 韩庆祥：《积极掌握意识形态的话语权——建议中央召开新形势下党的理论工作务虚会》，《人民论坛》2015 年第 1 期。

② 新华社：《外交部长王毅就中国外交政策和对外关系回答中外记者提问》，《光明日报》2018 年 3 月 9 日，第 4 版。

③ ［美］塞缪尔·亨廷顿：《文明的冲突与世界秩序的重建》，周琪等，译，北京：新华出版社，1996 年。

据《参考消息》报道，美国《政治报》网站2020年4月24日发表了题为《共和党备忘录敦促就新冠病毒进行反华攻击》的文章称，美国共和党参议员全国委员会向该党竞选团队发送了一份57页的详细备忘录。这份由共和党的一名高级策略师撰写的备忘录，建议共和党候选人在涉及新冠病毒危机的问题时积极攻击中国。这份备忘录强调了攻击的三条主线：病毒的传播是由于中国的“掩盖”造成的；民主党人“对中国软弱”；因中国在这场大流行病的传播中所扮演的角色，共和党人将“推动制裁中国”。[①] 另据路透社华盛顿消息，美国不仅提出不再资助世界卫生组织，而且扬言“有必要彻底改革世界卫生组织”，“甚至可能设立一个替代世卫组织的机构”[②]，再次让全世界见证了霸权国家近年来不断“退群”的丑恶行径。

这就告诉我们，面对波谲云诡的国际形势和复杂敏感的国际环境，教育必须旗帜鲜明地亮出自己的政治属性。

教育的政治性就是教育要为什么人的问题，它贯穿于教育活动的始终，影响着教育的目的性、历史性、民族性等诸多社会属性，绝对不可以虚化、弱化、淡化、边缘化。当然，强调教育的政治性，也不是要回避其他属性，需要通过协调好与其他属性的关系，实现其为政治服务的目的。对此，列宁早在1920年《青年团的任务》演说中鲜明指出：“我们决不能像旧学校那样，用数不胜数的、九分无用一分歪曲了的知识来充塞青年的头脑，但是这并不等于说，我们可以只学共产主义的结论，只背共产主义的口号。这样是不能建立共产主义的。只有用人类创造的全部知识财富来丰富自己的头脑，才能成为共产主义者。”[③]

新时代我国教育的根本任务就是要培养社会主义建设者和接班人，

---

① 《美媒披露美共和党竞发“甩锅中国指南”》，《参考消息》2020年4月26日，第8版。

② 路透社：《蓬佩奥称美可能永不资助世卫》，《参考消息》2020年4月25日，第1版。

③ 《列宁选集》（第四卷），北京：人民出版社，1995年，第348页。

这代表了最广大人民的根本利益，是在科学社会主义焕发强大生机活力、两种社会制度较量呈现新态势的时代背景下对教育政治属性的集中体现。2018 年 9 月 10 日，习近平总书记在全国教育大会上的重要讲话中指出："培养什么人，是教育的首要问题。我国是中国共产党领导的社会主义国家，这就决定了我们的教育必须把培养社会主义建设者和接班人作为根本任务，培养一代又一代拥护中国共产党领导和我国社会主义制度、立志为中国特色社会主义奋斗终身的有用人才。这是教育工作的根本任务，也是教育现代化的方向目标。""教育部门和各级各类学校的党组织要增强'四个意识'、坚定'四个自信'，坚定不移维护党中央权威和集中统一领导，自觉在政治立场、政治方向、政治原则、政治道路上同党中央保持高度一致。"① 习近平总书记的重要讲话，正是教育政治属性在教育政策、教育任务和现实生活中的具体体现。

第三节　教育的目的

劳动创造了人，也创造了人类发展不可缺少的教育。教育和劳动相伴而生。劳动成为教育的一切社会属性之根源，也使教育成为人类世界的宏大历史叙事。恩格斯指出："在社会历史领域内进行活动的，是具有意识的、经过思虑或凭激情行动的、追求某种目的的人；任何事情的发生都不是没有自觉的意图，没有预期的目的的。"②

中国是世界上历史最悠久的文明古国之一，在漫长的岁月中，中

---

① 新华社：《坚持中国特色社会主义教育发展道路　培养德智体美劳全面发展的社会主义建设者和接班人》，《光明日报》2018 年 9 月 11 日，第 1 版。

② 《马克思恩格斯选集》（第四卷），北京：人民出版社，1995 年，第 247 页。

华民族创造了灿烂的中华文化，推动了教育活动的发展，为人类教育史贡献了重要篇章，使中华文化成为人类文化宝库中的璀璨明珠。今天，教育面临的环境异常复杂，这也使教育的作用愈加凸显、目的更为重要。

一、教育的目的

教育在萌芽之时，就以有目的地培养人的社会活动作为其发展的目的。关于教育目的概念的解释，较为流行的观点认为，教育是“一定社会培养人的总要求，是根据不同社会的政治、经济、文化、科学、技术发展的要求和受教育者身心发展的状况确定的”，“它反映一定社会对受教育者的要求，是教育工作的出发点和最终目标，也是制定教育目标、确定教育内容、选择教育方法、评价教育效果的根本依据”。① 联合国教科文组织对教育的目的也有论述，认为“每一项教育行动都是指向某个目的的一个过程的一部分，这些目的是受普遍的和最终的目的所制约的，而这些普遍的和最终的目的基本上又是由社会确定下来的”，“某种形势的客观现实必然制约着每一个国家根据其特殊背景所制定的当前的教育目的，但这种教育目的，同社会的一般目的一样，也是那些参加教育活动的个人意志行为与主观选择的结果”。②

显然，教育目的代表着一定的价值取向。而作为有目的地培养人的社会活动，教育一方面应该满足人的个性发展需要，这是个体接受教育的基本选择和出发点；另一方面也应当满足社会发展的需要，这是社会组织教育的直接目的和落脚点。这两点，在社会制度下是应该统一为一体的。按照马克思主义关于人的全面发展思想，人的个性发

---

① 《辞海·教育学、心理学分册》，上海：上海辞书出版社，1987 年第 2 版，第 1 页。

② 联合国教科文国际教育发展委员会：《学会生存——教育世界的今天和明天》，北京：教育科学出版社，1996 年，第 183 页。

展和社会发展是辩证统一的。也就是说，教育的目的为教育发展确定了明确的方向，为教育活动的进行确定了明确的原则，也为评价教育成效确定了衡量的标准和尺度。

中华人民共和国成立以来，教育的目的在不同的历史时期有过不同的表述，但其中心思想一直是围绕人的全面发展，兼顾人的个性发展和社会发展。

2018 年，习近平总书记在全国教育大会上的重要讲话中指出，要“培养德智体美劳全面发展的社会主义建设者和接班人，加快推进教育现代化、建设教育强国、办好人民满意的教育”①，明确了我党在新时代教育发展的根本目的。

二、教育目的的实现

面临百年未有之大变局，教育的目的如何才能实现呢？

教育来源于劳动实践，实现教育的目的自然也离不开劳动实践。马克思指出：“哲学家们只是用不同的方式解释世界，而问题在于改变世界。”② 恩格斯也曾经指出：“马克思的整个世界观不是教义，而是方法。它提供的不是现成的教条，而是进一步研究的出发点和供这种研究使用的方法。”③ 实践是马克思主义最本质的特征。教育也是如此，其目的必然要通过具体的生产劳动、要在真实的社会实践活动中才能得以实现。

2018 年全国教育大会提出了教育的“首要问题”和“根本任务”，即培养什么人是教育的首要问题以及教育必须把培养社会主义建设者和接班人作为根本任务。在全面总结十八大以来党的教育工作的基础

---

① 新华社：《坚持中国特色社会主义教育发展道路 培养德智体美劳全面发展的社会主义建设者和接班人》，《光明日报》2018 年 9 月 11 日，第 1 版。

② 《马克思恩格斯文集》（第一卷），北京：人民出版社，2009 年，第 502 页。

③ 《马克思恩格斯选集》（第一卷），北京：人民出版社，2012 年，第 664 页。

上，习近平总书记进一步指出：“要努力构建德智体美劳全面培养的教育体系，形成更高水平的人才培养体系。要把立德树人融入思想道德教育、文化知识教育、社会实践教育各环节，贯穿基础教育、职业教育、高等教育各领域，学科体系、教学体系、教材体系、管理体系要围绕这个目标来设计，教师要围绕这个目标来教，学生要围绕这个目标来学。凡是不利于实现这个目标的做法都要坚决改过来。”为保证这些措施生效、目标实现，还必须坚持做到，要在坚定理想信念上下功夫，要在厚植爱国主义情怀上下功夫，要在加强品德修养上下功夫，要在增长知识见识上下功夫，要在培养奋斗精神上下功夫，要在增强综合素质上下功夫。[①] 这六个“下功夫”，为做好新时代教育工作、实现教育目的指明了前进的方向。

不仅如此，对如何通过加强思想政治工作实现教育目的，习近平总书记也有过专门的论述。2016 年，在全国高校思想政治工作会议上，习近平总书记强调指出：“要坚持把立德树人作为中心环节，把思想政治工作贯穿教育教学全过程，实现全程育人、全方位育人，努力开创我国高等教育事业发展新局面。”“做好高校思想政治工作，要因事而化、因时而进、因势而新。要遵循思想政治工作规律，遵循教书育人规律，遵循学生成长规律，不断提高工作能力和水平。要用好课堂教学这个主渠道，思想政治理论课要坚持在改进中加强，提升思想政治教育亲和力和针对性，满足学生成长发展需求和期待，其他各门课都要守好一段渠、种好责任田，使各类课程与思想政治理论课同向同行，形成协同效应。”[②]

当然，党的领导，教育政策的制定，教育环境的营造，组织、宣

① 中共中央党史和文献研究院：《十九大以来重要文献选编》（上），北京：中央文献出版社，2019 年，第 648—654 页。

② 新华社：《把思想政治工作贯穿教育教学全过程　开创我国高等教育事业发展新局面》，《光明日报》2016 年 12 月 9 日，第 1 版。

传、教育等部门履职情况以及形成的齐抓共管局面，教育系统内部各环节的协调配合，每一位教育工作者的责任，家庭、社会的参与支持等，都影响着教育目的的实现。

任何一项社会活动目的的实现，都需要人的热情参与、积极推动、真情奉献。十年树木，百年树人。教育的本质是传授知识、提高品德、启迪智慧、提高每个人的生活质量和生命价值，所以教育更需要豪情满怀、脚踏实地的工作者。如果说教育方针、教育根本任务是教育杠杆的话，师德师风、人格魅力就是施力于教育杠杆的力量源泉。理解了教育的政治属性、深入贯彻党的教育方针，就是对教育杠杆的撬动。而撬动教育杠杆的过程，就是“好老师”“大先生”坚持做到“六个下功夫”，真正实现“三全育人”的过程。

“教师是人类灵魂的工程师，是人类文明的传承者，承载着传播知识、传播思想、传播真理，塑造灵魂、塑造生命、塑造新人的时代重任。”① 建设社会主义现代化强国，培养促进社会发展的有用人才，对教师队伍建设提出了新的、更高的要求。

---

① 新华社：《坚持中国特色社会主义教育发展道路 培养德智体美劳全面发展的社会主义建设者和接班人》，《光明日报》2018 年 9 月 11 日，第 1 版。

第二章　党的教育方针

党的教育方针是在一定的社会历史发展阶段，根据当时的社会、政治、经济等要求，提出的教育工作根本遵循和行动指南，是教育改革和发展的指导思想与价值取向。也就是说，教育方针是对国家教育政策的总概况，是一个时期教育工作的最高行动纲领，体现了教育的性质、方向和目标。教育方针是动态的，不同时期、不同学校，方针策略是不一样的，但却是最重要的。比如，“一个军事学校，最重要的问题，是选择校长教员和规定教育方针”①。

本章以《中国共产党的一百年》划分的新民主主义革命时期、社会主义革命和建设时期、改革开放和社会主义现代化建设新时期以及中国特色社会主义新时代为时间节点，分析四个时期党的教育方针之间的逻辑演变。②

教育是为时代服务的。一个时代有一个时代的需求，一个时代有一个时代的教育。教育方针作为教育属性的集中体现，是在现实社会实现教育目的的根本指导思想，具有重要的理论研究和实践价值，需要我们时刻对其保持清醒的认知和准确的把握。进入新时代，我们“要在党的坚强领导下，全面贯彻党的教育方针，坚持马克思主义指导地位，坚持中国特色社会主义教育发展道路，坚持社会主义办学方向，

① 《毛泽东选集》(第一卷)，北京：人民出版社，1991 年，第 177 页。

② 中共中央党史和文献研究院：《中国共产党的一百年》，北京：中共党史出版社，2022 年。

立足基本国情，遵循教育规律，坚持改革创新，以凝聚人心、完善人格、开发人力、培育人才、造福人民为工作目标，培养德智体美劳全面发展的社会主义建设者和接班人，加快推进教育现代化、建设教育强国、办好人民满意的教育”①。

第一节　新民主主义革命时期党的教育方针

新民主主义革命时期，中国是一个半殖民地半封建的社会，广大人民尤其是占中国人口绝大多数的农民在帝国主义和封建主义的双重压迫下，过着饥寒交迫和毫无政治权利的生活。这时候，争取民族独立、人民解放就成为最紧迫的任务。

新民主主义革命时期的教育方针是在当时革命斗争实际和教育实践的基础上提出的，是教育属性在革命实践中的具体体现，是为这个时期党的任务服务的。

一、中国共产党成立初期的教育方针

中国共产党成立后，着手分析中国的具体国情，将教育作为革命斗争的武器，批判买办、封建主义和帝国主义的教育，制定反帝反封建的民主革命纲领，发动工农群众运动，开创了新民主主义的教育，逐步开启了政党的教育实践和理论准备。

严格地说，这个时期没有明确提出教育方针。但在党的决议或宣言中，作为党对教育的纲领性文件，关于教育方面的总意见，在当时还是发挥着教育方针的作用的。这一点，可以从全国代表大会的决议

---

① 新华社：《坚持中国特色社会主义教育发展道路　培养德智体美劳全面发展的社会主义建设者和接班人》，《光明日报》2018 年 9 月 11 日，第 1 版。

中得到印证。比如：

1921 年 7 月，中国共产党第一次全国代表大会通过的《中国共产党第一个决议》指出："党在工会里要灌输阶级斗争的精神"，并规定了党在当时阶段的主要任务是大力发展工会组织，加强对工人群众的马克思主义教育。"因为工人学校是组织产业工会过程中的一个阶段，所以在一切产业部门均应成立这种学校。""学校的基本方针是提高工人的觉悟，使他们认识到成立工会的必要。""工人学校应逐渐变成工人政党的中心机构。"①

1922 年 7 月，中国共产党第二次全国代表大会通过的《中国共产党第二次全国代表大会宣言》提出："废除一切束缚女子的法律，女子在政治上、经济上、社会上、教育上一律享受平等的权利。""改良教育制度，实行教育普及。"② 这部分内容是反帝反封建的新民主主义革命纲领的重要组成部分之一。

1923 年 6 月，中国共产党第三次全国代表大会通过的《中国共产党党纲草案》提出："实行义务教育，教育与宗教绝对分离。全国教育经费应严重保证。教员应享受年功加俸；到相当年龄应享受养老年金。"③

1925 年 1 月，中国共产党第四次全国代表大会通过的《对于青年运动之决议案》提出："要使我们的宣传能达到青年工人，我们就须组织俱乐部、学校……等机关以与青年工人接触而得以宣传。""平民教育的运动，现在有发达的趋势，这是我们社会主义青年团应极端注意

---

① 中央档案馆：《中共中央文件选集（一九二一—一九二五）》（第一册），北京：中共中央党校出版社，1989 年，第 6—7 页。

② 中央档案馆：《中共中央文件选集（一九二一—一九二五）》（第一册），北京：中共中央党校出版社，1989 年，第 116 页。

③ 中央档案馆：《中共中央文件选集（一九二一—一九二五）》（第一册），北京：中共中央党校出版社，1989 年，第 142 页。

的。”“乡村教育是社会主义青年团最要注意的，如何使社会主义青年团学生分子散布到各地乡村学校中去当教师，以与青年农民有接触与宣传的机会，又须极力吸收小学的教师去负这种责任。”“社会主义青年团在学生中的工作有长期的宣传，根据于他们的状况宣传，和引导他们为自己的利益而斗争。”①

1927 年 5 月，中国共产党第五次全国代表大会通过的《对于共产主义青年团工作决议案》指出：共青团应“以青年本身利益的争斗和文化体育等运动着手，引导青年群众参加党领导的一切政治争斗，这就是青年无产阶级的共产主义的革命教育”②。

二、苏区政权建立以后党的教育方针

1927 年国民革命失败后，中国共产党开始独立领导革命战争，创建发展了农村革命根据地即苏区，逐步开辟了农村包围城市、武装夺取政权的道路。随着革命政权的建立，苏区的文化教育事业得以逐步形成和发展，为根据地建设和武装斗争培养了大批干部和人才。从此，新民主主义教育事业在中国共产党的领导下不断发展、进步。苏区从无到有、从小到大、从弱到强，从星星之火到燎原之势，奠定了相对统一、独立发展的人民教育体系，把教育方针的制定、实施推向了独立实践的新阶段。

苏区教育方针是在苏区教育发展的实际中逐步形成和确立的，各地表述不一，但基本精神都是教育必须适应根据地建设需要，为革命政治服务，必须反对封建主义的和法西斯主义的教育，工农大众要成为受教育的主体，等等。

---

① 中央档案馆：《中共中央文件选集（一九二一——一九二五）》（第一册），北京：中共中央党校出版社，1989 年，第 367—368 页。

② 中央档案馆：《中共中央文件选集（一九二七）》（第三册），北京：中共中央党校出版社，1989 年，第 92 页。

比如，1930年8月，闽西苏维埃政府《目前文化工作总计划》规定的教育方针就是“培养革命环境中所需要的革命工作的干部人才。……普遍而深入的提高群众路线觉悟、政治水平、文化程度”①。

1932年5月，江西省工农兵第一次代表大会通过的《文化教育工作决议》提出，要“使文化教育与目前革命斗争联系起来，使劳动与知识联系起来。简单说来，就是要使文化教育社会化、政治化、实际化、劳动化”②。

1933年12月，《湘赣省文化教育建设决议草案》提出，“用阶级的文化教育做斗争的工具，动员组织群众尽可能加入革命战争，深入阶级斗争，参加苏维埃政治经济文化的建设工作”③。

1934年1月，毛泽东在《中央执行委员会与人民委员会对第二次全国苏维埃代表大会的报告》中指出：“苏维埃文化教育的方针在于以共产主义的精神来教育广大的劳苦民众，在于使文化教育为革命战争与阶级斗争服务，在于使教育与劳动联系起来，在于使广大中国民众都成为享受文明幸福的人。”④ 这不仅提出了教育的政治性，还明确提出了教育要与生产劳动相结合。从此，“教育与劳动联系起来”，也就是“教育与生产劳动相结合”，一直是教育方针的重要内容。

---

① 陈元晖、璩鑫圭、邹光威编：《老解放区教育资料》（一），北京：教育科学出版社，1981年，第125页。

② 陈元晖、璩鑫圭、邹光威编：《老解放区教育资料》（一），北京：教育科学出版社，1981年，第78页。

③ 陈元晖、璩鑫圭、邹光威编：《老解放区教育资料》（一），北京：教育科学出版社，1981年，第96页。

④ 陈元晖、璩鑫圭、邹光威编：《老解放区教育资料》（一），北京：教育科学出版社，1981年，第20页。

三、抗日战争和解放战争时期党的教育方针

卢沟桥事变爆发前夕，毛泽东就清晰地判断出中国革命的形势变化，提出中日矛盾成为主要的矛盾、国内矛盾降到次要和服从的地位。中国共产党在“政治上、军事上、经济上、教育上的国防准备，都是救亡抗战的必需条件，都是不可一刻延缓的”①，要求教育工作的重心必须要迅速转向抗日教育、国防教育上来。抗日战争爆发后，毛泽东更加明确地提出了国防教育要“根本改革过去的教育方针和教育制度。不急之务和不合理的办法，一概废弃”②。

抗日战争时期，我党把创办干部学校、加强干部教育摆在首要位置，明确了“干部教育第一”的政策。《中共中央关于在职干部教育的决定》指出：“在目前条件下，干部教育工作，在全部教育工作的比重，应该是第一位的。而在职干部的教育工作，在全部干部教育工作中的比重，又应该是第一位的。”③ 干部教育的主要任务是，“训练千百万优良的抗战干部，培养将来独立、自由、幸福中国建设者，争取中华民族的独立、自由和解放”④。

1937 年 8 月，洛川会议通过了毛泽东为中共中央宣传部起草的关于形势与任务的宣传鼓动提纲《为动员一切力量争取抗战胜利而斗争》。毛泽东提出了十大救国纲领，强调“抗日的教育政策：改变教育的旧制度，实行以抗日救国为目标的新制度、新课程”。教育的具体任

---

① 《毛泽东选集》(第一卷)，北京：人民出版社，1991 年第 2 版，第 256 页。

② 《毛泽东选集》(第二卷)，北京：人民出版社，1991 年第 2 版，第 348 页。

③ 中央档案馆：《中共中央文件选集》(第 12 册)，北京：中共中央党校出版社，1986 年，第 39 页。

④ 陕西师范大学教育研究所：《陕甘宁边区教育资料(教育方针政策部分)》，北京：教育科学出版社，1981 年，第 1 页。

务，“应以提高和普及人民大众的抗日的知识技能和民族自尊心为中心”①。

在敌后创建根据地，重要的任务是发动群众、建党建军、巩固政权等。这就决定了党的教育的首要任务是培养和培训革命干部。1938年，在中共扩大的六届六中全会上，毛泽东做了《论新阶段》的政治报告，再次重申：“实行抗战教育政策，使教育为长期战争服务。”“在一切为着战争的原则下，一切文化教育事业均应使之适合战争的需要。”“第一，改订学制，废除不急需与不必要的课程，改变管理制度，以教授战争所必需之课程及发扬学生的学习积极性为原则。第二，创设并扩大和增强各种干部学校，培养大批的抗日干部。第三，广泛发展民众教育。第四，办理义务的小学教育，以民族精神教育新后代。伟大的抗战，必须有伟大的抗战教育运动与之相合，二者间的不配合现象亟应免除。”②

教育的政治性或者说教育方针的政治性，一直是毛泽东和我党一贯坚持的马克思主义原则。1938 年 4 月，毛泽东在延安抗日军政大学开学典礼上提出：“你们在这里要学到坚定正确的政治方向，艰苦奋斗的工作作风，加上灵活的战略战术。”③ 这三句话，就是延安时期抗大的教育方针。1939 年 5 月，毛泽东在《新中华报》发表《抗大三周年纪念》，重申这个教育方针时指出：“这三者，是造成一个抗日的革命的军人所不可缺一的。抗大的职员、教员、学生，都是根据这三者去进行教育与从事学习的。”④

同样，教育与生产劳动相结合，也始终是我党教育方针坚持和遵循的基本原则。1939 年 5 月，毛泽东《在延安在职干部教育动员大会

① 《毛泽东选集》（第二卷），北京：人民出版社，1991 年第 2 版，第 356 页。

② 《毛泽东同志论教育工作》，北京：人民教育出版社，1992 年，第 48 页。

③ 《毛泽东文集》（第二卷），北京：人民出版社，1993 年，第 117 页。

④ 《毛泽东文集》（第二卷），北京：人民出版社，1993 年，第 188 页。

上的讲话》中就详细阐述了生产运动、学习运动及其相互关系，强调指出“这两个运动都是有普遍的意义和永久的意义的”①。

1940 年 1 月，毛泽东在陕甘宁边区文化协会第一次代表大会上发表了《新民主主义的政治与新民主主义的文化》讲演，即著名的《新民主主义论》。毛泽东指出：“这种新民主主义的文化是民族的。”“这种新民主主义的文化是科学的。”“这种新民主主义的文化是大众的，因而即是民主的。它应为全民族中百分之九十以上的工农劳苦民众服务，并逐渐成为他们的文化。”②

1940 年底，毛泽东在为中共中央起草的对党内的指示中再次强调指出：“关于文化教育政策，应以提高和普及人民大众的抗日的知识技能和民族自尊心为中心。应容许资产阶级自由主义的思想家、文化人、记者、学者、技术家来根据地和我们合作，办学、办报、做事。应吸收一切较有抗日积极性的知识分子进我们办的学校，加以短期训练，令其参加军队工作、政府工作和社会工作；应该放手地吸收、放手地任用和放手地提拔他们。不要畏首畏尾，惧怕反动分子混进来。这样的分子不可避免地要混进一些来，在学习中，在工作中，再加洗刷不迟。每个根据地都要建立印刷厂，出版书报，组织发行和输送的机关。每个根据地都要尽可能地开办大规模的干部学校，越大越多越好。”③这一时期，中共中央先后创办了中国人民抗日军政大学、陕北公学、马克思列宁学院、鲁迅艺术学院、延安自然科学院、延安女子学院、中共中央党校、延安大学、西北人民革命大学等，为抗日根据地培养和训练了大批骨干人才。

解放战争时期，社会的主要矛盾又一次发生了重大变化，由中华

---

① 《毛泽东文集》（第二卷），北京：人民出版社，1993 年，第 176 页。

② 《毛泽东选集》（第二卷），北京：人民出版社，1991 年第 2 版，第 706—708 页。

③ 《毛泽东选集》（第二卷），北京：人民出版社，1991 年第 2 版，第 768—769 页。

民族与日本帝国主义的矛盾转化为中国人民同美帝国主义、蒋介石反动派的矛盾。在这一时期，党提出了打倒蒋介石、没收帝国主义和官僚资产阶级财产、实行土地改革的政治路线，重新组成了各革命阶级参加的统一战线。在此基础上，各解放区因地制宜制定了教育方针，改变了以抗日民族统一战线为主导的政治内容，变为打倒美蒋统治、解放全中国、成立新民主主义国家的政治与教育内容。相应地，调整了民族的、科学的、大众的方针政策的内涵。

1945 年 4 月，毛泽东在党的七大上做《论联合政府》的政治报告时进一步提出："从百分之八十的人口中扫除文盲，是新中国的一项重要工作。一切奴化的、封建主义的和法西斯主义的文化和教育，应当采取适当的坚决的步骤，加以扫除。……中国国民文化和国民教育的宗旨，应当是新民主主义的；就是说，中国应当建立自己的民族的、科学的、人民大众的新文化和新教育。"①

1948 年 9 月，毛泽东论述了即将成立的新中国国体，即新中国国家政权的阶级性问题。他说："我们政权的阶级性是这样的：无产阶级领导的，以工农联盟为基础，但不是仅仅工农，还有资产阶级民主分子参加的人民民主专政。……我们是人民民主专政，各级政府都要加上'人民'二字，各种政权机关都要加上'人民'二字，如法院叫人民法院，军队叫人民解放军，以示和蒋介石政权不同。"② 同样，教育的底色、教育的基础、教育方针的内涵，也是与之紧密相连的。

1949 年 6 月 30 日，毛泽东发表了著名的《论人民民主专政》，明确指出："人民民主专政的基础是工人阶级、农民阶级和城市小资产阶级的联盟，而主要是工人和农民的联盟，因为这两个阶级占了中国人口的百分之八十到九十。推翻帝国主义和国民党反动派，主要是这两

---

① 《毛泽东选集》(第三卷)，北京：人民出版社，1991 年第 2 版，第 1083 页。

② 《毛泽东文集》(第五卷)，北京：人民出版社，1996 年，第 135—136 页。

个阶级的力量。由新民主主义到社会主义，主要依靠这两个阶级的联盟。人民民主专政需要工人阶级的领导。因为只有工人阶级最有远见，大公无私，最富于革命的彻底性。整个革命历史证明，没有工人阶级的领导，革命就要失败，有了工人阶级的领导，革命就胜利了。在帝国主义时代，任何国家的任何别的阶级，都不能领导任何真正的革命达到胜利。中国的小资产阶级和民族资产阶级曾经多次领导过革命，都失败了，就是明证。"[①] 中国社会发展的现实和规律也证明了这一点。

毛泽东《在中央政治局会议上的报告和结论》《论人民民主专政》《新民主主义论》等经典文献，不仅为新民主主义革命时期党的教育方针厘清了政治渊源、奠定了理论基础，也为后来第一次系统阐述党的教育方针的《中国人民政治协商会议共同纲领》提供了思想源泉。

1949 年 9 月，中国人民政治协商会议第一届全体会议通过了《中国人民政治协商会议共同纲领》（以下简称《共同纲领》），关于文化教育政策，在第五章明确规定："中华人民共和国的文化教育为新民主主义的，即民族的、科学的、大众的文化教育。人民政府的文化教育工作，应以提高人民文化水平、培养国家建设人才、肃清封建的、买办的、法西斯主义的思想、发展为人民服务的思想为主要任务。"可以看出，前一句是教育的根本遵循，也就是教育方针，后一句指出的教育的主要任务是为了贯彻教育方针提出来的。紧随其后，《共同纲领》提出"提倡爱祖国、爱人民、爱劳动、爱科学、爱护公共财物为中华人民共和国全体国民的公德"。这些道德教育，也属于教育的基本任务。同时，《共同纲领》后面还有一条规定，"中华人民共和国的教育方法为理论与实际一致"，这是新中国的教育必须坚持的基本原则。[②]

① 《毛泽东选集》（第四卷），北京：人民出版社，1991 年第 2 版，第 1478—1479 页。

② 陈扬勇：《建设新中国的蓝图——〈中国人民政治协商会议共同纲领〉研究》，北京：社会科学文献出版社，2013 年，第 363—364 页。

第二节　社会主义革命和建设时期党的教育方针

从新民主主义到社会主义，是一个重大的历史性转变。这个转变，说明我国从半殖民地半封建的旧社会逐渐过渡到了民族独立、人民当家做主的新社会。在这个转变过程中，可以直接触摸到的，就是中华人民共和国的成立；可以直接感受到的，就是轰轰烈烈的社会主义革命和建设。

一、党在过渡时期的教育方针和任务

中华人民共和国成立开创了中华民族历史新纪元，也揭开了中国教育事业发展的新篇章。新中国成立之初，百废待兴。坚持为人民民主专政服务、改造旧的教育、发展为人民服务的思想，自然成为教育事业的任务。

《中国人民政治协商会议共同纲领》（以下简称《共同纲领》）确定了教育方针、主要任务和应该坚持的基本原则。这是无产阶级领导的新中国国体的必然选择。只有这样的教育，才是和当时的中国社会紧密联系的教育，才是有生命力的、活生生的教育。在这样的方针指导下，改造旧教育、建设新教育就成为这一时期教育工作的首要任务。

为贯彻这一方针、落实这一任务，1949 年 12 月，教育部召开的第一次全国教育工作会议重申了《共同纲领》制定的文教政策，明确了新中国教育工作的目的是“为人民服务，首先为工农兵服务，为当前的革命斗争与建设服务”；“教育必须为国家建设服务，学校必须为工

农开门”[1]。1950年5月，时任中央教育部副部长的钱俊瑞在《人民教育》杂志创刊号发表了《当前教育建设的方针》，对新中国教育方针做了最完整的表述：“为工农服务，为生产建设服务，这就是当前实行新民主主义教育的中心方针。”文章上半部分详细论述了教育为工农服务的方针，特别分析了“我不为谁服务，我不参加政治，我为教育而教育”[2]这种“自欺欺人”的观点之错误；下半部分详细论述了教育为生产建设服务的方针，提出了学校发展的主要方向、主要任务。[3]

回顾从苏维埃时期到新民主主义革命时期教育方针的直接表述，可以看出党的教育方针的逻辑脉络贯穿的是毛泽东新民主主义教育思想。同时，新的教育方针也体现了新中国成立初期我国教育的基本职能、作用和教育政策的出发点。教育方针的基本特色，在于教育是为革命战争和阶级斗争服务的，教育要与生产劳动相结合，教育要大力提高劳动人民的政治文化水平。这一思想用今天的话语来表达就是，教育是为时代服务的，是为人民服务的。

在这样的教育方针指引下，我党有效地接管和改造了旧教育，奠定了新中国教育的基础。为落实教育方针，各级各类教育相继确定了各自的宗旨和发展的主要目标，教育事业逐步走上规范办学的轨道。在汲取老解放区的教育经验以及1922年学制和苏联学制合理因素的基础上，1951年政务院第九十七次政务会议通过了重点面向工农大众、努力保障广大人民群众受教育基本权利的《关于改革学制的决定》。《关于改革学制的决定》完全依据了教育为人民群众服务、为生产服务、与经济建设相结合的基本原则，是新中国奠定学制基础的重要标志。这个学制是我国学制发展的一个新阶段，包含着从幼儿园到大

---

① 中央教育科学研究所：《中华人民共和国教育大事记（1949—1982）》，北京：教育科学出版社，1984年，第7—8页。

② 钱俊瑞：《当前教育建设的方针》（上），《人民教育》1950年创刊号。

③ 钱俊瑞：《当前教育建设的方针》（下），《人民教育》1950年第2期。

学的完整教育体系，分为幼儿教育、初等教育、中等教育、高等教育和各级政治学校、政治训练班等教育形式。此外，还有各级各类补习学校、函授学校及聋哑、盲人等特种学校作为补充。

一方面，新学制发扬了我国单轨学制的传统，做到了各级各类教育互相衔接，保证了劳动人民子女受教育的平等权利。另一方面，职业教育在新学制中占有相对重要的地位，充分体现了重视培养各种建设人才和为生产建设服务的基本精神，奠定了教育类别和不同类别实行不同学制的基础；同时，新学制还重视工农干部的速成教育和工农群众的业余教育，初步表现了教育要面向全社会、面向基层群众的正确方向，打下了面向未来发展终身教育的基础。

教育部在《关于一九五零年全国教育工作总结和一九五一年全国教育工作的方针和任务的报告》中提出了更为详尽的教育方针，更加清晰地指向了当时的形势需要。这份文件提出："一九五一年全国教育工作的方针：（一）大力开展抗美援朝的爱国主义教育，彻底肃清帝国主义，首先是美帝国主义在中国的文化侵略影响。（二）继续贯彻教育为国家建设服务的方针，与经济、国防、政法、文化等建设事业密切配合，培养各种建设人才，首先是经济建设人才；坚持教育为工农兵服务，各种学校为工农业开门的方针；切实实行教育事业中的公私兼顾与城乡兼顾的原则。（三）着重进行各级学校的调整、统一、整顿、巩固的工作，为今后的发展准备条件。（四）采取切实有效的步骤，贯彻毛主席'健康第一'的方针，增进学生健康，并在现有基础上适当改善中、小学教师的待遇。"① 后面的工作任务，是对教育方针的具体落实。

新民主主义革命夺取全国性胜利之后，我国进入了社会主义过渡

① 《中央人民政府教育部关于一九五零年全国教育工作总结和一九五一年全国教育工作的方针和任务的报告》，《江西政报》1951 年第 8 期。

时期。1953 年，党提出了过渡时期的总路线，开始实行第一个五年计划的大规模经济建设。显然，在这个时期，教育在为政治服务的同时，还必须为新的经济建设任务服务，也要为每个人的自由全面发展服务。

《一九五四年文化教育工作的方针和任务》中提出："中等教育和初等教育，应贯彻全面发展的教育方针……为培养社会主义社会的建设者而奋斗。"①

二、社会主义建设时期党的教育方针

随着"一化三改"的基本完成，第一个五年计划建设也取得巨大成就，社会主义基本制度初步建立，为当代中国的发展进步奠定了根本政治前提和制度基础。当我国全面进入社会主义革命和建设时期，原来新民主主义革命时期大规模的急风暴雨式的群众阶级斗争基本结束之后，集中力量发展生产力、正确处理人民内部矛盾就成为我国经济和政治生活的主题。

在此期间，毛泽东经过充分细致的调查，发表了对中国社会主义建设具有全局性、长远性指导意义的《论十大关系》，确立了"一定要努力把党内党外、国内国外的一切积极的因素，直接的、间接的积极因素，全部调动起来，把我国建设成为一个强大的社会主义国家"② 的基本方针。在对每一个关系的论述中，毛泽东都反复强调了社会主义建设的重要性。随后召开的党的第八次全国代表大会正确分析国内形势和国内主要矛盾的变化，再一次突出了经济建设的主题。在开幕词中，毛泽东开宗明义地指出："我们这次大会的任务是：总结从七次大会以来的经验，团结全党，团结国内外一切可能团结的力量，为了建

---

① 《一九五四年文化教育工作的方针和任务》，《江西政报》1954 年第 12 期。

② 《毛泽东文集》(第七卷)，北京：人民出版社，1999 年，第 44 页。

设一个伟大的社会主义的中国而奋斗。”[①] 党的八大正确分析国内形势和国内主要矛盾的变化，宣布社会主义改造已经取得决定性的胜利，无产阶级同资产阶级之间的矛盾已经基本上解决，几千年来的阶级剥削制度的历史已经基本上结束，社会主义的社会制度在我国已经基本建立起来了。大会提出：“我国国内的主要矛盾已经是人民对于建立先进的工业国的要求同落后的农业国的现实之间的矛盾，已经是人民对于经济文化迅速发展的需要同当前经济文化不能满足人民需要的状况之间的矛盾；党和全国人民的当前的主要任务，就是要集中力量来解决这个矛盾，把我国尽快地从落后的农业国变为先进的工业国。”[②]

1957 年 2 月，毛泽东在最高国务会议第十一次（扩大）会议上发表重要讲话，指出“我们的教育方针，应该使受教育者在德育、智育、体育几方面都得到发展，成为有社会主义觉悟的有文化的劳动者”[③]。这一重要论述，将马克思主义关于人的全面发展思想贯穿于社会主义教育培养目标之中，提出新中国全面发展社会主义教育事业的重要任务。

这里需要特别强调说明的是，很多学者把这句话理解为这一时期我党的教育方针，未免显得有些牵强。回顾前面《共同纲领》确定的教育方针和教育任务就可以看出来，教育方针指向的是教育的根本原则，是教育工作的最高遵循，而教育任务则是在教育方针指导下的具体方向。这里讲的是教育的根本任务，将其等同于教育方针似乎有简单、片面之嫌。

一方面，这种认识陷入了语法误区。从语法修辞角度分析这段话，

---

① 《毛泽东文集》(第七卷)，北京：人民出版社，1999 年，第 114 页。

② 中共中央党史研究室：《中国共产党的九十年——社会主义革命和建设时期》，北京：中共党史出版社，2016 年，第 473 页。

③ 《毛泽东文集》(第七卷)，北京：人民出版社，1999 年，第 226 页。

毛泽东在这里说我们的教育方针“应该使”受教育者成为有社会主义觉悟的有文化的劳动者，这是就教育任务或培养目标而言的，这个教育任务或培养目标是在既定的教育方针指导下才能实现的。如果是解释具体的教育方针的话，应该是“我们的教育方针，是什么什么”，而不是“使……成为……”。“使……成为……”，指向的是任务方向、是目的目标。

另一方面，这句话有具体的语境。把这句话理解为党的教育方针，其实是忽视了讲话的背景。这篇讲话做了补充修改后发表在1957年6月19日的《人民日报》上，即著名的《关于正确处理人民内部矛盾的问题》，并收录在《毛泽东文集》第七卷。“我们的教育方针”这句话出现在文章的第五部分，即“知识分子问题”中。毛泽东指出：“我国的艰巨的社会主义建设事业，需要尽可能多的知识分子为它服务。”“由于我国的社会制度已经起了变化，资产阶级思想的经济基础已经基本上消灭了，这就使大量知识分子的世界观不但有了改变的必要，而且有了改变的可能。”“在知识分子和青年学生中间，最近一个时期，思想政治工作减弱了，出现了一些偏向。”“针对着这种情况，现在需要加强思想政治工作。”“思想政治工作，各个部门都要负责。”[①] 在这个大的背景之下，毛泽东指出，党的教育方针必须实现上面的教育任务或培养目标。这篇文章是党的八大确定的方针的继续和发展，具有重大的理论和实践意义。

与此同时，毛泽东还在一次谈话中提出，“教育必须为无产阶级政治服务，必须同生产劳动相结合。劳动人民要知识化，知识分子要劳动化”[②]。而对教育要为谁服务以及如何办好教育这个根本问题，毛泽

---

① 《毛泽东文集》（第七卷），北京：人民出版社，1999年，第225—226页。

② 中共中央文献研究室编：《毛泽东著作专题摘编》（下），北京：中央文献出版社，2003年，第1639页。

东是极为重视、极为关注的，他连续在多种场合非常详尽地谈到这个问题。例如，认为儿童时期的身体和德育都同从事劳动有关，“所以教育与劳动结合的原则是不可移易的”[①]。教育必须为无产阶级政治服务，必须同生产劳动相结合，正是这一时期的教育方针。

教育必须为无产阶级政治服务，必须同生产劳动相结合，包括教育与劳动相结合的不可移易的原则，或者说，教育必须为时代服务、为政治服务、必须与生产实践相结合这一基本精神，与之前的教育方针在指导思想上是一脉相承的。我们可以沿着教育方针演进的脉络，从中看到苏区教育方针的影子，即教育必须适应根据地建设需要，为革命政治服务，必须反对封建法西斯；也可以看到抗日战争时期教育方针的影子，即坚持干部教育第一，坚持坚定正确的政治方向、艰苦奋斗的工作作风和灵活的战略战术；等等。

正如毛泽东思想是中国共产党人集体智慧的结晶一样，教育方针也是我党集体智慧的结晶。在顺利完成第一个五年计划的同时，国家步入了快速发展的健康轨道，工作重点越来越围绕经济建设展开，教育与生产劳动相结合、为经济建设服务的属性和职能愈显重要。在研究《工作方法六十条（草案）》时，毛泽东指出：“这里所说的几十条，并不都是新的。有一些是多年积累下来的，有一些是新提出的。这是中央和地方同志一九五八年一月先后在杭州会议和南宁会议上共同商量的结果。这几十条，大部分是会议上同志们的发言启发了我，由我想了一想写成的；一部分是直接记录同志们的意见；有一个重要条文（关于规章制度）是由刘少奇同志和地方同志商定而由他起草的；由我直接提出的只占一部分。这里讲的也不完全是工作方法，有一些是工作任务，有一些是理论原则，但是工作方法占了主要地位。我们现在的主要目的，是想在工作方法方面求得一个进步，以适应已经改

① 《毛泽东文集》（第七卷），北京：人民出版社，1999年，第399页。

变了的政治情况的需要。这几十条现在只是建议，还待征求意见。条文或者要减少，或者要增加，都还未定。请同志们加以研究，提出意见，以便修改，然后提交政治局批准，方能成为一个正式的内部文件。”①

在这篇文稿中，毛泽东对各级各类学校如何实现与劳动的结合做了详尽的解释说明：“一切中等技术学校和技工学校，凡是可能的，一律试办工厂或者农场，进行生产，做到自给或者半自给。学生实行半工半读。在条件许可的情况下，这些学校可以多招些学生，但是不要国家增加经费。一切高等工业学校的可以进行生产的实验室和附属工场，除了保证教学和科学研究的需要以外，都应当尽可能地进行生产。此外，还可以由学生和教师同当地的工厂订立参加劳动的合同。一切农业学校除了在自己的农场进行生产，还可以同当地的农业合作社订立参加劳动的合同，并且派教师住到合作社去，使理论和实际结合。农业学校应当由合作社保送一部分合于条件的人入学。农村里的中小学，都要同当地的农业合作社订立合同，参加农、副业生产劳动。农村学生还应当利用假期、假日或者课余时间回到本村参加生产。大学和城市里的中等学校，在可能条件下，可以由几个学校联合设立附属工厂或者作坊，也可以同工厂、工地或者服务行业订立参加劳动的合同。一切有土地的大中小学，应当设立附属农场；没有土地而邻近郊区的学校，可以到农业合作社参加劳动。”② 不难理解，毛泽东提出的对各级各类学校的具体要求，正是基于“教育必须为无产阶级政治服务，必须同生产劳动相结合”这个教育方针的基本思想。

之所以在这一时期提出并强调这样的教育方针，进而持续了相当一段时间，是因为我国基本完成生产资料所有制的社会主义改造以后，国家的政治、经济和文化教育建设进入了一个全新的发展时期。但当

---

① 《毛泽东文集》（第七卷），北京：人民出版社，1999 年，第 344—345 页。

② 《毛泽东文集》（第七卷），北京：人民出版社，1999 年，第 360—361 页。

时上层建筑领域的教育体制、教育结构显得迟滞落后，没有跟上时代发展需要，不能满足广大工农群众普遍要受教育的迫切需要。

“教育制度同劳动制度相脱节，是我国教育体制中长期存在的一个主要弊端。”毛泽东同志看到了这个问题，其他中央领导同志也看到了这个问题。比如，“刘少奇同志在五十年代就看到了这一点，并试图从根本上解决这个问题，为此，他先后提出了一系列的改革设想。这些设想的主要精神，就是要使教育制度同劳动制度紧密结合，使各级各类学校担负起为社会培养各方面人才和培训劳动后备的任务。这是少奇同志从我国社会主义事业发展的战略高度提出的重要思想，是他留给我们的一份宝贵遗产”①。

1958 年 5 月 30 日，刘少奇在中共中央政治局扩大会议上正式提出实行“两种劳动制度、两种教育制度”的主张，得到党中央和毛泽东同志的赞同与支持，成为当时党的一项重大决策。此后，各地区在办好全日制学校的同时，相继创办了各种类型的半工（农）半读学校和业余学校。刘少奇提出的“两种劳动制度、两种教育制度”的主张，适应了当时我国的国情，对于提高我国国民的文化、技术素质，提高全社会的劳动生产率，促进我国经济社会的发展进步，起到了积极推动作用。②

1958 年 9 月，中共中央、国务院发布的《关于教育工作的指示》指出：“党的教育工作方针，是教育为无产阶级政治服务，教育与生产劳动相结合。”同时坚持党对教育的正确领导，明确了教育的阶级观点、群众观点，特别提出“为了实现这个方针，教育工作必须由党来领导。没有党的领导，社会主义的教育是不能设想的”。尤其值得注意

① 黄峥：《刘少奇关于教育制度同劳动制度相结合的改革设想》，《毛泽东思想研究》1985 年第 4 期。

② 王刚：《卓越的历史功勋　伟大的人民公仆——关于刘少奇同志一些档案文献的回顾》，《党的文献》2019 年第 1 期。

的是，文件解释了“共产主义社会的全面发展的新人，就是既有政治觉悟又有文化的、既能从事脑力劳动又能从事体力劳动的人，而不是旧社会的只专不红、脱离生产劳动的资产阶级知识分子。党所提出的‘培养有社会主义觉悟的有文化的劳动者’的口号，正确地解释了‘全面发展’的涵意”[①]。这是四年之后，在《一九五四年文化教育工作的方针和任务》基础上，党的最高文献对全面发展这一概念结合社会发展需要做出的更为详尽的解读。

1960 年 4 月 10 日，时任副总理（兼中宣部部长）陆定一在第二届全国人民代表大会二次会议上做了《教学必须改革》的专题报告，指出“办好我们的教育，这是一个长期探索的过程，需要经验的积累”。由于“教育工作的发展仍旧不能满足社会主义建设各方面的需要”，“因此必须进行教学改革”，并提出要在“缩短年限、提高程度、控制学时、增加劳动”等四个方面对中小学教育进行适度适当改革。[②]

三年自然灾害时期，各种类型的半工（农）半读学校停办。从 1964 年开始，国民经济初步显示好转，教育事业也步入改革与发展的正常轨道，实行“两种教育制度、两种劳动制度”被重新提了出来。1964 年 5 月，中共中央在北京举行会议，再次提出实行半工半读教育制度的问题。8 月 1 日，刘少奇在中共中央召开的党内报告会上就半工半读等问题做了讲话。这个讲话的一部分，后来以《半工半读，亦工亦农》为题，收入《刘少奇选集》下卷。[③] 同时，《刘少奇选集》还收录了《关于中小学毕业生参加农业生产问题》（一九五七年四月八日）、《提倡勤工俭学，开展课余劳动》（一九五七年五月五日）、《我国应有

① 中共中央、国务院：《关于教育工作的指示》（一九五八年九月十九日），《北京师范大学学报》（办学经验总结专号）1958 年第 S1 期。

② 陆定一：《教学必须改革——在第二届全国人民代表大会第二次会议上的发言》，《人民教育》1960 年第 4 期。

③ 中共中央文献编辑委员会编：《刘少奇选集》（下），北京：人民出版社，1985 年。

两种教育制度、两种劳动制度》（一九五八年五月三十日）等和实施教育方针相关的文章。

由于当时国际形势和国内政治斗争的需要，再次提出的半工（农）半读教育制度被赋予了新的意义，成为“反修防修”“防止资本主义复辟”的措施。这也再一次昭示，教育是有阶级性的，教育是要为政治形势服务的，教育方针是根据变化了的形势和矛盾不断做出调整的。

虽然中国共产党第八次全国代表大会正确分析了我国社会主要矛盾，“但是后来发生‘左’的错误，背离了党的八大关于我国社会主要矛盾的正确判断”①。特别是历史的车轮走进 1966 年，从这一年开始，正当我们克服了国民经济的严重困难，完成了经济调整任务，开始了发展国民经济第三个五年计划的时候，长达十年的“文化大革命”发生了。“‘文化大革命’是当时的称呼，实际上它根本不能称为革命，而只是破坏我国社会主义发展的一场内乱。这场‘大革命’之所以被冠以‘文化’二字，是因为它由文化领域的批判开始。”② 历史上，青年学生一直行走在文化阵地的前沿，一定程度上影响着社会和政局的稳定。“‘文化大革命’开始后的一段时间里，由于大学不招生，工厂不招工，商业和服务行业处于停滞状态，城镇初、高中毕业生既不能升学，也无法就业，成为一个严重的社会问题。”③

由于教育的政治属性奠定了教育的特殊性，使教育成为整个社会生活中最具思想、最具意识形态内容的领域之一，因而最受政治形势变化的影响，也影响着政治形势的变化。

---

① 中共中央宣传部：《习近平中国特色社会主义思想学习纲要》，北京：学习出版社，2019 年，第 18 页。

② 中共中央党史研究室：《中国共产党的九十年》（社会主义革命和建设时期），北京：中共党史出版社，2016 年，第 561 页。

③ 中共中央党史研究室：《中国共产党的九十年》（社会主义革命和建设时期），北京：中共党史出版社，2016 年，第 583 页。

第三节 改革开放和社会主义现代化建设新时期党的教育方针

党的十一届三中全会做出把党的工作重心转移到经济建设上来、实行改革开放的历史性决策，实现了中华人民共和国成立以来党的历史上具有深远意义的伟大转折，开启了我国改革开放和社会主义现代化建设新时期。

一、改革开放初期党的教育方针

从前面的分析可以看出，教育方针至少包括两方面的内容，一个是为政治服务，一个是为经济服务。前者是为谁培养人，后者是如何培养人。如何培养人，其实就是如何实现教育与生产劳动相结合。

关于教育同生产劳动相结合，邓小平在1978年4月教育部召开的全国教育工作会议上讲话时提出："为了培养社会主义建设需要的合格的人才，我们必须认真研究在新的条件下，如何更好地贯彻教育与生产劳动相结合的方针。""现代经济和技术的迅速发展，要求教育质量和教育效率的迅速提高，要求我们在教育与生产劳动相结合的内容上、方法上不断有新的发展。""更重要的是整个教育事业必须同国民经济发展的要求相适应。"①

1978年12月，党的十一届三中全会确立了以经济建设为中心、坚持四项基本原则、实行改革开放的总路线和总政策。在这样一个全新的大背景之下，学术界开展了长达数年的教育方针大讨论。比如，在新的历史时期要不要制定新的教育方针；为无产阶级政治服务是否符合当下的形势需要；教育与生产劳动相结合要不要继续写入教育方针；

---

① 《邓小平文选》(第二卷)，北京：人民出版社，1994年第2版，第107页。

对受教育者究竟是德智体“三育”并举还是德智体美“四育”并举，或者是德智体美劳“五育”并举；等等。

但不管讨论如何激烈，教育作为上层建筑，其对社会发展的影响和作用是显而易见的。正因为我党历来十分重视教育方针、重视教育方针的具体内容与时代特色相匹配的重要意义，所以邓小平在1978年全国教育工作会议上提出“更好地贯彻教育与生产劳动相结合的方针”的同时，还讲到了“提高教育质量，提高科学文化的进行水平，更好地为社会主义建设服务”和“学校要大力加强革命秩序和革命纪律，造就具有社会主义觉悟的一代新人，促进整个社会风气的革命化”两个问题。[①] 这正是教育的时代性、阶级性、政治性的具体体现。

1981年6月，党的十一届六中全会指出，在社会主义初级阶段，我国社会的主要矛盾是人民日益增长的物质文化需要同落后的社会生产之间的矛盾。全会通过的《关于建国以来党的若干历史问题的决议》提出：“要加强和改善思想政治工作，用马克思主义世界观和共产主义道德教育人民和青年，坚持德智体全面发展、又红又专、知识分子与工人农民相结合、脑力劳动与体力劳动相结合的教育方针。”[②]

1983年，邓小平为北京景山学校题词：“教育要面向现代化，面向世界，面向未来。”[③]“三个面向”体现了教育新思维，可以看作党在新时期教育方针中关于教育与国民经济相适应的新阐释。理解“三个面向”，必须了解当时的社会背景。这个背景就是，1982年党的十二大提出，我国进入了一个全面开创社会主义现代化建设新局面的时期，正面临着世界范围的新技术革命的挑战。建设有中国特色的社会主义的重大命题和“小康”战略目标，是教育方针必须关注的重大社会经济

---

① 《邓小平文选》（第二卷），北京：人民出版社，1994年第2版，第103、105页。

② 《中国共产党中央委员会关于建国以来党的若干历史问题的决议》，北京：人民出版社，2009年，第61页。

③ 《邓小平文选》（第三卷），北京：人民出版社，1993年，第35页。

现实。

1985 年，《中共中央关于教育体制改革的决定》提出，“教育必须为社会主义建设服务，社会主义建设必须依靠教育”，进一步明确了教育方针与社会主义建设的关系，强调教育要为“九十年代至下世纪初叶我国经济和社会发展，大规模地准备新的能够坚持社会主义方向的各级各类合格人才”。《中共中央关于教育体制改革的决定》明确指出：“所有这些人才都应该有理想、有道德、有文化、有纪律，热爱社会主义祖国和社会主义事业，具有为国家富强和人民富裕而艰苦奋斗的献身精神，都应该不断追求新知，具有实事求是、独立思考、勇于创造的科学精神。”①

二、社会主义市场经济体制建设过程中的教育方针

20 世纪 90 年代，世界进入迈向 21 世纪的冲刺阶段。在总结改革开放成果的基础上，我党确立了社会主义市场经济体制的改革目标和基本框架。1990 年，十三届七中全会在关于“八五”计划的建议中提出：“继续贯彻教育必须为社会主义现代化服务，必须同生产劳动相结合，培养德、智、体全面发展的建设者和接班人的方针，进一步端正办学指导思想，把坚定正确的政治方向放在首位，全面提高教育者和被教育者思想政治水平和业务素质。”②

1993 年，《中国教育改革和发展纲要》提出：“教育改革和发展的根本目的是提高民族素质，多出人才，出好人才。各级各类学校要认真贯彻‘教育必须为社会主义现代化建设服务，必须与生产劳动相结合，培养德、智、体全面发展的建设者和接班人’的方针，努力使教

① 中央文献研究室：《十二大以来重要文献选编》（中），北京：人民出版社，1986 年，第 721—722 页。

② 《中共中央关于制定国民经济和社会发展十年规划和“八五”计划的建议》，《中华人民共和国国务院公报》1991 年第 2 期。

育质量在 90 年代上一个新台阶。”①

1995 年，《中华人民共和国教育法》规定：“教育必须为社会主义现代化建设服务，必须与生产劳动相结合，培养德、智、体等方面全面发展的社会主义事业的建设者和接班人。”②

2002 年 11 月，党的十六大深刻地总结了我国教育改革和发展的积极成果，再次强调“教育是发展科学技术和培养人才的基础，在现代化建设中具有先导性、全局性作用，必须摆在优先发展的战略地位”，进一步明确了“坚持教育为现代化建设服务，为人民服务，与生产劳动和社会实践相结合，培养德智体美全面发展的社会主义建设者和接班人”的指导思想，为教育方针注入了新的时代内涵，对教育的发展具有重要的指导意义。③

2007 年 10 月，党的十七大报告提出：“坚持育人为本、德育为先，实施素质教育，提高教育现代化水平，培养德智体美全面发展的社会主义建设者和接班人，办好人民满意的教育。”④ 十七大关于教育方针的论述，体现了科学发展观以人为本的核心思想。

2015 年，全国人大常委会修订的《中华人民共和国教育法》对教育方针做了新的描述：“教育必须为社会主义现代化建设服务、为人民服务，必须与生产劳动和社会实践相结合，培养德、智、体、美等方面全面发展的社会主义建设者和接班人。”⑤ 强调了教育的人民性、政治性，第一次出现“两个服务”的提法。

---

① 中共中央、国务院：《中国教育改革和发展纲要》，《中国高等教育》1993 年第 4 期。

② 《中华人民共和国教育法、中华人民共和国义务教育法、中华人民共和国教师法》，北京：中国法制出版社，1995 年，第 1 页。

③ 《江泽民文选》（第三卷），北京：人民出版社，2006 年，第 560 页。

④ 《胡锦涛文选》（第二卷），北京：人民出版社，2016 年，第 642 页。

⑤ 《中华人民共和国教育法》，《人民日报》，2016 年 2 月 23 日，第 23 版。

第四节 新时代党的教育方针

教育方针是教育属性在现实社会中的集中体现。从以前几个不同历史时期教育方针的演化也可以看出，每一个历史时期的教育方针，都非常深刻地契合了当时的经济、政治需求，都是为了当时的社会服务的，也无一例外地成为当时教育政策、教育目标、教育任务的根本遵循。

新时代是中国共产党领导中国新民主主义革命、中华人民共和国成立后的社会主义革命和建设、改革开放和社会主义现代化建设几个历史时期的延续和发展。新时代党的教育方针，同样是以往教育方针在新的历史环境下的传承和发展。

一、中国特色社会主义进入新时代的鲜明特征

2017 年 10 月，习近平总书记在党的十九大报告中明确指出："经过长期努力，中国特色社会主义进入了新时代，这是我国发展新的历史方位。""中国特色社会主义进入新时代，我国社会主要矛盾已经转化为人民日益增长的美好生活需要和不平衡不充分发展之间的矛盾。""我国经济已由高速增长阶段转向高质量发展阶段，正处在转变发展方式、优化经济结构、转换增长动力的攻关期，建设现代化经济体系是跨越关口的迫切要求和我国发展的战略目标。"① 这一重大政治论断，反映了我国社会发展的客观实际，指明了解决当代中国发展主要问题的根本着力点。

从党的八大到十九大，已经过去 60 多年了，改革开放也已经近 40 年了，我国社会主要矛盾发生了变化，经济发展模式也发生了变化。

---

① 《中国共产党第十九次全国代表大会文件汇编》，北京：人民出版社，2017 年，第 8、9、24 页。

新时代的这两个基本特征，是教育发展必须面对的重大社会现实。

新形势下的教育如何适应当今世界正在经历的百年未遇之大变局和当代中国正处于的近代以来最好的发展时期，如何满足高质量育人需求，培养堪当民族复兴大任的时代新人，让每个人都有人生出彩的机会，是新时代教育工作者必须正确面对且要认真回答的首要问题。显然，在这一阶段，面对世界多极化、经济全球化、社会信息化、文化多样化的深入发展和新一轮科技革命、产业变革以及前所未有的职业变迁与调整，教育在重视知识传授、技能训练的同时，特别需要培养坚定的理想信念、强烈的责任意识、无私的奉献精神，努力挖掘教育本身所蕴含的文化厚重感和人性温暖度，从而在更高层面上实现人的全面发展。

二、新时代党的教育方针

党的十八大以来，习近平总书记对教育事业高度重视、极为关注，多次到各级各类教育机构考察并同师生座谈，给师生回信，主持审议、通过了一系列涉及教育改革发展的方案，提出了一系列重要论断。

方向决定道路，道路决定命运。在办学问题上，习近平总书记特别强调办学方向的重要意义。2018 年 5 月 2 日，在五四青年节和北京大学建校 120 周年校庆日即将来临之际，习近平总书记到北京大学考察时发表重要讲话时强调指出："马克思主义是我们立党立国的根本指导思想，也是我国大学最鲜亮的底色。""人才培养体系必须立足于培养什么人、怎样培养人这个根本问题来建设，可以借鉴国外有益做法，但必须扎根中国大地办大学。"①

2016 年 12 月，习近平总书记在全国高校思想政治工作会议上提出了"四为服务"的重要论断。总书记强调指出，我国有独特的历史、

① 习近平：《在北京大学师生座谈会上的讲话》，《光明日报》2018 年 5 月 3 日，第 2 版。

独特的文化、独特的国情，决定了我国必须走自己的高等教育发展道路，扎实办好中国特色社会主义高校。我国高等教育发展方向要同我国发展的现实目标和未来方向紧密联系在一起，为人民服务，为中国共产党治国理政服务，为巩固和发展中国特色社会主义制度服务，为改革开放和社会主义现代化建设服务。①

“四为服务”包含了教育的目的和根本任务，更加明确了教育方针的现实意义，是对新时代教育方针的深度阐释。“四为服务”既有教育发展的最高原则、最高遵循，又有教育根本任务的价值导向、价值引领，规划了新时代教育发展的具体路径和前进方向，是对教育的政治性、人民性以及与生产劳动相结合的全面擘画。

第一，坚持教育为人民服务。人民性是马克思主义最鲜明的品格，人民立场是马克思主义政党区别于其他政党的显著标志，为人民服务是我们党的根本宗旨，也是教育的人民性、政治性的必然体现。我们党一贯强调“全心全意为人民服务”，习近平总书记提出“以人民为中心”，要求要有“时时放心不下”的责任感。只有牢固树立为人民服务的理念并且身体力行，才能赢得人民的认可。所以，“我们要始终把人民立场作为根本立场，把为人民谋幸福作为根本使命，坚持全心全意为人民服务的根本宗旨，贯彻群众路线，尊重人民主体地位和首创精神，始终保持同人民群众的血肉联系，凝聚起众志成城的磅礴力量，团结带领人民共同创造历史伟业”②。坚持教育为人民服务，就是要解决教育的不均衡问题，在更高的教育发展水平上满足人民群众对教育的需要，使人民的获得感、幸福感、安全感更加充实，更有保障，更可持续。要广泛征集民意、汇集民智、凝聚民力，赢得人民最广泛的

---

① 新华社：《把思想政治工作贯穿教育教学全过程 开创我国高等教育事业发展新局面》，《光明日报》2016 年 12 月 9 日，第 1 版。

② 习近平：《在纪念马克思诞辰 200 周年大会上的讲话》，《光明日报》2018 年 5 月 5 日，第 2 版。

支持，推动教育发展成果更多、更公平惠及全体人民。

第二，坚持教育为中国共产党治国理政服务。党的领导是党和国家事业不断发展的定海神针。党的十九大报告指出，“中国特色社会主义最本质的特征是中国共产党领导，中国特色社会主义制度的最大优势是中国共产党领导”，“党政军民学，东西南北中，党是领导一切的”。[①] 这为我国新时代教育事业发展提供了根本遵循。习近平总书记在全国教育大会上的重要讲话中总结了我国教育改革发展的新理念、新思想、新观点，其中的一条就是“坚持党对教育事业的全面领导”。“坚持党对教育事业的全面领导”，不仅突出强调了党对教育事业领导的极端重要性，还进一步明确了教育方针必须坚持的基本原则。教育培养的是社会主义建设者和接班人，不是旁观者，更不是反对派和掘墓人。因此，扎根中国大地办教育，离不开中国共产党的领导和支持；更好地为中国共产党治国理政服务，是当前教育工作义不容辞的责任和担当。而作为落实党的教育方针的每一位一线教师，也必然应当把坚持教育为中国共产党治国理政服务作为共同使命，切实增强政治自觉、思想自觉、行动自觉。

第三，坚持教育为巩固和发展中国特色社会主义制度服务。教育是维护政治统治、维系社会稳定的重要手段。“古今中外，关于教育和办学，思想流派繁多，理论观点各异，但在教育必须培养社会发展所需要的人这一点上是有共识的。培养社会发展所需要的人，说具体了，就是培养社会发展、知识积累、文化传承、国家存续、制度运行所要求的人。所以，古今中外，每个国家都是按照自己的政治要求来培养人的，世界一流大学都是在服务自己国家发展中成长起来的。我国社会主义教育就是要培养社会主义建设者和接班人。”[②] 坚持正确的办学

---

① 《中国共产党第十九次全国代表大会文件汇编》，北京：人民出版社，2017 年，第 16 页。

② 习近平：《在北京大学师生座谈会上的讲话》，《光明日报》2018 年 5 月 3 日，第 2 版。

方向、培育有用的栋梁之才是教育为巩固和发展中国特色社会主义制度服务的根本原则和重要体现。今天，教育所面临的重大历史任务就是把立德树人成效作为检验学校一切工作的根本标准，推动中国特色社会主义制度更加成熟、更加定型，引导人们增强制度自信，树立为共同理想而奋斗的信念和信心，使广大受教育者自觉成为中国特色社会主义制度的拥护者和捍卫者，成为德智体美劳全面发展的社会主义建设者和接班人。

第四，坚持教育为改革开放和社会主义现代化建设服务。建设社会主义现代化国家，是中华人民共和国成立后我们党的不懈追求。改革开放开创了中国特色社会主义道路。这条道路就其奋斗目标而言，就是建设社会主义现代化国家。改革开放是当代中国的鲜明特征，社会主义现代化建设是当代中国的主旋律。今天，我们团结一致正在推进的中国特色社会主义伟大事业，从很大程度上来说就是通过改革开放和社会主义现代化建设来实现的。正是改革开放和社会主义现代化建设，高扬起科学社会主义的伟大旗帜。我们向全世界庄严宣告，社会主义没有辜负中国①，中国没有辜负社会主义②。所以，只有从思想上、理论上搞清楚、弄明白了为什么要为改革开放和社会主义现代化建设服务，要建设什么样的社会主义，中国需要什么样的改革开放，就自然从根本上增强了改革开放的自觉性和社会主义现代化建设的积极性。反过来说，坚持教育为改革开放和社会主义现代化建设服务，是新时代全面深化改革、推进对外开放、建设社会主义现代化强国的必然要求。教育要为改革开放和社会主义现代化建设培养所需要的各级各类人才，要提供智力支持。这个过程，显然也是教育与生产劳动相结合、与国民经济相结合的过程。

---

① 宣言：《社会主义没有辜负中国》，《人民日报》2021年6月7日，第1版。

② 宣言：《中国没有辜负社会主义》，《人民日报》2021年6月8日，第1版。

第三章　教师文化建设的时代要求

学校是育人的核心场所，加强学校文化建设一直是学校求得长足发展、提升办学质量的重要途径，也是实现办学理念的重大选择。长期以来，学校文化建设主要是围绕内涵、方向、路径等多方面的内容开展相关研究，同时在创新载体、整合资源、构建特色等方面进行实践，并取得了一系列可圈可点的丰硕成果。然而，随着中国特色社会主义进入新时代，我国社会主要矛盾已经转化为人民日益增长的美好生活需要和不平衡不充分的发展之间的矛盾，我国经济发展也由高速增长阶段转向高质量发展阶段，这必然对教育如何化解社会主要矛盾、如何适应经济高质量发展提出了新的要求。

教师文化是学校文化的重要组成部分，是以教育为范畴、各种教学活动为载体，由全校师生共同创造、维护和传承的物质文化、精神文化的总和。各级各类学校在长期办学过程中凝练出来的校园文化、行为规范、价值观念以及与社会的关系等独特的集体意识和精神状态，乃至在学校基本建设布局、建筑人文景观、办学理念宗旨、教风学风校风等种种物质的、精神的文化汇聚，既是学校生存和发展的灵魂，也时时处处离不开教师的影响。

“无贵无贱，无长无少，道之所存，师之所存也。”（韩愈《师说》）教师有着文化育人的本质属性和重要使命。重视教师文化中物质、精神、制度和行为文化的重要作用，重视教育的育人本质，就必须以师德建设为文化根本，以育人方向为价值承托，从而以直观的物质文化影响人、以规范的制度文化约束人、以纯粹的精神文化激励人、以高尚的行为文化规范人，实现以德立身、以德立学、以德施教，推动学校文化建设的全面发展。

教师在教育教学活动中对知识的灌输、对思想的传承、对人格的塑造，是教师文化的精神和行为体现。一方面，教师的这一精神和行为体现是直接的，是教师和学生之间在课堂上“点对点”的碰撞，是一位教师和有限学生之间设计好的互动。这个过程有着规范的教学计划、清晰的教学目的，师生之间是通过教学大纲、教材教法紧密联系在一起的。另一方面，教师的这一精神和行为是不经意的、但却是职业习惯养成的，是教师和学生在课堂之外“面对面”的触碰，是多位教师和无数学生之间偶然发生的影响或互动。这个过程没有预演彩排，没有教学环节介入，只是诸多教师的音容笑貌、脾气秉性、好恶取舍等魅力风范在穿越校园之时，留给学生驻足欣赏的那一道七彩光影。某种程度上，后者对学生的影响远远大于前者。所以，教师文化建设不仅要强化教学技巧、提高教学水平，更要加强道德修养、丰富精神品质。教师文化建设要以履行职责为根本、以提升境界为遵循、以践行使命为目的，不断夯实学校文化建设的基础，引领学校文化建设的方向。

第一节　教师职责

教育大计，教师为本。“教师是教育工作的中坚力量。有高质量的教师，才会有高质量的教育。做好老师，就要执着于教书育人，有热爱教育的定力、淡泊名利的坚守，就要有理想信念、有道德情操、有扎实学识、有仁爱之心。”① 教师和学生是学校文化中两个对立、平等同时也互融、互助的主体，相互依存、互为支撑，二者缺一不可。如果说学生是学校教育的“特殊产品”，是终端；教师就是“园丁”，是学校文化建设的起点。显然，教师在这个教育起点为谁履行职责、履行哪些职责、如何履行职责，直接决定着教育的效果，影响着“产品”的质量。因此，从责任动力学角度来看，教师文化对于学校文化的作用，取决于教师在履行岗位职责过程中的行为表现。责任动力学将一个人的责任分解为角色责任、能力责任、义务责任、原因责任，将履行责任的动力原因分解为显性约束力、隐性约束力和内、外驱动力，并形象地用一个象限做了四个维度的描述。② 同样，教师的职责也不外乎这四层责任，也离不开显性约束力、隐性约束力和内、外驱动力的支持与推动。

一、角色责任

简单来说，角色责任就是在规则约束下“必须做的”事务，是受着外在驱动力和显性约束力制约的。外在驱动力就是受国家法律法规和社会约定俗成制约形成的一种推动的力量，显性约束力就是国家法律法规和社会约定俗成本身具有的限制力量。

一方面，任何一个自然人都是一个社会公民，有着遵守国家法律、法规、制度和各种规范的义务或责任。否则，社会是无序的、国家是混乱的，作为公民也是不合格的。这里，公民就是一种最基本的社会角色，公民的义务和责任就是公民最基本的社会角色责任。

另一方面，在基本的社会角色和社会角色责任之上，每一个公民

① 新华社：《把保障人民健康放在优先发展的战略位置着力构建优质均衡的基本公共教育服务体系》，《光明日报》2021 年 3 月 7 日，第 1 版。

② 方志良：《责任动力学：颠覆企业传统责任心管理新思维》，北京：北京燕山出版社，2017 年，第 21 页。

都因为参与不同的社会事务而又扮演特定行业领域的角色并承担不同的义务和责任。

教师是一种特定的、特殊的职业。教师作为学校办学理念、教学计划的具体实施者，是最基层的教育工作者。“什么叫工作，工作就是斗争。那些地方有困难、有问题，需要我们去解决。我们是为着解决困难去工作、去斗争的。越是困难的地方越是要去，这才是好同志。”① 对于教师来说，作为一个独特的社会角色，除承担着一系列社会角色责任之外，还承担着特殊的教师角色应该肩负的社会事务。无论是共同的社会事务还是独特的角色事务，都是这一角色需要承担的最基本的责任范畴，具有强制约束性。这些“必须做的”事务就是角色责任。

完成角色责任赋予的“必须做的”事务，如果是“当一天和尚撞一天钟”，没有激情、不起波澜，给人的感觉是消极的、被动的。这是在外在驱动力、显性约束力的束缚推动下不得不完成的事务，属于“推推动动”“不推不动”。如果不履行职责、不去做这些“必须做的”，这个角色就是不合格的、不称职的。

而在积极的心态下，努力履行职责、坚持去做“必须做的”则是自觉主动、是耐心细致，给人的感觉是充满热情的。这样的角色才是合格的、称职的。也只有在实现了角色责任之后，才能谈得上职责履行的效果好不好、执行力如何。

著名表演艺术家常香玉视艺术为生命，以艺不惊人誓不休的坚守和“戏比天大”的执着，为戏剧界树立了一座崇高的敬业精神丰碑。和常香玉服务群众、奉献社会的高尚品德一样，教育界也有着“课比天大”的崇高师德。“戏比天大”“课比天大”都是角色责任的超越。如果敬畏职责，就会把衡量履职能力的法规、习俗内化于心，从而把外在驱动力逐渐转换为内在驱动力，用自觉学习、主动训练来提高履

① 《毛泽东选集》(第四卷)，北京：人民出版社，1991年第2版，第1161页。

职水平；这也是把职业活动中应该遵循的行为准则、技术规程落实在行动中，从而把显性约束力逐渐升华为隐性约束力，用精神力量支撑其职责。这两个层次中，前者是能力责任，后者是义务责任，二者合二为一，就把角色责任推到了责任履行的最高位。

“经师易求，人师难得。”（令狐德棻《周书·卢诞传》）仅仅消极、被动地履行角色责任，显然不可能造就“戏比天大”“课比天大”的责任境界。对于教师来说，仅仅做到合格、称职显然是远远不够的，必须实现角色责任的进阶。这就提出了以下三种责任。

二、能力责任

能够认识到自己是什么角色、应该承担什么责任，其实是形成了基本的责任思维。

责任思维是履行职责的基本条件。马克思、恩格斯曾经指出：“作为确定的人，现实的人，你就有规定，就有使命，就有任务，至于你是否意识到这一点，那是无所谓的。这个任务是由于你的需要及其与现存世界的联系而产生的。”① 也就是说，即便是你没有意识到自己的责任，责任也早已摆在了你的面前。所以，仅仅履行职责还是不够的，更不要说不认真、不严格履行责任了。

1936 年 9 月，竺可桢先生在浙江大学开学典礼上曾经讲过这样一段话：诸位在校，有两个问题应该自己问问。第一，到浙大来做什么？第二，将来毕业后要做什么样的人？竺可桢先生提出的这两个问题，正是引导学生要能够正确认识自己应该扮演什么角色、承担什么责任。

竺可桢先生认为，学生时代要培养科学的方法、公正的态度、果断的决心，要有清醒的头脑，做有主张有作为的人，走向社会后还要进行人生观的改造。在分析了学习、研究的方法和走向社会后的注意

---

① 《马克思恩格斯全集》（第三卷），北京：人民出版社，2002 年，第 328—329 页。

事项之后，竺可桢先生给出了这两个问题的答案：第一，诸位求学，应不仅在科目本身，而且要训练如何能正确地训练自己的思想；第二，我们人生的目的是在能服务，而不在享受。

敢于担当、乐于奉献是中华民族自古以来的优秀品质，崇高的责任感是国人永远的自觉。《论语》云："为政以德，譬如北辰，居其所，而众星共之。"（《论语·为政》）显然，教师也可以用著名的竺可桢"两问"来检视自己，看看是否认清了自己的角色，是否承担了相应的角色责任。教师对角色的扮演和责任的履行，因其水平、能力、素质乃至自觉意识的不同，而又产生了不同层次的效果。

在责任思维指导下，每一个社会角色都希望能够为社会发展尽更多的义务、获得更高的成绩。然而，受个人能力所限，在"必须做的"事务之上如何"努力做好"，就成为责任表现的第二个层级，即能力责任。能力责任是由显性约束力和内在驱动力支撑的。显性约束力前面已经提到，而内在驱动力则是一个人在显性约束力的约束下内心形成的内在的、自觉的需要所带来的动力。

能力是责任的基础、前提。履行角色责任也需要能力，能力责任要求的"努力做好"说的是，不仅要有担当的意识、态度，还要有担当的能力、水平。这就离不开学习，学习因此在能力责任层面成为一种品质，成为教师的风格，成为对学生的示范影响。也就是说，一个坚持学习、善于学习的教师，不仅能够认清自己的角色责任，而且不满足于自己的角色责任，还能够做到努力提升自己的能力水平，确保自己在履行角色责任时追求卓越、做到尽善尽美，成为学生人生成长的榜样参照。这一点，也是对教师的更高要求、永恒要求。

自觉学习是受能力责任推动的，因此自觉学习又是最有效的学习。通过自觉学习，还会进而从"必须做的"走向"努力做好"，从而把角色担当的责任履行得更好、更到位、更有质量和成就感。这是角色责任向能力责任提升递进的过程。

三、义务责任

责任无处不在，担当义不容辞。与最基本的角色责任中“必须做的”事务相对应，能力责任指向的是“努力做好”的事务，义务责任则可以将其承担的事务称为“应该做的”事务。如果说能力责任体现了能力水平，“努力做好”就代表了能力水平的高度，那么义务责任就是一种鼓励，可做可不做。如果认为是应该尽义务做的而且做了，显然是对义务责任的履行，是一种美德。义务责任由隐性约束力和外在驱动力影响。外在驱动力前面已经提到，是不得已而为之，隐性约束力可以理解为一个人的道德观念，是自觉自愿的风采展示。

一方面，站在最低端的角色责任上，外部驱动力就是岗位职责、社会道德对一个人的制约、限制或向上向善的推动引导，从而使人在完成“必须做的”同时，尽可能地去做一些认为是“应该做的”事务。

另一方面，就是人的思想深处认为有一些属于应尽的义务，从而在内心自觉地生发出自我约束、自我推动。正是在这种隐性约束力的推动，使我们在角色责任之上看到了更多的义务，看到了“应该做的”事务。

这样的话，“应该做的”作为一种“美德”，指的就是岗位职责之外的事，属于“分外事”。“分外事”体现了对他人的帮助、对社会的奉献。社会上或工作中，所有“应该做的”“分外事”都没有强制约束性，都属于倡导倡议、自觉自愿，是对职责的超越。因此，义务责任属于社会责任或者道德责任范畴。

对于“应该做的”事务或义务责任，不同的时代、不同的人群，有着不同的评判标准和取舍尺度。比如，新冠肺炎疫情发生以来，众多志愿者的善行都属于履行义务责任。一个社会有越来越多的人自觉承担义务责任，这个社会就愈加美好、和谐。一个学校有越来越多的教师自觉承担义务责任，这个学校就愈加文明、进步。如果说能力责任是无限高的，要求教师坚持终身学习、不断进步，那么义务责任就是无限宽的，要求教师以身作则、率先垂范。

四、原因责任

原因责任是隐性约束力和内在驱动力支撑的责任，是自觉自愿主动“选择做的”事务。

如果说角色责任是基础，原因责任就是高阶、高端。一个人，能够把责任扛在肩上、记在心中，其实根源还是对职责的敬畏之心。康德说过：“有两样东西，我们愈经常愈持久地加以思索，它们就愈使心灵充满始终新鲜、不断增长的赞叹和敬畏：在我之上的星空和居我心中的道德法则。对于这二者，我们没有把它们当做隐藏在黑暗中或是逾界到我的视野之外的东西去寻求或猜测；我在自己的目前看到它们，并把它们直接与我实存的意识连接起来。”① 后来，李泽厚先生把这段话翻译成了韵律优美的中文：“恒有二者，余畏敬焉。位我上者，灿烂星空；道德律令，在我心中。”② 人有了敬畏之心，就有了恐惧忧患，有了底线意识，就会自觉遵纪守法。“有所恐惧，有所忧患，是私心不可有也。”③ 没有了私心杂念，就会自觉讲究伦理道德，就会追求向上向善。我们常说向上向善向美，“向”本身是方向，但“向”也象征着力量。没有力量支撑的事务是停滞不前的、是困顿僵化的，只有有了力量，才因为施力而产生方向性、而拥有生命。角色责任在“向”原因责任成长的过程中，产生了两个分枝，一个“向左”是能力责任，一个“向右”是义务责任。能力责任体现了一个人的水平发挥程度，代表的是潜力能力、敬业精神，愈高愈优秀；义务责任体现了一个人的道德认知标准，代表的是奉献意识、胸怀境界，愈宽愈高尚。

---

① ［德］伊曼努尔·康德：《实践理性批评》，张永奇，译，北京：中国社会科学出版社，2009年，第211页。

② 李泽厚、陈明：《浮生论学》，北京：华夏出版社，2002年，第301页。

③ 王守仁：《王阳明全集》（一），北京：线装书局，2014年，第192页。

能力责任和义务责任相互吸引靠拢、左右交织合并，汇聚在一起就形成了原因责任。不过这都是一些抽象的分析，实际中很难界定这一部分属于能力责任、那一部分属于义务责任，但对这四种责任的定性解读，非常有助于我们对责任思维的理解和责任实质的认识。

原因责任考验的是我们面对职责、面对现实，做出什么样的决定和选择。选择的一端是对个人日常事务处理的态度、方法，选择的另一端是对涉及公共事务（单位的、社会的等多个层面）的境界、格局。那么多优秀教师、师德楷模，他们把敬畏职责、履行职责作为一种美德，用真情浇灌教育热土，用仁爱托起学生头顶的蓝天。这些教师，对师德有着孜孜不倦的执着追求，对学生有着春风化雨般的浓情关爱，传道授业、教书育人，知行合一、德技并修，将毕生奉献给了教育事业。不单如此，他们大多不计报酬、不为荣誉，将自己的私事、家事乃至身体健康放到了一边。正如对感动中国 2020 年度人物张桂梅的颁奖词所说，“自然击你以风雪，你报之以歌唱。命运置你于危崖，你馈人间以芬芳”①。在对责任的敬畏和履行中，人民教师唱响的是一曲曲师德的生命赞歌。

这是一种“功成不必在我”的精神境界和“功成必定有我”的历史担当，这就是心中有责、自觉履责、主动担责，这就是牺牲小我、无私忘我、成就大我。这就是用敬畏责任书写的人生大德。

第二节　教师职责的行为表现

为全面提升教师思想政治素质和职业道德水平，国家和地方出台了若干规章制度，对教师角色及其相应职责做了基本限定和明确约束。

① 吴燕：《张桂梅：用生命托起大山的希望》，《中国纪检监察报》2021 年 3 月 15 日，第 7 版。

对这些规章制度遵守和执行的不同，就形成了不同的责任履行，形成了不同的教师文化。

教师文化是学校的精神与灵魂，是赓续传承办学传统、培植蓄积教育力量的各种师生文化活动集合，是确保党的教育方针贯彻落地的各种教育教学实践汇聚。教师文化中的教师主体和学生主体相互作用，构成一个学校得以存续发展的对立统一关系。教师主体是学校教育愿景的设计者、推动者、践行者，学生主体是学校文化建设的参与者、体验者、受益者。教师职责是推动学校文化发展的主因，教师的自觉、主动使得教师成为文化育人的重要力量源泉。

学校即社会，教育即生活。教师对每一学期教学计划的认真执行、每一节课的精彩讲授、对学生和他人在学习以及生活上的关心帮助乃至教室之外、学校之外的言谈举止、生活日常，都是教师职责的外在表现。不管是角色责任、能力责任、义务责任还是原因责任，教师在各门课程、各种教学活动、各个教育环节及一系列的社会实践活动包括教师自身的学习、进修等方面的执行，都是对教师职责的全面践行。从这个意义上说，教师职责就是育人文化，属于教师文化和学校文化的重要范畴，构成师德师风的重要内容。

一、学科教学

各门学科的教学包含着教师职责中润物无声的育人文化。

课堂是育人的主阵地。教师授课活动是学校教育活动的主要内容，教师的课堂教学是学校文化建设的重要载体。教学活动中，反对照本宣科，反对机械地灌输知识、经验和技能。一方面，要根据学生的心理特点、接受程度，选择适合的教学方法、教学技巧。通俗易懂、循循善诱自然可以取得更好的教学效果，也可以拉近学生和教师之间的感情。这个过程本身就是文化建设的过程。另一方面，教师在按照教学大纲完成教学计划的同时，还应该结合书本知识和社会知识之间的关联，挖掘提炼其中蕴含的做人的道理、处世的哲学、看问题的角度乃至对待人生的态度等。这是课程思政建设的基本要求，也是教师文化建设的重要内容。

挖掘每一门课程背后隐藏的思政元素知识点，属于思政教育的范畴。这就是说，理论教学是日常工作，课程思政也是日常工作。教师的教学包括理论教学和思政教育两部分内容。只有重视了课程背后隐含的思政元素知识点并将其融汇在教育教学过程中，才是完整地履行了教师的教学职责。

这些都是书本之上、教学计划之内的内容。除此之外，还有生活中的内容。生活中的内容来不及规划，也很难预先设计，只能在现实场景中看具体表现。生活中的内容对教师的考验更具挑战性，教师的表现对学生的影响也更加重要。

"教师做的是传播知识、传播思想、传播真理的工作，是塑造灵魂、塑造生命、塑造人的工作。教师不能只做传授书本知识的教书匠，而要成为塑造学生品格、品行、品味的'大先生'。①"虽然课程思政一般认为是在日常教学中的课程思政建设，但更为广义的教师职责、更为深远的教师文化，还包括平时每一个教师的言谈举止、衣着走姿、审美情趣、爱憎好恶。所以，教师在学生面前展现的不仅仅是其专业水平、专业能力，还有其人格魅力和专业精神。

二、社会实践活动

配合教学任务开展的一系列社会实践活动属教师职责和教师文化的重要补充。

随着教育现代化和高质量发展的逐步推进，社会实践活动显得愈加重要，在提升学生综合素质能力方面的作用也受到更多的关注。一

---

① 《习近平首次点评"95后"大学生》，《人民日报》2021年1月3日，第2版。

方面，这对教师组织、策划社会实践提出了新的和更高的要求。教师在角色责任、能力责任、义务责任和原因责任四重职责的履行上，要有责任、有能力、有担当，要确保各项社会实践活动的效果都能发挥到最好。社会实践活动的创意、构思、设计、实施以及对内、对外各种关系的处理，其本身也是对学生的文化影响。社会实践活动是简单潦草、敷衍塞责还是精益求精、周密细致，学生不仅感同身受，而且从中还观察到了教师对工作的态度。

另一方面，社会实践活动对学生个性成长、全面发展起着至关重要的作用。除了学校组织的社会实践活动，还有学生自己接触的社会、看到的现实，如果不加以正确疏导，一些消极因素可能对正处于“拔节孕穗期”的青少年学生产生不良的负面影响。第一，社会环境复杂多变，社会信息庞杂，特别是网络视听资源真假难辨，其在生活中对学生产生的影响已经开始挑战教师的权威，冲击着教师在课堂上的正面讲解。第二，青少年想证明自己的成熟，有时甚至认为愈是和成年人观点相左，就愈能说明自己见解独特、愈能博得同龄人的注目。第三，当今教育离不开信息技术，而在信息“投喂”和大数据算法的影响下，网络锁定的是客户终端偶然关注的兴趣偏好。这种技术的狭隘性束缚着人们对新事物的学习兴趣，压抑着对新事物的探究欲望，注定将无限制推送的信息带上了片面、浅层、错误的标签。所以，教师必须在教育教学活动中密切关注如何提高青少年学生的辨别能力，培育其学习的主动性。

三、教师学习的意义

主动学习、自觉学习、善于学习、坚持学习，是教师职责在育人文化中的风采展示。拥有宽广、厚实的业务知识和终身学习自觉性的教师，是教师文化建设中的一道靓丽风景线。毛泽东曾经说过，学习运动是有着普遍的意义和永久的意义的，学习运动的基础是同志们自党的热情。毛泽东明确指出："我们队伍里边有一种恐慌，不是经济恐慌，也不是政治恐慌，而是本领恐慌。过去学的本领只有一点点，今天用一些，明天用一些，渐渐告罄了。好像一个铺子，本来东西不多，一卖就完，空空如也，再开下去就不成了，再开就一定要进货。我们干部的'进货'，就是学习本领，这是我们许多干部所迫切需要的。我们的干部要使工作做得好，就要多懂一点，单靠过去懂的一点还不够，那只是一知半解，工作虽然可以做，但是要把工作做得比较好，那就不行，要工作做得好，一定要增加他们的知识。无论党、政、军、民、学的干部，都要增加知识，才能把工作做得更好。""要领导革命就必须学习。""我们要建设大党，我们的干部非学习不可。""学习一定要学到底，学习的最大敌人是不到'底'。"①

学习是中国共产党独特的精神气质。重视学习、善于学习，是我们党的优良传统和政治优势。在每一个重大历史关头，党总是坚定不移、旗帜鲜明地号召坚持学习、加强学习，由此向着正确的方向前进；而伴随着每一次学习热潮和取得重大学习成果，党和人民的事业也得以实现了更大的发展、更大的进步。习近平总书记指出："我们的学习应该是全面的、系统的、富有探索精神的，既要抓住学习重点，也要注意拓展学习领域；既要向书本学习，也要向实践学习；既要向人民群众学习，向专家学者学习，也要向国外有益经验学习。"② 人的本领不是天生的，是要通过后天学习和实践获得的。"要坚持学而信、学而思、学而行，把学习成果转化为不可撼动的理想信念，转化为正确的世界观、人生观、价值观，用理想之光照亮奋斗之路，用信仰之力开创美好未来。"③

① 《毛泽东文集》(第二卷)，北京：人民出版社，1993 年，第 176—186 页。

② 《习近平谈治国理政》，北京：外文出版社，2014 年，第 404 页。

③ 习近平：《在纪念红军长征胜利 80 周年大会上的讲话》，《光明日报》2016 年 10 月 22 日，第 2 版。

“水之积也不厚，则其负大舟也无力。”（《庄子·逍遥游》）2014年，在同北京师范大学师生代表座谈时，习近平总书记号召全国广大教师要做有理想信念、有道德情操、有扎实知识、有仁爱之心的好老师，为发展具有中国特色、世界水平的现代教育，培养社会主义事业建设者和接班人做出更大贡献。习近平总书记在引用了陶行知先生说的“出世便是破蒙，进棺材才算毕业”后指出，老师要“始终处于学习状态，站在知识发展前沿，刻苦钻研、严谨笃学，不断充实、拓展、提高自己。过去讲，要给学生一碗水，教师要有一桶水，现在看，这个要求已经不够了，应该是要有一潭水”，“在信息时代做好老师，自己所知道的必须大大超过要教给学生的范围，不仅要有胜任教学的专业知识，还要有广博的通用知识和宽阔的胸怀视野”。①

第三节　教师的三重境界

《庄子·养生主》记载了一篇庖丁解牛的故事。故事中庖丁为文惠君解牛之时，踌躇满志、游刃有余，其全身动作合乎音乐节拍，韵律感极强。文惠君感叹庖丁解牛的技艺，询问其何以达到如此精妙绝伦的境界。庖丁从自己开始所见无非牛者、三年后不见全牛、到后来依靠心神体会感应牛的身体三个阶段做了解释。庖丁正是经过多年的观察和修炼，了解了牛的生理结构，熟悉了牛的骨骼架构，领会了从牛骨节间缝隙入手的诀窍，才做到了既完美地切割牛肉，又很好地保护刀具。

庖丁将解牛的各种要领熟稔于心，经历了时间的洗礼，跨越了不同的阶段。其实，我们生活中很多事情也和庖丁解牛一样，可以分出

---

① 习近平：《做党和人民满意的好老师——同北京师范大学师生代表座谈时的讲话》，《光明日报》2014年9月10日，第2版。

三个层次，从而养成三重境界。

一、治学的三重境界

英国哲学家培根认为，人类获取知识有三种方式："实验家像蚂蚁，只会采集和使用；推论家像蜘蛛，只凭自己的材料来织成丝网。而蜜蜂却是采取中道的，它在庭园里和田野里从花朵中采集材料，而用自己的能力加以变化和消化。"① 这并非是对学习方法的单纯褒贬，而是对获得知识的不同阶段的分析，是对治学境界的解读。我们最初的阅读学习和蚂蚁采集食物类似，出于本能拼命摄取，如饥似渴，不会挑选也不去挑选，只是凭着兴趣尽可能多得获取。而当积累到一定程度、领悟了一定的规律之时，必然会把理论应用于实践，就像蜘蛛一样开始为自己织网。等到了蜜蜂阶段，就会在花丛中自由地飞来飞去，开始了有针对性的选择，就有了学以致用，就有了创新创造。

学习是一个渐进的过程，在中国传统文化中，治学境界比比皆是。比如，"颐自十七八读《论语》，当时已晓文义，读之愈久，但觉意味深长。"（朱熹《四书章句集注·论语序说》）这是程子用自己的切身体会说明了读书治学的终身意义，也指出了读书治学是一个渐进的过程。既是一个过程，就有着阶段的不同、收获的不同、境界的差异。比如："读《论语》，有读了全然无事者，有读了后得一两句喜者，有读了后知好之者，有读了后直有不知手之舞之足之蹈之者。"（朱熹《四书章句集注·论语序说》）其中，"读了全然无事者"如同《庄子》中的庖丁一样，开始所见无非牛者。"读了后得一两句喜者"和"读了后知好之者"都属于中间层次，所得只是数量上的区别，喜好的本质区别不是太大。"读了后直有不知手之舞之足之蹈之者"则是最高境界。再比如，《论语》曰："知之者不如好之者，好之者不如乐之者。"

① ［英］培根：《新工具》，许宝骙，译，北京：商务印书馆，1984年，第81—82页。

（《论语·雍也》）这段话说的是知道一件事或明白一个道理，不如进而去喜欢它、爱好它，而喜欢、爱好又不如遵循它照着去做，不如乐在其中。这就是治学必然经过的知之、好之、乐之的三个层次。

著名学者王国维在《人间词话》中提出，古今之成大事业、大学问者，必经过三种境界：一是“昨夜西风凋碧树，独上高楼，望尽天涯路”，二是“衣带渐宽终不悔，为伊消得人憔悴”，三是“众里寻他千百度，蓦然回首，那人却在灯火阑珊处”。

习近平总书记在担任浙江省委书记期间，曾在《理论学习要有三种境界》一文中引用了王国维论述治学的三种境界。习近平总书记指出，领导干部学习理论也要有这三种境界。首先，理论学习上要有“望尽天涯路”那样志存高远的追求，耐得住“昨夜西风凋碧树”的清冷和“独上高楼”的寂寞。这一层境界说的是学习要做到静下心来通读苦读。其次，理论学习上要勤奋努力，刻苦钻研，舍得付出，百折不挠，下真功夫、苦功夫、细功夫，即使是“衣带渐宽”也“终不悔”，“人憔悴”也心甘情愿。这一层境界说的是学习要舍得付出辛苦。再次，理论学习贵在独立思考，学用结合，学有所悟，用有所得，要在学习和实践中“众里寻他千百度”，最终“蓦然回首”，在“灯火阑珊处”领悟真谛。这一层境界说的是学习之后获得的真知。①

还是在浙江，习近平总书记提出了“敬业乐业为美德”。总书记说，“敬业是一种美德，乐业是一种境界”。因为敬业乐业，故此颇下功力，从而成就不同高度的境界。一是精其术，不拘泥于以往的经验，不照搬别人的做法，力求做得更好，成为本行业的行家里手。二是竭其力，对待事业有愚公移山的意志，有老黄牛吃苦耐劳的精神，着眼于大局，立足于小事，真抓实干，务求实效，努力在平凡的岗位上做出不平凡的业绩。三是乐其业，对工作有热情、激情，始终保持良好

---

① 习近平：《之江新语》，杭州：浙江人民出版社，2007 年，第 6 页。

的精神状态，把承受挫折、克服困难当作是对自己人生的挑战和考验，在克服困难、解决问题中提升能力和水平，在履行职责中实现自身的价值，在对事业的执着追求中享受工作带来的愉悦和乐趣。①精其术、竭其力、乐其业，体现了一个人对责任履行的程度和深度，体现了约束力和驱动力的自觉，推动着个人在工作中不断提升层次水平，逐渐进入较高的境界。

二、教学的三重境界

教师教学也有三重境界。教学的三重境界主要是指在教师教学过程中，因投入的心力智力不同、使用的技巧方法不同而带来的不同效果。

第一重境界是“技”。技的本义是手艺、技能等。《说文解字》称，“技，巧也”。《广韵》称，技“艺也”。技，有时也代指工匠，指从事某一行业或手工业的人，如《荀子·富国》中的“故百技所成，所以养一人也”。

教师教学之技指的就是教师完成教学任务的基本本领。教师掌握了完成教学所需的基本技术技能，按部就班履行职责，扮演好教师的基本角色，从而达到了基本合格标准。

第二重境界是“术”。《说文解字》称，“术，邑中道也”。《广雅》称，“术，道也”。古代也称术为城市中的道路，另有“大道之脉络”的说法。《人物志》称，“思通造化，策谋奇妙，是为术家”。所以，术可以理解为方法、谋略、策略、路数、权术、计谋等。

教师教学之术指的就是教师对完成教学任务的各种技巧方法的融会贯通，是理念超前、知识丰富、技能娴熟、技艺高超的表现。这是在掌握了适应教育教学基础之“技”以后，善于学习、敢于创新，推

① 习近平：《之江新语》，杭州：浙江人民出版社，2007年，第177页。

动教师文化前行的结果。

第三重境界是“道”。道最基本的解释也有很多，诸如道路（人行道）、水流通行的途径（河道、水道）、方向（志同道合）、方法（以其人之道）、道德（道义）、技术（医道）。道作为一个中国传统哲学名词，有万事万物运行轨迹和事物变化运动情况的含义。《说文解字》称，“所行道也”。《广韵》称，“理也。众妙皆道也”。所以，我们这里谈境界，可借用其事理、规律的含义。“物有本末，事有终始。知所先后，则近道矣。”（《礼记·大学》）此正如《庄子》所言，“道，理也”，“道无不理，义也”（《庄子·缮性》）。

教师教学之道指的就是教师熟悉教育规律，精通教学方法，热爱本职工作，对承担的教育教学任务举重若轻，每每都有新的收获。这第三层境界中的“道”，是教师的文化自觉，是德技并修、知行合一。“道”不能与“技”“术”割裂，也不能独立于“技”“术”之上。教师教学之“道”是在把“技”“术”融为一体的过程中，推动着教师文化的“返璞归真”。

三、教师的三重境界

教学的每一重境界，因专注不同、用情不同、付出不同，相应地也就有了教师履行职责、涵养师德的不同，从而成就了教师为学、为事、为人的三重境界。教师的三重境界是教师文化的核心内容。

古人云：“经师易求，人师难得。”（令狐德棻《周书·卢诞传》）“一个优秀的老师，应该是‘经师’和‘人师’的统一，既要精于‘授业’‘解惑’，更要以‘传道’为责任和使命。”① “培养社会主义建设者和接班人，迫切需要我们的教师既精通专业知识、做好‘经师’，又涵

① 习近平：《做党和人民满意的好老师——同北京师范大学师生代表座谈时的讲话》，《光明日报》2014年9月10日，第2版。

养德行、成为‘人师’，努力做精于‘传道授业解惑’的‘经师’和‘人师’的统一者。”①

教师文化的凝练，就是教师教学三重境界的修炼，是“经师”和“人师”的统一。而教师教学境界的递进、提升，显然和庖丁解牛以及王国维治学有着同样的要求。在这个过程中，教师职责的履行，又推动着教师境界、教师文化的发展与完善。

教师的第一重境界是业师。业师只是简单从事某一职业、单纯传授某一专业知识，相当于“打开书本讲课、合上书本走人”那样简单。这样的教师就是单纯的“句读之师”，把教学看作是谋生的手段，绝对没有事业心，没有敬畏感，也不会懂得感恩。这种仅仅完成角色责任的做法，工作中不会有激情，只是教条、机械地执行教学计划，也不可能做到不耻下问、因材施教。随着人工智能的发展，一度有着机器替代人类工作的幻想和实验，甚至也有人提出用机器人代替老师的大胆设想。但人工智能只是基于逻辑算法，替代的只能是一些程式化的工种。所以，如果要替代教师的话，也只能替代业师，而不可能替代后面要说到的人师。

教师的第二重境界是经师。经师精通专业知识，熟悉教学理论，专注教育工作。经师知天文、晓地理，博闻强记、博学多才，在讲授专业课程的同时，还会适时向学生补充拓展相邻专业知识、相关学术论争和必要的政治、社会常识以及教给学生如何处理种种复杂的关系。南宋史学家胡三省称，“经师，谓专门名家，教授有师法者；人师，谓谨身修行，足以范俗者”。郭沫若在其《青年哟，人类的春天》一文中说，“经师是供给材料的技术家，人师是指导精神的领港者”②。

---

① 新华社：《坚持党的领导传承红色基因扎根中国大地　走出一条建设中国特色世界一流大学新路》，《光明日报》2022 年 4 月 26 日，第 1 版。

② 张小进：《打造“经师”与“人师”相统一的新时代教师队伍》，《光明日报》2022 年 6 月 24 日，第 6 版。

这也就提出了教师的第三重境界，人师。当教师的修养处于不同的境界层次时，其言行对学生也有着不同的影响，若“学不贯今古，识不通天人，才不近仙，心不近佛”（裴一中《裴子言医·序》），必然会亵渎职责、误人子弟。而人师德艺双馨、润己泽人，是学生人生道路上永远的榜样。人师严谨治学、甘为人梯，既传播知识、传播思想、传播真理，又塑造灵魂、塑造生命、塑造新人。人师是好老师、大先生，春风化雨、润物无声，志向高远、胸怀天下，将教书育人视作神圣职业。所以，当教师抵达第三重境界时，就如大鱼般前游，引导学生跟随从游，教育效果不求而至。

落实好立德树人根本任务，培养一代又一代拥护中国共产党领导和我国社会主义制度、立志为中国特色社会主义奋斗终身的有用人才，是每一位教师的光荣职责和崇高使命。为践行好这个光荣职责和崇高使命，每一位教师都需要不断提升综合能力素养，强化师德担当，争做新时代的教育家型教师。我们每一个人都是社会人，首先要学会融入现实社会，适应现实生活。在人生“术”的层面，应该培养学生做事的基本能力。“唯有学会做事，才能推动社会的发展进步，推动生活的日新月异。”所以，“教育当围绕独立生活能力的培养，教会学生方法技艺、技能技巧，让他们会思考、善谋划，拥有自主创造美好未来的基本素质能力”。“而实现了做人与做事的完美统一，才能将人生态度提高到‘道’的层面”。①

学校是文化的前沿、思想的阵地，教师则是坚守前沿阵地的战士。既为战士，就要有坚守阵地的决心，也要有坚守阵地的能力，更要有冲锋在前的勇气。教师是立教之本、兴教之源。教师作为战士的决心、能力和勇气，凝练汇聚成清澈的教师文化，推动学校文化建设的不断发展。

---

① 刘凤彪：《教育与人生态度的“术和道”》，《光明日报》2022 年 3 月 22 日，第 15 版。

所以，教师文化发展就是要创设一种育人的环境，其目的是双向的，既为了学生，也是为了自身。教师文化作为促进人的全面发展的方法手段，最终也是要实现育人的终极目的。

第四节　教师文化中的育人使命

教师担负的教书育人、教学科研、服务社会三大使命形成教师的责任感、使命感和紧迫感，是教师毕生的职业价值追求，是教师升华境界、践行职业行为的行动指南和目标指引。

教师文化不单是个人文化的体现，本质上更是教师队伍集体意识和集体精神的体现，有着巨大的凝聚力和向心力。教师的思想、言行渗透在学校文化建设的各个环节、各个层面，对受教育者的精神建构、人格养成有着重要的影响。

“师者，人之模范也。”（扬雄《法言·学行》）教育的本质是培养人。学校文化建设中和教师教学工作相关的物质文化、精神文化、制度文化也都集中体现了教育的基本特征。比如，学校建设、景观设计、校风校训、校规校纪都是围绕培养人、教育人展开的。所以，教师文化与学校教育目标的一致性，使得教师文化发挥着和学校文化一样巨大的育人功能。

一、教师文化要有家国情怀的价值追求

学校要有“为党育人，为国育才”的使命担当，教师也当有争做好老师、大先生的崇高志向，要以实现中华民族伟大复兴为己任，增强做中国人的志气、骨气、底气。2017 年 5 月，习近平总书记对黄大年同志先进事迹做出重要指示，号召广大教师“要以黄大年同志为榜样，学习他心有大我、至诚报国的爱国情怀，学习他教书育人、敢为

人先的敬业精神，学习他淡泊名利、甘于奉献的高尚情操，把爱国之情、报国之志融入祖国改革发展的伟大事业之中、融入人民创造历史的伟大奋斗之中，从自己做起，从本职岗位做起，为实现‘两个一百年’奋斗目标、实现中华民族伟大复兴的中国梦贡献智慧和力量”[①]。2021年9月，在第三十七个教师节来临之际，习近平总书记回信勉励全国高校黄大年式教师团队代表“继续学习弘扬黄大年同志等优秀教师的高尚精神，同全国高校广大教师一道，立德修身，潜心治学，开拓创新，真正把为学、为事、为人统一起来，当好学生成长的引路人，为培养德智体美劳全面发展的社会主义建设者和接班人、全面建设社会主义现代化国家不断作出新贡献”，强调指出“好老师要做到学为人师、行为世范”。[②]

进入新时代，教育有新要求、新任务，教师有新担当、新使命。吉林大学作为黄大年同志生前战斗、工作过的高校，充分利用各种技术、手段和方法，把黄大年事迹陈列到校园中、搬到课堂上、写进教材里，使黄大年精神有机融入学校“三全育人”全过程，融入构建具有自身特色的思政工作体系“引领工程”，引导青年学生立大志、明大德、成大才、担大任，引领青年学生自觉把人生理想融入中国特色社会主义伟大事业之中，在实现伟大梦想的生动实践中放飞青春梦想、书写人生隽永华章。[③]

管理的最高境界是文化管理，文化管理的特征是人文性。“文化事业即养人心志、育人情操的事业。人，本质上就是文化的人，而不是‘物化’的人；是能动的、全面的人，而不是僵化的、‘单向度’的

---

① 新华社：《习近平对黄大年同志先进事迹作出重要指示》，《光明日报》2017年5月26日，第1版。

② 《习近平书信选集》（第一卷），北京：中央文献出版社，2022年，第353页。

③ 姜治莹：《心有大我　至诚报国》，《人民日报》2022年5月24日，第9版。

人。”[①] 文化浸润心灵、感动人心。教师文化中温馨浓郁的人文元素，就是要达到以文聚人、以文感人的育人效果。

家是最小国，国是千万家。国是家的集合、延伸，家是国的元素、缩影，家和国是内在统一不可分割的。家国情怀就是对家乡、对国家的满腔真挚的热爱。儒家文化倡导的“天下之本在国，国之本在家，家之本在身”（《孟子·离娄上》），强调的就是个人、家庭、国家利益的一致性。家国情怀是一种温暖的文化情感，是一种对个体与群体关系的理性认知和正确处理，是新时代合格公民和人民教师的必备素养。一个人，只有把自己的家看作国的一部分，把自己的国看作家的统一体，才能凝聚起前进的磅礴伟力，才能对他人产生积极有益的示范影响。

二、教师文化重在把握育人性

“培养什么人、怎样培养人、为谁培养人”始终是教育的根本问题。“好的学校特色各不相同，但有一个共同特点，都有一支优秀教师队伍。对教师来说，想把学生培养成什么样的人，自己首先就应该成为什么样的人。”[②] 这说的就是教师要把握好教师文化的育人性，要把握好自己的一言一行。

在教育部2021年4月19日公开曝光的违反教师职业行为十项准则的典型案例中，有一起是天津市某中学教师肖某某在课堂上歧视、侮辱学生。据教育部官网消息，2021年2月，肖某某在课堂上发表通过家长收入水平质疑家长素质以及歧视、侮辱学生等言论。肖某某的行

① 习近平：《之江新语》，杭州：浙江人民出版社，2007年，第150页。

② 新华社：《坚持党的领导传承红色基因扎根中国大地　走出一条建设中国特色世界一流大学新路》，《光明日报》2022年4月26日，第1版。

为违反了《新时代中小学教师职业行为十项准则》第五项规定。①

据网上的视频显示，肖某某在对违反课堂纪律学生的训话中，称以往学生家长不是高官就是富商，对学生教育上心、有素质，而本届学生的家长都是平民百姓，不懂事。她说："你爸妈一个月挣多少钱?别怪我瞧不起你！××的妈妈一年挣的钱都比你妈50年挣得多，你们的素质能一样吗?"肖某某指责学生缺乏家教，说学生上课说话丢的是父母的人，进一步引申出父母没有层次，并让学生反思自己家长的素质。事情被曝光后，网上又传出疑似当事人的道歉信，解释之所以这样说，是因为把学生当成自己的孩子教育，担心将来学生不如父母，会出现阶层下移。

所幸的是，这起事件并不像以往很多网络事件后期出现发酵引发网络"地震"，也没有网友连续不断地聚集围观和持续跟帖关注。由于主管部门舆情处理得当，信息公开，只是掠起一丝微澜，很快便归于平静。但这起事件暴露了当事人的思想认知和价值观念，应该成为教师成长和教师文化建设过程中引以为戒的一个典型案例。

首先，从表层来看，这位老师训斥之严厉、态度之坚决、情绪之激昂，好像她很重视学生的学习。似乎这位老师不是"你说你的话、我讲我的课"那样不负责任，也没有把自己的工作简单地看成是一个教书匠那么单纯，而是恨铁不成钢，非常在意学生的学习结果。

但这位老师只关心学生的学习成绩，不重视道德情操培养，忽视了品格品行塑造。她以家庭收入和家长身份作为评判素质的标准，这种攀比家长、歧视学生的做法伤害了学生的人格和自尊，特别是向社会和学生传递了背离社会主义核心价值观的错误观念，严重违背了《中华人民共和国教师法》《中华人民共和国教师资格条例》《新时代中

---

① 《教育部公开曝光8起违反教师职业行为十项准则典型案例》，2021年4月19日，http://www.moe.gov.cn/jyb_xwfb/gzdt_gzdt/s5987/202104/t20210419_526987.html，2022年9月1日。

小学教师职业行为十项准则》等要求。尽管有必要对违反课堂纪律的学生进行教育，但带有火药味、杀伤力的词句，让我们隔着屏幕都能感受到她的失职和失态。

2021年3月1日，《中小学教育惩戒规则（试行）》开始施行，教师有了对违规违纪学生进行管理、训导或者以规定方式予以矫正的法律依据。与此同时，2021年1月1日起施行的《中华人民共和国民法典》作为上位法，又规定了人格权遭到侵害时可以起诉侵害方。人格权是民事主体享有的生命权、身体权、健康权、姓名权、名称权、肖像权、名誉权、荣誉权、隐私权等诸多权利的集合，和教育惩戒过程中可能触碰到的学生的种种权利有着千丝万缕的联系。教师在行使教育惩戒权力时如何做到遵法守则、教育有方，需要认真研究。学校和教师对可能出现的各种情形也需认真研判分析，制定预案。

基于教师文化的育人性来说，教育训诫不是简单的呵斥、指责，而是有着深刻的文化寓意。即使是严厉批评，也应该言之谆谆、情意深深，绝不能不顾及哪些话会影响到学生们的健康成长、哪些话事关教师形象和社会风气。教师文化的先进性，要求教师必须自觉坚守精神家园、坚守人格底线，带头弘扬社会主义道德和中华传统美德，切实履行教师肩负的神圣职责。

第一，在家庭生活中，很多人都有过辅导孩子作业经历的着急、生气、大喊大叫、精神恍惚、身心俱疲甚至一度想暴揍孩子的崩溃心情。人们形象地总结说“平时母慈子孝，一辅导作业就鸡飞狗跳”，但这并不是家庭教育的正确打开方式。家庭教育也需要父母或者其他监护人树立家庭是第一个课堂、家长是第一任老师的责任意识，自觉承担对未成年人实施家庭教育的主体责任，用正确的思想、方法和行为教育未成年人养成良好思想、品行和习惯。当学生上课说话不认真听讲时，和辅导孩子作业孩子却顾左右而言他没有什么区别。面对违反课堂纪律的学生，每一个负责任的老师都会及时指出、制止，都会对其进行严肃的批评教育。反之，对学习落后、上课不爱听讲的学生不闻不问，只是精心辅导有升学潜力的“好学生”，那才是失职、渎职。

第二，负责任的老师都会把学生当作自己的孩子来看待。可怜天下父母心。面对不争气的孩子，哪个父母不是着急上火？面对不思进取的学生，哪个老师不是心急如焚？青少年学生尚处于人生成长初期，贪玩、好动，对规矩、责任、未来等都还处于一知半解、懵懂无知的状态。作为家长、作为教师，必须给他们以约束甚至惩戒，才能把他们培养成遵规守矩、知法守礼的合格公民，未来才能担当起家庭和社会的责任。学生的心理特点不一，教育方式也不一样。有的学生适合轻言细语、循循善诱，有的学生必须厉言厉色、严格约束。只有因材施教、对症下药，才是尊重教育规律，才是遵循教育教学的技、术、道，成就业师、经师、人师的不同境界。

第三，任何时候都不能把收入、地位和素质、教养直接挂钩，而且这之间也没有必然的联系。教育学生做到好学、上进，引导学生追求前途、未来，也不应该站在功利、世俗的角度去说教。学习改变命运，指的是通过学习提升了适应社会、服务社会、奉献社会的素质和能力。教师不应该把所谓的阶层下移等负面概念灌输到未成年人的价值理念之中。我们的教育是培养堪当民族复兴大任的时代新人，我们平时的话语体系就要围绕勇于担责、乐于奉献、善于创新的思想品质和常怀感恩、志向高远、不忘初心的家国情怀来遣词造句。这是新时代教师应该遵循的职责要求。

其次，从深层来看，教育部曝光的这起案例，是当事教师误解了教育的目的、意义，教学中用错了力、使偏了劲，玷污了教师育人使命的神圣性。

教师传播思想、塑造灵魂的政治性极强、原则性极严，充满了文化的厚重感和人性的温暖度。教师的基本素养要求教师能够针对不同学龄年级的学生表达不同深度的知识、信息，既不能不恰当地把社会阴暗面展示给学生，也不能不科学地把成年的世界过早地传递给学生。把学生家长收入、职位、单位性质和素质挂钩的错误言论以及道歉信中透露的社会分层等错误认知，绝对不符合“四有好老师”的根本要求。

践行教育方针，恪守教育初心，必须在实现育人使命的过程中把握好以下三点：

一是要在宏观层面上把握好育人的政治性。这一点，决定了培养什么人、怎样培养人、为谁培养人，这是教育的永恒问题和根本问题。为回答好这个问题，党的十八大以来，习近平总书记站在国家繁荣、民族振兴、社会发展的战略高度，指出教育是国之大计、党之大计，多次就教育如何落实立德树人根本任务发表重要论述。新时代教师必须坚定扎根中国大地办教育的理想信念。这是教育的政治方向，是教师践行党的教育方针必须坚持的基本原则，是育人使命的价值旨归，丝毫含糊不得。我们要关注的是学生的政治志向、理想抱负，而不是荣誉地位、个人享受。用网络流传的阶层观念误导学生，更是违背了社会主义的教育目的。纵然这位教师言辞诤诤，但偏激不当，方向跑偏，失去了教育的政治原则。

二是要在中观层面上把握好育人的思想性。马克思主义认为人类社会从劳动中走来，劳动是人类的本质活动，“整个所谓世界历史不外是人通过人的劳动而诞生的过程”①。习近平总书记也多次论述劳动的重要意义，指出“劳动是财富的源泉，也是幸福的源泉。人世间的美好梦想，只有通过诚实劳动才能实现；发展中的各种难题，只有通过诚实劳动才能破解；生命里的一切辉煌，只有通过诚实劳动才能铸就”②。所以，教育在塑造精神品质、锤炼人格魅力的重要实践中，显

---

① 《马克思恩格斯全集》（第四十二卷），北京：人民出版社，1972 年，第 128—131 页。

② 习近平：《在同全国劳动模范代表座谈时的讲话》，《光明日报》2013 年 4 月 29 日，第 2 版。

然离不开劳动的思想意蕴和价值引领。教师的育人过程，注定要摒弃等级、地位观念，抛却岗位、工种差异，帮助学生树立身体力行、追求平等、为民无我的思想境界。这位教师论据错误，失去了教育的科学思想。

三是要在微观层面上把握好育人的道德性。人是道德的统一体，人的修养是无止境的，教师的成长也不是一蹴而就的。教育不仅要培养学生高尚的道德情操和深厚的素养能力，引导学生理性规矩、诚实守信、敬畏职责、感恩社会，也要使教师在终身学习中不断提升自己，实现自己的全面发展，实现与学生的共同成长。孟子把“得天下英才而教育之”称作是人生三乐之一。然而，享受教师职业的人生快乐，恰恰需要这些育人的道德支持。教师的一颦一笑、一举一动、一言一行，不仅体现了教师的思想水准和道德认知，也成为学生效仿的榜样。而当教师的说教和言行不一、课上和课下二致，就慢慢地丢掉了教师的尊严。这位教师虽然动之以“情”、晓之以“理”，但措辞伤人，有违公序良俗、有违职业道德，把教育应有的人性温暖和人文关怀丢到了九霄云外。

历史上，教师群体是社会主流价值观的保护者，具有强烈的历史责任感和政治使命感；新时代，人民教师是社会主义核心价值观的传播者、弘扬者，肩负着培养可堪大用、能担重任的栋梁之材的根本任务。今天，面对险峻复杂的形势和充满挑战、创新的任务，要求教师比以往付出更多，责任也更加艰巨和光荣。“故天将降大任于是人也，必先苦其心志，劳其筋骨，饿其体肤，空乏其身，行拂乱其所为，所以动心忍性，曾益其所不能。”（《孟子·告子下》）而教师文化的意义，恰恰就是崇德、向善、担当、奉献、牺牲、文明、先进、博学、仁爱……正如鲁迅所说：“我们从古以来，就有埋头苦干的人，有拼命硬干的人，有为民请命的人，有舍身求法的人。”① 这就是中国的脊梁，这就是教师的品格。

2014年教师节前夕，习近平总书记在同北京师范大学师生代表座谈时指出：“老师是学生道德修养的镜子。好老师应该取法乎上、见贤思齐，不断提高道德修养，提升人格品质，并把正确的道德观传授给学生。”② 教师在教授书本知识之时的敬业状态和精神面貌，以及在教授书本知识之外的好恶爱憎和言行举止，就是师德师风，就是教师文化，就是对育人使命的认真践行。

---

① 《鲁迅全集（编年版）》（第8卷），北京：人民文学出版社，2014年，第252页。

② 习近平：《做党和人民满意的好老师——同北京师范大学师生代表座谈时的讲话》，《光明日报》2014年9月10日，第2版。

中篇　发展篇

全面发展：课程思政建设的价值旨归

生存和发展是人类的本能需要，是伴随人类始终的永恒话题，是人的一切本性的集中体现。不断促进人的全面发展，是马克思主义的本质要求。努力实现人的全面发展，是社会主义社会的重要内容。而要做到促进和实现人的全面发展，就要深入研究人的全面发展的基本内涵，认真探寻人的全面发展的实现途径。

一、从教育角度认识人的全面发展

马克思主义关于人的全面发展是指人的劳动能力、社会关系和个体素质各个方面自由而又充分的发展。人的全面发展与社会全面进步是相互促进、相互制约的辩证统一关系。加之因为每个“单个人”的全面发展又是整个社会发展的一部分，所以个人的发展不能游离于社会之外，他既与社会发展相统一，又是在社会发展过程中应该承担的责任与义务。

习近平总书记曾经说过：“文化即‘人化’，文化事业即养人心志、育人情操的事业。人，本质上就是文化的人，而不是‘物化’的人；是能动的、全面的人，而不是僵化的、‘单向度’的人。”① 这不仅强化了教育工作在人的全面发展实践中所肩负的独特作用，而且还寓意着人的全面发展是一个不断完善、不断发展的渐进过程。显然，这个过

① 习近平：《之江新语》，杭州：浙江人民出版社，2007年，第150页。

程是与社会生产关系、社会主要矛盾交织在一起的。

“社会发展以人的发展为归宿，人的发展以精神文化为内核。”① 在一定的社会发展阶段，人的全面发展水平反映着一个人的基本修养和独特品质，体现了他对人、对事的态度以及处理问题的方式方法，影响着其人生观、世界观、价值观的形成，影响着其持续全面发展的后劲。所以，人的全面发展影响着一个国家、一个地区的社会文明程度与方向。限制或无视人的全面发展，就会失落文化自觉与自信，失落人文精神，制约整个国家和民族的发展与进步。

学校是教书育人、培育人才的主阵地，拥有最系统、最发达、最科学的人才培育培养模式，可以帮助学生确立最基本的发展方向，奠定最基础的能力水平。通过利用一定的教育教学设施和选定的教育教学内容，按照特定的教学要求实施教育教学活动，学校教育在培养学生综合素质能力的过程中，为社会培养了一批又一批合格人才。学校教育提供了促进个体全面发展的基本条件并进而影响整个社会文明的传承延续和发展进步。

“每一时代的理论思维，从而我们时代的理论思维，都是一种历史的产物，在不同的时代具有非常不同的形式，并因而具有非常不同的内容。因此，关于思维的科学，和其他任何科学一样，是一种历史的科学，关于人的思维的历史发展的科学。而这对于思维的实际运用经验领域也是非常重要的。”② 今天，我们通过学校教育培养的面向生产、建设、管理、服务各条战线的德智体美劳全面发展的社会主义建设者和接班人，最终都将成为参与、推动经济社会发展的重要力量。这一代又一代新生的劳动者、建设者、接班人，和他们的父兄一样，走向社会后都将成为社会稳定的基石，并自觉地以每一个人的全面发展支

---

① 习近平：《之江新语》，杭州：浙江人民出版社，2007 年，第 150 页。

② 《马克思恩格斯选集》（第三卷），北京：人民出版社，1972 年，第 465 页。

撑着、推动着全社会的发展。由于每一个人在掌握了一定的知识、技能后，奠定什么样的思想道德、价值理念，或者说在什么样的人生观、价值观、世界观基础上培养知识、技能，决定着其全面发展的水平和方向。而且，这两者之间也存在着一定的相互制约与相互促进关系。所以，若能通过现代教育给学生以生存和发展的知识、技能以及进行重要的人生观、价值观、世界观培养，推进社会文明的进步，不仅将提升教育的吸引力和影响力，也将从根本上提高全民族的整体素质，促进人的全面发展，实现中华民族伟大复兴的中国梦，让每一个人都能有人生出彩的机会。

可见，之于人的全面发展和社会的全面进步，教育都显得意义非凡。教育，让我们每个人都更为独特，更为伟大，也更为有力地促进和实现人的自由全面发展。

二、学习力是促进人的全面发展的力量之源

围绕个人终身发展和社会发展需要应必备的基本品质和能力素养，学术界众说纷纭，提出了核心素养、关键能力、通识能力、综合素质能力等种种说法，也有的人通过深入研究编制出了相应的考核指标体系，增加了量化检测的内容。应该说，这些观点大多都基于现阶段教育实践，针对性强，也有一定的操作性。

但相当一部分观点，有落入自然主义教育思想窠臼的嫌疑。这些学术争论的出发点，囿于人在本能上都会追求自身的不断完善这种近代西方教育思想，过分强调了人的自然本性，强调了教育的伦理性、神圣性，忽视了教育的社会性、阶级性、人民性，忽视了教育的政治性。某种程度上，很多争论摆脱不掉普世价值的俗套，一味推崇自然的教育、天性的教育，脱离了我们所处的时代。

党的十九大做出了中国特色社会主义进入新时代的重大政治论断，指出我国社会主要矛盾已经转化为人民日益增长的美好生活需要和不

平衡不充分的发展之间的矛盾，我国经济已由高速增长阶段转向高质量发展阶段。新形势下的教育如何满足高质量育人需求，让每个人都有人生出彩的机会，是新时代教育工作者面临的首要问题。显然，在这一阶段，面对新一轮科技革命、产业变革以及前所未有的职业变迁与调整，教育在重视知识传授、技能训练的同时，特别需要努力去挖掘教育本身所蕴含的文化厚重感和人性温暖度，从而在更高层面上实现人的全面发展。

和共产主义有初级阶段、高级阶段一样，人的自由全面发展也有初级和高级两个层面："作为未来社会最高原则的每个人的自由全面发展"和"当前社会现实里作为党的各项方针、政策价值取向的人的全面发展"。① 我们今天所说的，就是现阶段所处的中国特色社会主义初级阶段人的全面发展。

马克思认为，"人的本质不是单个人所固有的抽象物，在其现实性上，它是一切社会关系的总和"②。所以，每个人都会和他人、和社会产生这样或那样的关系。如何处理这些关系，并从基本能力、基本素质、基本需求出发，努力实现每个人潜能和特长的充分发展，进而实现人的自由全面发展，这正是教育的意义所在。显然，这个目的不是靠一名教师、一门学科、一个教学任务就能实现的，它需要所有教师、所有课程、所有教学环节的共同参与才能实现。也就是说，我们"要坚持把立德树人作为中心环节，把思想政治工作贯穿教育教学全过程，实现全程育人、全方位育人"。③

人的全面发展是一个渐进的过程。践行"三全育人"理念，促进人的全面发展，就是在走向全面发展的路程上逐渐培养持续推动人的

---

① 王锐生：《论人的两种全面发展（对话）》，《首都师范大学学报（社会科学版）》2002 年第 1 期。

② 《马克思恩格斯选集》（第一卷），北京：人民出版社，1995 年，第 60 页。

③ 《把思想政治工作贯穿教育教学全过程 开创我国高等教育事业发展新局面》，《光明日报》2016 年 12 月 9 日，第 1 版。

全面发展的一系列元能力，并进而提升人的综合素质能力。

首先，从做人的维度来看。教育培养的是一个人，一个公民。作为一个合格的公民，最基本的应该是要遵纪守法、热爱自己的国家、有敬畏心、善良淳朴、懂得感恩、诚实守信、……

其次，从做事的维度来看。每个人都是社会的一部分，都应该拥有承担事务、担当职责、完成任务的基本能力。做事就是为社会服务，就要有信心、有定力，勇于担当奉献，能够抗压承重，坚持守正与创新。

第三，从成长的维度来看。教育的目的是实现人的不断成长进步。一个有所成就、努力实现理想追求、实现个人目标的人，应该拥有独立合作、科技人文、胸怀求真、学习自省的特点。

最后，从精神养成的维度看。精神的锤炼是无止境的。教育要做的，就是实现人的精神塑造，引导大家坚定理想信念，追求坦荡磊落，塑造磨炼品格，淡泊荣辱功利，无私无我。

但在实际生活中，或许很难把人的某种行为归类为某种或几种能力，教育教学实践中也未必能够非常精准地认定哪些方面的知识、能力必将形成某一特定层面的综合素质。所以，围绕对全面发展的基本认识，可以看出无论是个人的发展进步还是社会整体素质的全面提高，元能力都显得至为重要。同时，由于全面发展的人文基础直接影响着一个人的"人文十九度"，影响着一个教师的"教育十九力"，学习力自然成为提升综合素质能力的基础和手段，成为元能力的动力源泉。

三、劳动是全面发展的基础和保障

劳动是人的本质活动，是幸福的源泉，也是人类发展的根本。劳动伴随着人类始终，它是人类和人类社会生存和发展的基础。"人民创造历史，劳动开创未来。劳动是推动人类社会进步的根本力量。"[①] 有

---

① 《在同全国劳动模范代表座谈时的讲话》，《光明日报》2013 年 4 月 29 日，第 2 版。

劳动就有劳动教育。劳动教育是国民教育体系的重要组成部分，是塑造精神品质、锤炼人格魅力的重要实践，是奠定幸福生活和实现人生价值的基础工程，具有树德、增智、强体、育美的综合育人功能。劳动教育与德、智、体、美教育相互渗透，又互为支撑，使得德、智、体、美、劳成为密切联系的有机整体。劳动教育还是最生动、最直接、最广泛的课程思政，蕴含着丰富的思想政治教育资源，是学生成长的必要途径。积极开展劳动教育的探索实践，是充分发挥劳动实践综合育人功能的意义所在。

劳动教育不仅是党和国家对教育工作的基本要求，也是教育现代化的重要内容。劳动教育的意义在于实现教育与生产劳动相结合，是对教育方针的遵循和践行。通过劳动教育让身心获得全面发展，对于推动现代教育实现人的全面发展有着终极的现实意义。

党的十八大以来，习近平总书记多次围绕劳动的价值、弘扬劳动精神等内容进行深刻阐述，内涵丰富、思想深邃，为学校劳动教育的开展提供了强大的思想引领和精神支撑。为实现中华民族伟大复兴的中国梦、培养德智体美劳全面发展的社会主义建设者和接班人，加强劳动教育、推动和实现人的全面发展，是新时代赋予教育的历史使命。劳动教育将教育与生产劳动紧密结合，使学生在社会生产实践中领悟劳动精神，体悟劳动价值，提高精神境界，修炼人格品位。坚持劳动教育不仅赋予了中华民族优秀传统文化新的时代内涵，也为学生参与社会实践、融入社会发展创造了条件，能够引导学生实现个人价值，促进人的全面发展。

四、课程思政建设的价值旨归

课程思政渗透在教育教学的各个环节、各个层面，对受教育者的精神建构、人格养成有着重要的现实意义。虽然理论上可以将人的发展分解为做人的基本涵养、做事的基本能力、实现个人发展提升的基本条件、人格魅力养成和精神塑造磨炼等维度，并挖掘每个维度层面需要的能力或素养，但这些能力、素养以及相关维度层面之间一定是有着交叉、重叠、融合关系的。也就是说，某一个维度层面下的素质、能力未必能够完全支撑起这个层面，可能还需要另一个维度层面下的素质、能力的承托。另一方面，这几个维度层面只是为了方便分析而划分的，现实生活中不可能对某一个人进行这四方面的绝对划分，不可能完全割裂它们之间的关系。因此，我们结合后疫情时代的复杂性和发展重要性，梳理出当前最基础、最重要的元能力。我们可以条分缕析，择其要进行阐释，但不可能包罗万象。而且，人的全面发展常常和各种情感因素纠缠在一起，难以界定，难以量化，如法律意识、认识水平、心态情绪以及热情度、荣誉感、好奇心等对人的全面发展都有影响。

教育要培养的是社会主义的建设者和接班人，教育的目的就是让一个人从他人管理走向自我管理。在推进德智体美劳全面发展的基础上，促进人的自由全面发展是我们的方向和目标。“人才培养一定是育人和育才相统一的过程，而育人是本。人无德不立，育人的根本在于立德。这是人才培养的辩证法。办学就要尊重这个规律，否则就办不好学。”① 课程思政正是利用课堂教学主阵地，利用教师师德师风的示范性，在传授知识的同时塑造学生的思想和灵魂。从这个意义上来说，课程思政建设过程正是教师为学、为事、为人的实践过程。所以，通过课程思政建设，推动了教师的全面发展，推动了学生的全面发展。一句话，课程思政建设的价值旨归就是实现人的自由全面发展。

---

① 习近平：《在北京大学师生座谈会上的讲话》，《光明日报》2018 年 5 月 3 日，第 2 版。

第四章　课程思政的实践意蕴

在各类专业课程中深入挖掘思政元素，全面开展课程思政建设，是落实立德树人根本任务的题中应有之义，是将价值塑造、知识传授和能力培养融为一体的有效途径。

“吐辞为经，举足为法。”（韩愈《进学解》）加强新时代大中小幼课程思政一体化建设，特别要注意加强师德师风建设，不断检视反省自己的道德修养、一言一行，真正做学生为学、为事、为人的楷模。

第一节　课程思政的师德本义

课程思政作为当前教育教学改革的重点内容之一，是强化每一门课程德育功能、落实教师育人职责、实现“三全育人”的方向引领。从思政元素的提炼梳理到课程思政教学方案的设计实施，从课程思政建设路径的探究到教学理念的更新，都蕴含着每一位教师对立德树人根本任务的深入思考和认真践行。

目前，许多学校整理出了数量可观的思政元素知识点，展示了大量课程思政教学设计成果，组织开展了相关培训，还有的编辑成册并公开出版交流。可以说，课程思政建设已经深入人心，成绩斐然。比如，从高校部分专业课程来看，机械类专业课程从机械技术发展历史，讲到了国家的工业发展历程；医学类的解剖课程，讲到了对生命的敬畏和尊重；生物、农学类的课程，讲到了生态安全、人与自然是生命共同体；等等。这些成果坚持“各类课程与思想政治理论课同向同行，形成协同效应”①，做到了“显性教育和隐性教育相统一，挖掘其他课程和教学方式中蕴含的思想政治教育资源，实现全员全程全方位育人”②。

然而，仅仅围绕每一门课程中的思政元素开展课程思政建设，只是微观层面的课程思政、狭义的课程思政，还没有跳出传统的思政课程教育教学模式，还不足以有效、全面落实立德树人根本任务。“教师做的是传播知识、传播思想、传播真理的工作，是塑造灵魂、塑造生命、塑造人的工作。教师不能只做传授书本知识的教书匠，而要成为塑造学生品格、品行、品味的‘大先生’。”③ 课程思政不能仅停留在课堂教学上、停留在对教材的解析上，还应包括教师的一言一行在课下、校外对学生的影响；既包括教师对学生的灌输、教授、引导，更包括教师通过课程思政建设实现自身的成长与发展。因此，从宏观层面、广义角度认识这个问题，就必须站到习近平总书记提出的“四有好老师”“四个引路人”“三个传播、三个塑造”的高度，认真审视课程思政的师德本义。

一、课程思政是教师的个性发展思政、全面发展思政

人的全面发展是教育活动的崇高理想，人的个性发展是对个人自由的充分尊重。不断推动人的全面发展，是马克思主义的本质要求；努力促进人的全面发展，是社会主义社会的重要内容。

社会主义教育一要推动个体的成长，确保其成长为推进、参与社

① 新华社：《把思想政治工作贯穿教育教学全过程 开创我国高等教育事业发展新局面》，《光明日报》2016年12月9日，第1版。

② 习近平：《思政课是落实立德树人根本任务的关键课程》，《求是》2020年第17期。

③ 学习小组：《习近平首次点评“95后”大学生》，《人民日报》2017年1月3日，第2版。

会发展的合格公民，二要促进个体体力、脑力的不断完善与全面发展，确保其身心健康、自信阳光。长期以来，我们一直关注的是要把受教育者培养成什么样的人，而对于教育者如何实现这一目的研究较少。其实，要让受教育者实现个性的自由发展并通过教育促进和实现人的全面发展，离不了每一位教师提供的专业学科理论知识支撑，离不了课程思政、学科德育的支撑，离不了每一位教育工作者的个性发展和全面发展。

课程思政离不了教师的知识功底。挖掘课程背后的思政元素知识点，离不了教师渊博的知识、独特的视角、丰富的素养。教师的知识架构和对课程与思政关联度的认识，决定了思政元素的挖掘角度和深度。

陶行知先生说："出世便是破蒙，进棺材才算毕业。"教师作为教育者，利用一定的教育教学设施和选定的教育教学内容，帮助学生确立最基本的发展方向、奠定最基础的能力水平，首先要审视自身的个性发展层次和全面发展水平。每一位教师实施的课程思政，首先是对教师自身的个性发展、全面发展的展示和检验。习近平总书记指出："在信息时代做好老师，自己所知道的必须大大超过要教给学生的范围，不仅要有胜任教学的专业知识，还要有广博的通用知识和宽阔的胸怀视野。""这就要求老师始终处于学习状态，站在知识发展前沿，刻苦钻研、严谨笃学，不断充实、拓展、提高自己。""好老师不是天生的，而是在教学管理实践中、在教育改革发展中锻炼成长起来的。"① 今天，每一位教师都应该自觉地、充分地利用新时代为人的全面发展提供的前所未有的有利条件，在更高层次、更高水平上实现教师职业的全面发展。

---

① 习近平：《做党和人民满意的好老师——同北京师范大学师生代表座谈时的讲话》，《光明日报》2014年9月10日，第2版。

二、课程思政是生活思政、言行思政

“善为师者，既美其道，有慎其行。”（董仲舒《春秋繁露·玉杯》）教师不仅要在教育教学实践中深入挖掘所讲授的课程中的思政元素、认真开展思想品德教育，更要兼具学识水平和道德修养，努力做到敬重职责、知行合一，成为学生人生成长的最好榜样示范。如此一来，就达到了当年扬雄所言：“师哉，师哉，桐子之命也。务学不如务求师。师者，人之模范也。”（扬雄《法言·学行》）

“经师易求，人师难得。”（令狐德棻《周书·卢诞传》）学生从老师身上学到的，除了课本上的知识，更多的是生活中的观念。老师对待他人的态度、对待工作的热情甚至老师的穿衣打扮、爱好取舍、脾气秉性，都是一种做人的信号。如果一个老师善恶不分、是非不辨、信仰缺失、道德低下，必将对学生造成负面的消极影响。比如，教育部和各地教育行政部门通报的违反教师职业行为十项准则的典型案例。而如果一个老师重义轻利、见利思义，有着崇高的义利观，遇事为集体着想、为他人着想，奉献担当、无私无我，其对学生的影响也必将是积极的、向上的。比如，各地涌现出来的一批又一批师德楷模、师德标兵、最美教师。

所以，“教育是教育者和受教育者在精神生活上的一致，是他们的理想、愿望、志趣、思想和感受的一致。把道德信念和思想观点传授给人，教会他怎样在社会上生活，确立他的道德审美原则，所有这些都要求师生在精神上的一致达到双方都感到志同道合的那种程度”。“作为教育的实质的这种精神生活的一致，只有当每个教师不仅仅是授课人，而且也成为学生集体中的一员才能达到”。① 每一位教师实施的

---

① ［苏］苏霍姆林斯基：《和青年校长的谈话》，赵玮等，译，北京：教育科学出版社，2009年，第45—46页。

课程思政，同时都是用自己的行动润物细无声地浸润学生们的心田，引领学生健康成长。课程思政不仅体现在课堂之上，也扎根在教师的日常生活之中。教师要经常反省自身日常的生活，反思一言一行，检视一举一动，如春风化雨般把思政教育融入每一时、每一刻。

习近平总书记指出："老师对学生的影响，离不开老师的学识和能力，更离不开老师为人处世、于国于民、于公于私所持的价值观。""老师是学生道德修养的镜子。好老师应该取法乎上、见贤思齐，不断提高道德修养，提升人格品质，并把正确的道德观传授给学生。"① "吐辞为经，举足为法。"（韩愈《进学解》）生活是生命的过程，来不得虚假，不容许糊弄。我们每一位老师都要做生活的智者，志向高远、道德高尚、真诚担当、勇毅乐观，用一颦一笑感染学生，用一言一行影响学生。

三、课程思政是师德思政、师风思政

中国传统文化的精髓是道德养成，中国哲学一以贯之的核心理念是"学以成人"，教师作为道德修养、先进文化的先驱和模范，一直以来都把道德建设作为永无止境的职业追求。

师德建设作为一个非常严肃、非常重大的时代课题，是历朝历代文教政策重点关注的内容，也是历代教师毕生努力追寻的人身修养。不同时代对师德建设的方向要求不一，道德情操的价值导向也不一样，但教师对学生思想观念、人格品质等方面影响的机理是一致的。

近代教育家陶行知先生曾经说过，要学生做的事，教职员躬亲共做；要学生学的知识，教职员躬亲共学；要学生守的规则，教职员躬亲共守。"许多教师都能深刻感受大自然和创造性劳动的美。他们以创

---

① 习近平：《做党和人民满意的好老师——同北京师范大学师生代表座谈时的讲话》，《光明日报》2014年9月10日，第2版。

造性的劳动鼓舞学生，从而也成为一股巨大的教育力量，把学生团结成一个精神上充实的牢固集体。”“如果你希望学校里有丰富多彩的精神生活，希望每个教师都成为教育者，那就请你去考察、去发现教师们的兴趣和爱好（有智力方面的、劳动方面的、审美方面的和创造方面的），为许多小组的活动去创造物质条件吧。”“任何一种课外活动的教育价值，首先取决于课外小组的指导者把人的哪些品德传授给学生。”① 因此，开展大中小幼课程思政一体化建设，除了坚持课程体系、教学内容的衔接外，更重要的是坚持师德师风的一体化建设。不同的知识点在不同类别、不同层次的学校中侧重点不同，学术关注度不一，存在学术分歧、学术流派亦属正常。然而，师德无分歧，师风无差异，教风、学风对学生的影响也都是一样的。各级各类学校的教师，都必须用同样高尚的师德滋养自己的人格魅力，做到以德立身、以德立学、以德施教。

习近平总书记指出：“评价教师队伍素质的第一标准应该是师德师风。”②“师德是深厚的知识修养和文化品位的体现。师德需要教育培养，更需要老师自我修养。做一个高尚的人、纯粹的人、脱离了低级趣味的人，应该是每一个老师的不懈追求和行为常态。”③ 从这个意义上说，实施课程思政其实就是教师做学生道德修养的镜子，以身示范、思想引领，用明确的育德意识和厚重的育德能力，让学生在每一个学龄阶段都能找到人生成长的参照。

“真正教育的哲理在于，对于那些不懂得信任人、失去了生活方向的人来说，教育者应该成为他们的支柱和指路明灯。”“形象地说，他

---

① ［苏］苏霍姆林斯基：《和青年校长的谈话》，赵玮等，译，北京：教育科学出版社，2009 年，第 49、50、51 页。

② 习近平：《在北京大学师生座谈会上的讲话》，《光明日报》2018 年 5 月 3 日，第 2 版。

③ 习近平：《做党和人民满意的好老师——同北京师范大学师生代表座谈时的讲话》，《光明日报》2014 年 9 月 10 日，第 2 版。

应当感到自己的手掌握在无限信赖的那个人手中，那个在道德上是楷模的人令孩子珍视、敬重，而且受其崇高精神所鼓舞。”① 加强教师文化和课程思政建设，应该更加关注课程思政的宏观意义，构建课程思政的育人大格局。如果说微观层面、狭义角度的课程思政是从课程本身入手，只是一个知识点、一个教学元素、一个教学计划，那么宏观层面、广义角度的课程思政则是围绕教师的师德、教师的综合素养展开，是一种师德贯通、一种学校文化、一种环境影响。从这个角度组织开展课程思政建设，不仅将极大地提升教师的个体师德，还将有效提升教师的群体师德，促进教师队伍整体水平的提高。

从教师的“个性发展思政、全面发展思政”到“生活思政、言行思政”进而再到“师德思政、师风思政”的递进与升华，清楚地说明教师师德绝不是单纯围绕课本教材挖掘课程背后的思政元素知识点那么简单，也不是仅仅履行职业道德和行为规范这么单薄。“教育者应当自身成为一个真正的大写的人——正确地去生活、热爱人们、高度保持自己的爱国者、公民、劳动者的品德。如果你的那些道德训诫的话语，是发自你内心的精神世界，是充满你的信念的崇高精神，那么，这些话语就会像磁石一样，对于那些不信赖的人产生吸引力，而你也就会成为他们的支柱和指路明灯。”② 所以，师德的内涵因其与生活密切关联或者说师德本身就是生活，因而其形象是立体和丰满的，其精神是生动和鲜活的。这才是课程思政建设的师德本义所在，也是大中小幼课程思政一体化建设的价值旨归。③

而一旦理解了课程思政的师德本义，我们再组织微观层面、狭义

---

① ［苏］苏霍姆林斯基：《怎样培养真正的人》，蔡汀，译，北京：教育科学出版社，1992 年，第 11—12 页。

② ［苏］苏霍姆林斯基：《怎样培养真正的人》，蔡汀，译，北京：教育科学出版社，1992 年，第 12 页。

③ 刘凤彪：《课程思政的师德本义》，《河北教育》（德育版）2021 年第 1 期。

角度的课程思政建设就显得自信、从容了。在具体的课程思政案例编制上，围绕价值引领、素养提升、精神培育等方面的教学设计描述，也就很容易找到切入点了。

第二节 师德建设的人文素养支撑

人文素养是道德观念、人格特性、精神追求、审美情趣的融糅交织和沉淀积聚，影响着个体价值取向、家国情怀、责任担当和思维方式，决定着个体对他人、对社会、对自然的态度以及处理各种问题的方式方法。人文素养作为文化素质与道德修养的重要外显，受一定社会发展阶段、文化发展水平、社会风气和公序良俗的影响。因为文化具有民族精神命脉的延续性、继承性，从而使得人文素养也深受传统文化的滋养与熏陶，与一个人的情操、胸怀、节气、价值观等有着水乳交融的关系。

教师的人文素养与教师全面发展相互依存、相互制约，是新时代师德建设的重要基础，对教师科学素养和教育力的养成与提升有着重要影响。既然课程思政是对师德建设的聚焦，是师德师风在教学层面的映射，而人文素养又影响着课程思政元素知识点的挖掘，那么提高人文素养就是新时代振兴教师教育、加强师德修养、提升专业素质能力、丰富教师文化建设的重要手段。由于人文素养涵育人文精神、滋养人格魅力，是实现以德立身、以德立学、以德施教的重要途径，因此也可以说人文素养属于师德建设的重要范畴。

一、中国传统文化中的师德修养

文化是对心灵的浇灌、精神的滋养，是一个人的风采底蕴。中国传统文化非常重视对人的教化。无论是国家法律法规还是儒释道的教义宗旨，无论是家教家风家训的目的指向还是社会公序良俗的约定俗成，都把如何做人、做一个什么样的人作为终极目标，给予高度的关切和重视，并在这方面留下了卷帙浩繁的典册文献和大量口口相传的宝贵精神遗产。

中国传统教育思想注重“德性养成”。孔子的“为政以德”，强调了崇德善治的“国家之德”；管子的“仓廪实而知礼节，衣食足而知荣辱”，强调了崇德向善的“社会之德”；《论语》的“入则孝，出则悌”是长幼有序的家庭美德；《大学》的“诚意正心”、《中庸》的“明善诚身”，强调了崇德修身的“个人之德”。广泛存在于国家、社会、家庭、个人四个层面的德育思想，是中国优秀传统文化的精髓所在。

中华民族有着尊师重教的悠久历史和光荣传统。中国传统文化善施教化，在尊师重教和教师修身自律方面形成的师德修养，推动了当时的教育发展，规范了教师行为，为封建时期文教政策的实施和社会的长治久安奠定了厚实的人文基础。不仅如此，中华优秀传统文化中的师德建设思想，至今闪烁着治学、育人等方面的智慧光芒。

仅以《论语》为例，《论语·学而》开篇提出“学而时习之，不亦说乎?”以“学”作为通篇的引领，把“学”视为人生的快乐，倡导“行有余力，则以学文”；《论语·尧日》结尾提出“不知命，无以为君子也。不知礼，无以立也。不知言，无以知人也”，论述“知命、知礼、知言”的重要性，而“知命、知礼、知言”显然一离不开“学”，二离不开“师”。所以，韩愈说“道之所存，师之所存也”，扬雄说“师哉，师哉，桐子之命也。务学不如务求师。师者，人之模范也”。所有这些，都是在把道德、师德作为众人的人生模范。

模范是榜样、引领、效仿、示范。从“贤者以其昭昭使人昭昭”（《孟子·尽心下》）到“欲胜人者必先自胜，欲论人者必先自论，欲知人者必先自知”（《吕氏春秋·先己》），再到“欲明人者先自明，欲正人者先正已”（王夫之《四书训义》），这些思想中不乏教育的真谛，甚至这本身就是针对士人、读书人而形成的治学理念，贯穿着中华优秀传统文化中丰富的师德建设理念和高尚师德要求。提出“罢黜百家，独尊儒术”大一统思想的西汉政治家、教育家董仲舒更加重视道德养成，倡导“以仁安人，以义正我”的修己待人思想。他奏请汉武帝“兴太学，置明师，以养天下之士”，为汉朝培养、储备了大量儒学功底深厚的教师和文官。董仲舒的“明师观”提出好老师“既美其道，有慎其行”，要兼具学识水平和道德修养。他和王夫之都认为教师是“使人明”的职业，因而提出了“人之模范”的理念，倡导教师不单是要做一个“名师”，更要能做一个“明师”。古圣先贤的这些至理名言对当时乃至今天的教师职业，一直有着非常积极的指导意义。

中国传统文化博大精深，不仅涉及教师行业，人格修养方面的传统文化历来都非常关注个人品行、人格魅力，把道德养成、知识获得、能力提升等涵养修为看作是为人的先行条件，给予了充分重视。自古至今，中国文化强调的都是德对于做人、做事、做学问的基础性和前提性作用。

二、人文素养是师德建设的动力之源

道的含义很多，有道路、方法技艺、规律事理、思想学说甚至行政区划等多重内容，古代哲学认为自然即道。道具有客观性，可引申出规则、规范之意。

德指的是道德、品行、心意、恩惠、感激，也有五行中四季的旺气之说。德是理性的，有对客观规律理性认识的含义，因而在传统文化中赋予了其实践性的特征。所以，德在中国古代哲学中有着实践的自觉性。也正是在这个意义上，德作为一种源于实践的主观自觉，有着修德、养德的无限性。

道、德组合在一起，就是做人、做事的准则和规范。所以，道德修养是高尚的、无止境的。

对于一个具体的人来说，我们可以感应到四种道德品质：作为一个单一的个人，应该有个人品德；作为家庭成员，应该有家庭美德；从事某种职业，应该有职业道德；作为社会成员，应该有社会公德。汇聚于一身的道德品质，是这个人人文修养的外显，是道德修养、境界胸怀、知识品味的总和。

职业道德指的是从事职业活动应该遵循的行为准则，包括道德意识、道德规范、道德修养、道德行为等诸多内容。教师的职业道德就是我们常说的师德，是广大教育工作者在从事教育教学活动中必须遵守的道德规范和行为准则。

道德有外在的道德规范，这属于他律。道德还有内在的道德意识，这属于自律。相较于他律，自律是源于内心的驱动力，具有主动性、自导性、自愿性的特点，其作用更有效、更持久。自觉自愿的自律源于人文精神烛照下的内心驱动力。

人是道德的统一体，只有他律和自律达到和谐统一，道德修养才会上升一个层次。师德也是如此，只有在自律的驱动之下，师德建设才有意义，才会不断上升到新的高度。苏霍姆林斯基认为，“教育者道德训诫的话语，只有在教育者有道德权进行教学的时候，才容易被接受”①。所以，师德建设要求教师要有良好的道德观念、高尚的道德情操和优秀的道德品质。

为构建师德的约束机制，从国家、地方到学校等不同层面，制定了一系列的法律法规、制度措施。这些规章以及社会公德层面的公序良俗，构成了师德建设体系中的他律要求。在价值、文化多元化的今天，这些他律目标具有强制性、外在性和引导性等特点。高尚的师德，是广大教师的荣光和骄傲，是我们为之奋斗的目标和方向，是永无止

① [苏]苏霍姆林斯基：《怎样培养真正的人》，蔡汀，译，北京：教育科学出版社，1992年，第12页。

境的职业追求，所以也可以说师德建设永远在路上。

近年来，国际教师专业伦理研究和实践更加侧重的是教师专业发展，强调的是教学道德。教学道德是教师在教学活动、教学过程中应当遵守的道德准则和行为规范，有着明确具体的规定，什么环节有什么要求、应当怎么做，有板有眼，清晰明确。教学实践中各教学环节对教学设计和编写教学计划、授课日志、实践教学方案以及日常的教研活动记录和教案等种种教学文件的详细规定，这些都属于教学道德的范畴。

在我们国家，各级管理部门和各级各类学校在教学道德方面所倡导的公平、正义、诚信、守纪等优秀品质，源于儒家传统文化中的博学多思、温故知新、学而不厌、诲人不倦、教学相长、不耻下问、因材施教、有教无类等教育理念。中华民族的教育思想自古以来一直强调“以德为先”，师德建设中追求完美、甘于奉献、身正为范、榜样引领等内在品质随着社会的发展进步，愈加彰显其向上向善的力量。其实，这正是师德中的自律品质。

每个人因其文化背景、文化积淀不同，学识修养、能力水平也不尽相同。按照冰山理论的观点，暴露在水面以上可以看到的是知识、技能、行为、习惯等，隐藏在水面以下看不到的是思想、价值、观念、动机、态度等。掌握了能够看得见的知识技能，只是学会了做事的本领。只有丰富思想、涵养人格、砥砺品行、培树道德，才能更好地做人。后者反映了一个人的综合素质能力，其正是依靠人文素养的支撑才得以实现。

人文素养、人文精神作为师德建设中重要的自觉动力之源，构成师德的核心内容。教师的人文素养与教师全面发展相互依存、相互制约，构成了教师自身的人生阅历、人生态度、价值观念，是新时代师德建设的重要基础，对教师科学素养和教育教学能力有着重要影响。①

三、人文素养和师德的自我养成

新形势下的教育如何满足高质量育人需求，让每个人都有人生出彩的机会，是新时代教育工作者面临的首要问题。显然，在这一阶段，面对新一轮科技革命、产业变革以及前所未有的职业变迁与调整，教育在重视知识传授、技能训练的同时，特别需要努力去挖掘教育本身所蕴含的文化的厚重感和人性的温暖度，从而在更高层面上实现人的全面发展。

教育是国之大计、党之大计，教师是立教之本、兴教之源。加强师德建设的最终目的，是培养高素质教师队伍，落实立德树人根本任务，培养德智体美劳全面发展的社会主义建设者和接班人。教师队伍思想政治修养的强化，综合素质能力和专业化教学水平的提高，依靠的正是教师人文素养的提升和师德建设的深化。

一是要敬畏职责。敬畏是一种人生态度，是人生的本真色彩，是无须推理的哲学自觉。只有心存敬畏，方能有所不为，不去乱为。常怀敬畏之念，虔诚恭敬，是一个人走向道德高地的必然。君子"畏天命，畏大人，畏圣人之言"（《论语·季氏》），畏就是敬畏。有了敬畏之心，就产生了自觉自愿的约束，就有了内生的主动性，就有了发自内心的自律。曾国藩甚至认为恭敬之心对身体健康都是非常重要的。他说："敬之一字，孔门持以教人。""聪明睿智，皆由此出。""吾谓敬字切近之效，尤在能固人肌肤之会，筋骸之束。""若人无众寡，事无大小，一一恭敬，不敢懈慢，则身体之强健又何疑乎？"② 把无知当个

---

① 刘凤彪：《提升人文素养：新时代师德建设的路径选择》，《河北教育》（德育版）2021 年第 3 期。

② 曾国藩：《曾文正公家书》（下），北京：线装书局，2015 年，第 850—851 页。

性，奉行虚无主义，杂念横生，则是一个人狂妄张扬、破坏规矩、数典忘祖、丧失人伦的开始。

敬畏是人生的本真色彩，是人产生道德认知和理性思维的情感基础，是人类社会高尚道德追求的思想起点，是一个人走向道德高地的必经。常香玉的“戏比天大”，很多学校遵循的“课比天大”，张文宏缺席上海市首届“医德楷模抗疫特别奖”颁奖活动是因为“很珍惜这样的荣誉和肯定，因为去给交大医学院的学生上了4节课，提前向主办方请假了”[①]，都是对敬畏职责的生动诠释。

二是要做好自己。做好自己是每一个社会人的共同职责。对教师来说，就是努力做党和人民满意的好老师，做塑造学生品格、品行、品味的“大先生”。“经师易求，人师难得。”（令狐德棻《周书·卢诞传》）做好老师、大先生，就必须要有理想信念、道德情操、扎实学识和仁爱之心。

目前，课程思政是教育教学改革的重点内容之一。挖掘各类课程或学科的思政元素知识点，关系到任课教师的知识储备和知识架构，关系到任课教师的人文素养和敬业态度。一个好的教师，必然知识广博，拥有扎实的理论功底、勤勉的教学态度和终身学习的自觉性。只有这样，才能在授课教学中利用一切知识点开展思想政治教育，联系实际、联系社会现实解释问题时也才能得心应手、游刃有余。教育力和人文素养的提升，恰恰为“四有好老师”涵育了人文精神、滋养了人格魅力、培育了专业素质能力，促进教师实现与以德立身、以德立学、以德施教的同频共振，对教师的精神世界建构与人格魅力养成发挥着极其重要的作用。所以，每一位教师实施的课程思政，同时都是用自己的行动润物细无声地浸润学生们的心田，引领着学生健康成长。

---

① 《张文宏为啥没去领“医德楷模抗疫特别奖”？他说：我给学生上课去了》，2020年10月16日，https://baijiahao.baidu.com/s?id=1680711769843706550&wfr=spider&for=pc，2022年9月1日。

三是要知行合一。教师是人类灵魂的工程师，是人类文明的传承者，承载着传播知识、传播思想、传播真理，塑造灵魂、塑造生命、塑造新人的时代重任。教师的知行合一不仅是对自己职责的敬重和负责，也是对学生人生成长的最好榜样示范。叶小文先生曾经把一位基层干部形容的“白天走干讲，晚上读写想”作为自己的座右铭，其实也是对“知行合一”的一种实践。[①] 同样，教师白天教学、晚上反思，终身学习、不断提升，实现了从“本领恐慌”走向“本领自觉”。

所谓“走”就是走下去，就不能浮在表面，而要深入基层、深入思考，这就要做好调查研究。“迈开你的两脚，到你的工作范围的各部分各地方去走走，学个孔夫子的‘每事问’，任凭什么才力小也能解决问题，因为你未出门时脑子是空的，归来时脑子已经不是空的了，已经载来了解决问题的各种必要材料，问题就是这样子解决了。”[②] 要到学生中间，了解他们的所思所想、疑惑困惑，找到问题症结所在。所谓“干”，就是组织教育教学，履行教师职责。所谓“讲”，不仅有向学生讲授课程的内容，也有教师之间研讨时的讲，更有在家庭、单位、社会中对国家政策、时事政治等方面的讲。

所谓“读”，就是读书提高，就是不断学习、广泛学习。之于人文素养，要特别重视向传统经典学习。中华优秀传统文化尤其强调修身养性。比如，儒家倡导的亲亲仁民、道家强调的道法自然，都是鼓励真、崇尚美、指向和谐、追求天下大同，是教师能力素养提升的资源和通道。“个体自我的每一次伟大的提高，都源于同古典世界的重新接触。”[③] 所谓“写”，就是回顾总结、梳理思路、整理体会。所谓“想”，就是反思问题、寻找不足、挖掘规律，提升境界层次。如果说白天是

---

① 叶小文：《白天走干讲 晚上读写想》，《光明日报》2015 年 8 月 3 日，第 1 版。

② 《毛泽东选集》（第一卷），北京：人民出版社，1991 年第 2 版，第 110 页。

③ ［德］雅思贝尔斯：《时代的精神状态》，王德峰，译，上海：上海译文出版社，2013 年，第 114 页。

实践的过程，晚上就是创造的过程，同时为新的一天更好地实践打下基础。

第三节 课程思政建设的效果

教师参加在职教育培训时，很多参训学员都会积极拷贝主讲专家的课件，但有的人是三分钟热度，学习结束后就束之高阁，并未再认真学习、深入思考。专家的课件固然值得学习、参考，但每个教师面对的学生群体不一、身处的学校文化和社会文化环境不一，大可不必迷信专家的说教，而且专家的说法并不一定适合直接运用到参训学员的具体工作中去。专家授课是对自己生活阅历、工作经历的理性总结，其所归纳的基本方法对个体来讲，不可能完全适用。参训学员面对的学生群体和授课专家面对的学生群体一般是不一样的，每个学员的生活阅历和工作经历也有着极大的不同，都应该总结出自己的独特方法、独特战术。这里面，相通、相同的唯有教育的理念，唯有教师的成长，唯有师德的修炼。

常说隔行如隔山，但隔行不隔理。古云："观水有术，必观其澜；日月有明，容光必照焉。流水之为物也，不盈科不行；君子之志于道也，不成章不达。"（《孟子·尽心上》）教师要学会对专家的观点在比较中借鉴、在批判中吸收，特别是对一些所谓教育教学宝典、学生工作技巧的讲座，应该大胆地抛弃其所谓的经验，而是从中挖掘、提炼出专家的理念，使其成为指导自己履行教师职责、提升学习效果的指南。这样，就逐渐有了自己的理论体系，有了践行"个性发展思政、全面发展思政""生活思政、言行思政""师德思政、师风思政"的方法路径，也就有了对课程思政的师德体悟。

一、课程思政建设让课堂教学复其本然

学校是意识形态的主战场，课堂是这个战场的制高点。实现教育目的，涉及教育教学的所有环节，但课堂无疑占有极大的比重。“三寸粉笔，三尺讲台系国运；一颗丹心，一生秉烛铸民魂。”自古以来，教师就是通过讲授书本知识及其和社会历史的广泛联系并附加言传身教的示范、人格魅力的影响，承载起传承文化、塑造灵魂、培育人才的重任，引领着受教育者的人生成长。所以，作为一个伟大的师者，“教书、育人”从来就是其职责所系、使命所在，也一直是其约束自身言行、警醒自身举止的人生格言。

教师是“一岗双责”的特殊职位。如果教师只教书不育人，仅仅传授书本上表面的知识，好比停留在传话筒、留声机的层面上，充其量只能算是一个教书匠，没有能够发挥教师应有的根本价值。比如，对上课聊天、睡觉、精力不集中、思想开小差的学生视而不见，对跟不上教学节奏、情绪不正常、生活有困难等学生漠不关心，只管上自己的课，绝对不是一个好老师。其实这样的老师甚至只是一个机器而已。就像人工智能取代人的劳动一样，取代的仅仅是一些程式化、逻辑性的岗位和工种。而人工智能、机器人可以取代老师的，只是“教书”的那一部分，对于“育人”这种充满思想智慧和人性温暖的工作，是不可能由冷冰冰的机器简单代替的。“师者，所以传道授业解惑也。”（韩愈《师说》）教师的课堂教学，绝对不是打开教材照本宣科、合上书本下课走人那样单线条、没温度、无情怀的样子。假如我们的教师如此这般冷冰冰地教书，培养出来的也只是空有理论知识、没有道德情感的机器。教师在课堂授课的过程中，还有很重要的一项工作就是育人。只不过这种育人有时是直奔主题，清晰明了；有时是蜻蜓点水，不着痕迹；有时是明修栈道，暗度陈仓；有时是常常提及，念念不忘。总之，育人是一种动态的、随机的工作，是一种因人因事、因时因地

而异的工作，需要坚持“因事而化、因时而进、因势而新”的“三因”理念，需要教师的良苦用心和真情投入。

课程思政建设作为当前教育教学改革的重要内容之一，因其强化了每一门课程、每一个教学环节的德育功能，强化了教师的师德示范、师风引领，成为教师全面履行岗位职责的重要形式，成为新时代教师职业的最终价值旨归。教师作为施教者，在教育教学过程中，充分利用把理论知识和社会现实联系起来的主动权，深入挖掘理论课程中蕴含的人生哲理，认真践行立德树人的根本任务，这其实就是在实施课程思政，就是在践行育人职责。所以，书本上表层的教学任务和背后蕴含的思政内涵，构成日常教育教学的两重任务，构成教师“教书、育人”的“一岗双责”。

课程是科学知识和道德观念的综合体现。教育是传承文化、传递文明的社会实践；教师是塑造生命、培育新人的灵魂工程师。任何一门课程都是人类文化的凝结，都是社会文明的集中体现，都和人类社会的劳动实践有着千丝万缕的联系。无论是理论教学、实习实验、社会实践，还是相关的顶岗实习、毕业设计等，都可以而且也应该从中挖掘出开展人生教育的重要思政元素知识点。也只有挖掘了思政元素知识点的课程才是完整的课程，而没有挖掘思政元素知识点的课程因为只是单纯传授知识，不能很好地开展道德情操、理想信念等思想政治教育，显然不是完整的课程，也不是完整的课堂教学。试想，仅仅简单、机械地讲解甲乙丙丁、ABCD将是多么索然无味呢？这样避重就轻、敷衍塞责，是不是只是应付了“教书”的职责、放弃了“育人”的重任呢？而当黑板上的字母符号、图形公式、原理定律和它出现的社会背景或当下的社会现实充分联系起来的时候，师生就共同融入了活生生的社会大课堂，那又是多么真切、生动的教育呢？这种联系过程，正是因为挖掘了思政元素知识点而实现的。这种联系过程，就是教育引导学生立鸿鹄志、做奋斗者，是形成一个人的价值理念、道德观念、思想认识的最好过程。

比如，文学作品鉴赏的不仅仅是语法修辞、中心思想，也有时代主旋律、核心价值观；理工类专业课程学习的不仅仅是科学原理、公式推导，也有科学精神、工匠精神；即便是幼儿园的各种活动课程，如认颜色、唱儿歌、学舞蹈等，也有协作互助、礼让奉献、勤俭节约、勇敢坚强等教育内涵。所以，完整的教学计划、教学目标本来就应该包括知识传授和精神熏陶两部分内容，完整的课堂教学本来就应该是书本知识和思政元素的有机结合。课堂教学也要关注道德情操、价值理念、人文精神，也要围绕学生走向社会后如何做人、如何做一个合格公民展开，也要以培养社会主义建设者和接班人为目标。

课堂是教师和学生的共同阵地。做人的修养是无止境的。每个人都有着不断修炼自己、不断提升自己的责任。作为教师，培养学生成才是职责，实现自身的不断进步和全面发展也是职责。这后一个职责，赋予了教师“一岗双责”又一重含义，即在向学生传授科学知识、传递做人理念的同时，还要实现教师自身的成长进步。教师自身的成长进步，除了教育行政部门和学校的培养培训规划之外，教师自己利用课堂教学，敦促自身的终身学习、全面发展，也是题中应有之义。把课堂教学做好、做优、做到极致，应该成为教师自身成长进步的源泉之一。一句话，教师和学生是一个战壕的战友，课堂是教师和学生共同成长的阵地。

当然，如果教师安于现状、不思进取，表面看也能够应付工作，甚至不仅教书有方，也许还能做到育人有道。但随着科技的飞速发展和社会的快速进步，新事物层出不穷，新问题应接不暇。特别是在网络媒体时代，文化的多元化给人一种“乱花渐欲迷人眼”（白居易《钱塘湖春行》）之感。各种恐怖惊悚、赌博诈骗、网络谣言、谩骂恶搞、低级庸俗等有害信息传播的不良生活方式和不良流行文化对中小学生乃至成年人都产生了极大的负面影响。学生不用走出校门、走向社会，只要打开手机，和我们课堂传授的观念相左甚至完全背离社会道德乃至科学认知的各种信息就会扑面而来。这个时候，提升学生的辨别力和认知水平，就成了老师义不容辞的责任。一方面，把握学生的心理、行为特点，通过多种教育形式、教学手段和教学方法，努力唤醒、培植和激发学生的社会责任意识是课程思政建设。另一方面，坚持终身学习、自觉学习，主动把自己的“一桶水”变为“一潭水”，培育自己扎实的知识功底、过硬的教学能力、勤勉的教学态度、科学的教学方法，提高应对矛盾、辨别是非的本领，也是课程思政。

党的十八大以来，习近平总书记多次论及教师的历史使命和政治责任，明确提出传道者自己首先要明道、信道，要坚持教育者先受教育，努力成为先进思想文化的传播者、党执政的坚定支持者。广大教师要主动用好课堂讲坛、用好校园阵地，用自己的价值观念、人格魅力和学识、阅历、经验，去点燃学生对真善美的向往。这每一个教学过程、教学环节，都离不开课程思政。所以我们说，正是课程思政建设，让我们旗帜鲜明地高擎起教师“一岗双责”的大旗，重新明确了课程是科学知识和道德观念的综合体现，明确了课堂是教师和学生的共同阵地。也正是课程思政建设，让课堂教学恢复了本来的应有面貌，回归了本来应有的状态。

二、课程思政建设让教育能力成其必然

课程思政就是利用课堂教学开展思想政治教育，这是教师践行育人使命的重要途径之一。需要强调的是，这里所说的课堂教学包括理论教学、实习实验、社会实践等各个教育教学环节和各种教育教学活动。显然，课程思政建设在让课堂教学复其本然的同时，也检验着教师的综合素质能力水平。或者说，加强课程思政建设，保证教学计划、教学目标编制的完整，保证课堂教学实施的完整，除了传统的知识讲解能力外，如何挖掘、利用思政元素知识点对学生开展相应的德育，

检验着教师将书本知识和社会现实关联起来的教学能力，检验着教师的知识架构、知识储备，也检验着教师日常做人的原则和内心世界的“三观”。而且，后面这一系列素质能力，更能彰显其育人的功力。

所以，通过做好课程思政建设开展思想政治工作，最终做的是人的思想工作，考量的是如何影响和引导青少年学生的思想观念、价值取向、精神养成，所以必须做到有的放矢、入脑入心、直达骨髓。

首先，要有教育思想。恩格斯曾经指出：“在社会历史领域内进行活动的，是具有意识的、经过思虑或凭激情行动的、追求某种目的的人；任何事情的发生都不是没有自觉的意图，没有预期的目的的。”① 思想是行动的先导，有什么样的思想就有什么样的行动。教育从萌芽之始就是人类社会活动的重要内容，就将明确的培养目的作为其发展的本质特性，并一步步成为人类道德修养、文明传承的重要途径，成为推动人类社会发展的主要形式。教育的思想实质就是育人。

育人需要思想指引。教育思想作为一面旗帜，发挥着教师职业行为“指挥棒”和“总开关”的作用，代表着理论清醒、政治坚定、行动有力。教育思想是提振教师事业发展的“精气神”。教师有了育人的教育思想，就有了培养和引导学生的主动性，就有了约束和规范自身行为的自觉性。育人是教师的天职，也是教师价值的终极体现。这种教书之上的育人思想，是教师的主动作为，是教师的自觉精神，是教师“一岗双责”的精彩呈现。

教育是对人类文化的传承、传递。“教，上所施，下所效也。”“育，养子使作善也。”（许慎《说文解字》）这说明育人思想对施教者不仅有指导作用，也有非常严厉的约束作用。换句话说，课程思政建设对教师育人思想的要求是双向的，不仅要求教师要有教育学生、塑造新人的职业自觉性，还要求教师要有提升自我、约束自我的内心驱动力。

---

① 《马克思恩格斯选集》（第四卷），北京：人民出版社，2012 年，第 247 页。

其次，要有教育方向。教育是国之大计、党之大计。“我国是中国共产党领导的社会主义国家，这就决定了我们的教育必须把培养社会主义建设者和接班人作为根本任务，培养一代又一代拥护中国共产党领导和我国社会主义制度、立志为中国特色社会主义奋斗终身的有用人才。”作为教师，肩负培养堪当民族复兴大任时代新人的重任，绝不能培养出一些“长着中国脸，不是中国心，没有中国情，缺少中国味”的人！那将是教育的失败。①

“才者，德之资也；德者，才之帅也。”（司马光《资治通鉴·周纪》）古今中外，每个国家都是按照自己的政治要求来培养人的。每一位教师都应该把自己的命运和国家的命运紧密联系在一起。新时代的教师只有知晓自己来自何方、未来又将情归何处，才能深刻回答“培养什么人、怎样培养人、为谁培养人”这一根本性问题。所以，有着高远的理想追求和深沉的家国情怀，有信仰、有担当，把“德”高高顶在头上、牢牢记在心中，才能够切实把握好育人这个方向。

我们的教育方向，于国家，培养的是社会主义建设者和接班人；于社会，培养的是维护社会稳定、助推社会发展的奉献者和担责者；于家庭，培养的是温馨和睦、孝道慈爱的奠基者和弘扬者。这个方向，不仅是教育思想旗帜的指引所在，也是教育发展进步的力量源泉。

最后，要有教育能力。王阳明先生曰：“知者行之始，行者知之成：圣学只一个功夫，知行不可分作两事。”②只有认识上的到位，才有行动上的自觉和向前走的能力。讲授书本表面的浅层知识、字面含义，这是教师职业能力的基础，是最基本的教学能力。承担教书育人光荣使命的教师，其教育能力应该是立体的、综合的、发展的。教师

① 中共中央党史和文献研究院：《十九大以来重要文献选编》（上），北京：中央文献出版社，2019年，第647页。

② 王守仁：《王阳明全集》（一），北京：线装书局，2014年，第41页。

有了明确的教育思想和教育方向，就会在基本的教学能力之上，养成宽阔的胸怀视野、清醒的见解见识，就能够自觉地把教材中的文化知识和人类社会发展联系起来，“把思政小课堂同社会大课堂结合起来，教育引导学生立鸿鹄志，做奋斗者”①。这就是教育能力。

教师的教育能力是教师教育教学基本素质能力的全面体现，从备课方法、教学技巧到言语表达、课堂控制，从教案编写、教材剖析到学生管理、科学研究，从板书设计、课件编辑到组织考试、社会实践，可以说无所不包、无所不及。只要是和教育教学环节有关的，诸如写作力、亲和力、组织力、理解力、观察力、执行力、谋划力、辨别力、想象力、创造力、反思力等，都是构成教师教育力的基本素质能力。只有具备了基本的教育教学能力，才能够胜任教书育人的神圣职责，才能够肩负立德树人根本任务的光荣使命。我们可以把这个基本素质能力概括为教育力。

古云：“经师易求，人师难得。”（令狐德棻《周书·卢诞传》）不同层级的教育力，恰恰是这句话的最好注解。只是简单灌输知识、当一天和尚撞一天钟的教育力属于“技”，相当于经师，处于传授技能技艺、教人谋生手段的最低层面；如果辅之以待人接物、安身立命之原则，并能以社会公德的楷模示范学生，则属于“术”，相当于业师，处于教诲人伦道德、公序良俗的较高层面；而能以向上向善向美的人格魅力引领学生走进精神殿堂，学以成人，就属于“道”，就达到了人师的高度，就达到了“怀天下、求真知”的高级层面。

但不管其总体能力高下如何，每一位教师都要有终身学习的自觉性，都要始终处于学习的状态。这个过程，我们姑且可以看作是一个教师在学习力的支持之下，不断夯实宽广厚实的业务知识、积累广博厚重的通用知识，主动把自己的“一桶水”变为“一潭水”，从本领恐

① 习近平：《思政课是落实立德树人根本任务的关键课程》，《求是》2020年第17期。

慌走向本领自觉，从本领不足走向本领自信，逐渐提升自己的教育力，努力迈向人师的高度。

由此看来，学习力是教育力的根本，而课程思政建设正是一个不断学习、不断提高的过程。这个过程，还是教师和学生共同成长的过程。唯有共同学习、共同成长，才给学生以“人师”的榜样和示范。所以，课程思政建设让教育能力成其必然，就是说通过开展课程思政建设，使得教师从教育思想到教育方向再到教育能力层层递进，成就其本该拥有和必须具备的教育教学综合素质能力。

三、课程思政建设让言传身教彰其应然

2014 年教师节前夕，习近平总书记在同北京师范大学师生代表座谈时指出：“老师是学生道德修养的镜子。好老师应该取法乎上、见贤思齐，不断提高道德修养，提升人格品质，并把正确的道德观传授给学生。”正是在这次座谈会上，习近平总书记发出了“做党和人民满意的好老师”的动员令，提出了“四有好老师”的标准。①

“学为人师，行为世范。”老师和学生通过教与学的关系联系在一起、生活在一起，密不可分。好老师的言传身教就是学生观摩的对象，就是学生人生成长道路上鲜活的课程思政教材。好老师的言传身教，体现在中华民族尊师重教的优良传统之中。我们不妨用几句古人的名言，简单阐释一下课程思政对于言传身教、对于师德师风的重要意义。

首先，“务学不如务求师”（扬雄《法言·学行》）。扬雄认为儿童是在模仿、跟随老师的言行中成长起来的。老师是模范、是榜样，影响着儿童未来命运的发展，所以与其单纯学习不如去努力寻找好的人生导师。老师用模范的行为纠正不模范的行为，用模范的人格改造不

① 习近平：《做党和人民满意的好老师——同北京师范大学师生代表座谈时的讲话》，《光明日报》2014 年 9 月 10 日，第 2 版。

模范的人格，生活中这样的例子很多。既然老师就是学生的楷模，老师的言传身教就必然影响学生的思想形成和人格养成。不管老师知识多么渊博，在课堂教学上多么旁征博引，也不管老师的教学能力多么高超，挖掘出来的思政元素知识点多么符合实际，如果课上课下不一、校内校外二致，其任何说教都是苍白无力甚至自相矛盾的。

不管哪个学龄阶段，学生都是在课堂上聆听老师的讲课，在生活中观摩、模仿老师的行为。老师的思想意识、价值观念、道德情操，总之老师的言传身教、师德师风，成为更高层次的课程思政。这就是传承至今的那句话："师哉，师哉，桐子之命也。务学不如务求师。师者，人之模范也。模不模，范不范，为不少矣！"（扬雄《法言·学行》）

老师走在校园、站在讲台，好比是在聚光灯下、舞台中央。老师做到"身正"，学生必然"不令而行"。老师前导畅游，学生尾随从游，这是润物无声的教育。这样的教育，让学生在耳濡目染之中领悟人生真谛，是最有说服力、最有成效的教育。

其次，"善为师者，既美其道，有慎其言"（董仲舒《春秋繁露·玉杯》）。既然老师是"桐子之命"，"务学不如务求师"，那么显然老师就肩负了"人之模范"的神圣职责，老师就不应该只是沉迷于学术学理的象牙塔之内，而应该放眼社会、关注人文、体察世情。老师不仅要追求学术学理的完美，也要注意自身言行对身边学生的影响。

董仲舒在《春秋繁露》中说的这段话其实很长，我们在第一章《教育的目的》中对其所做的结论有过部分引用。他先是论及《诗经》《尚书》帮助人们抒发心志、昂扬情绪，《礼经》《乐经》净化心灵、陶冶情操，《周易》《春秋》增长才干、知书达理，指出六艺的学问都很重要，但又各有所长。然后，他将此概括为，一个好老师既能通达六艺的道理，又能做到谨言慎行。文末，他明确提出了自己所尊崇的理想化的教学方法。

我们今天理解这段话，应立足于新时代好老师的使命特质，赋予其时代的含义。也就是说，做好老师，第一要努力做“名师”。名师就是在带班授课、发表论文、评定职称、承担科研等方面，无空白、皆出色，实现教书职业的最高理想。第二还要努力做“明师”。“欲明人者先自明。”明师就是要用崇高的理念信念、高尚的道德情操、通达的理念认知，先做到自明，再走向使人明，实现育人职责的最大价值。

最后，“吐辞为经、举足为法”（韩愈《进学解》）。韩愈讲的这句话是指孟子和荀子两位大儒说出的话都已经成为传世的经典，他们的举手投足也已经成为人们遵从的法则，他们的言行远超常人，德行功业堪比圣人。同样，在学生眼里，老师就是“吐辞为经、举足为法”的“圣人”，是模仿跟从的榜样。老师的一言一行、一举一动，无时不在给学生以极大的示范和影响。“吐辞为经、举足为法”既是好老师要努力达到的目标，也是对好老师的一种职业约束。所以我们说，选择了教师就选择了崇高和伟大；选择了教师就意味着不只是在课堂上教书，更要在生活中育人；选择了教师，就要自觉地从经师、业师走向人师，实现教师的最高境界、最高理想。所有这些归结到一点，其实就是人们常说的师德师风。

师德师风是常谈常新的永恒话题，评价教师队伍素质的第一标准就是师德师风。高尚的师德是永无止境的职业追求，是我们为之奋斗的目标和方向。而课程思政、好老师、师德建设，则是同一个问题的不同方面而已。现实中，好老师就是以其言传身教所呈现的师德在教育和引导学生，好老师的神态气质、秉性修养甚至语言风格、个人偏好都是在给学生做示范。好老师也正是以其家国情怀、传道情怀、仁爱情怀开展课程思政建设，成为人类灵魂的工程师、人类文明的传承者，成为学生人生成长的“引路人”、心灵塑造的“大先生”。

人的道德修养是无止境的，好老师的成长也不是一蹴而就的。从这个意义上来说，老师在教育教学和课程思政建设实践中，其实自身也在成长进步。教育事业是老师和学生的共同社会实践，教育活动是老师和学生共同成长、共同进步的社会活动。或者说，教育和引导学生成长成才是教育教学活动的一个方面，实现老师自身的发展和提升则是教育教学活动的另一个收获。

前面提到的治学三境界、教学三境界、教师三境界，和在课程思政建设主导下形成的完整的课堂教学、高超的教育能力、高尚的师德师风何其相似！课堂教学复其本然，就是教师充分履行教书、育人的双重职责，基本达到了教师岗位的各项要求，踏上了迈向“好老师”的第一步，走向了课程思政建设的第一境界；教育能力成其必然，就是教师以事业为重、用心灵育人，燃烧自己、照亮别人，走向了课程思政建设的第二境界；言传身教、师德师风彰其应然，就是以身作则、率先垂范，用学识魅力、人格魅力影响、熏陶学生，走向了课程思政建设的第三境界。

《诗经》云：“何其处也？必有与也！何其久也？必有以也！”（《诗经·国风·邶风·旄丘》）课程思政建设的本然、必然、应然三境界既是互补的、互助的，也是贯通的、相融的。它们都以高尚的师德师风为原点和归宿，成为教师践行育人使命的根本途径。身为教师、人师，必当有明确的人生目标，这是其所“处”。甘于奉献、舍得付出，勤于实践、勇于行动，这是其所“与”。而人生事业若想长久、稳固，必须有凭借、有依靠、有立足之本。这个本、这个凭借、依靠，就是“以”。在教师育人使命中，这个“以”就是立德树人根本任务，就是扎根中国大地办教育，就是课程思政。所以，深入开展课程思政建设，最终必将形成优秀人才争相从教、教师人人尽展其才、好老师不断涌现的良好局面。

第五章　课程思政建设的五个维度

“任何真正的哲学都是自己时代的精神上的精华，因此，必然会出现这样的时代：那时哲学不仅在内部通过自己的内容，而且在外部通过自己的表现，同自己时代的现实世界接触并相互作用。那时，哲学不再是同其他各特定体系相对的特定体系，而变成面对世界的一般哲学，变成当代世界的哲学。各种外部表现证明，哲学正获得这样的意义，哲学正变成文化的活的灵魂，哲学正在世界化，而世界正在哲学化，——这样的外部表现在一切时代里曾经是相同的。”① 站在历史和时代的制高点，聆听教育发展的声音，坚持问题导向，首先要抓住教育的本质。

开展课程思政教学，必须编写课程思政教案。由于课程思政涉及教育教学的各个环节，因此课程思政教案也必然要基于教育教学全过程来组织编写。

编写教案是教师最基本的教学工作。在实际教学过程中，编写课程思政教案编写课程教学教案一样，一般也包括以下几项内容：

一是分析教学背景。要对课程标准、教学内容、学生情况进行基本分析，围绕学生已经掌握的知识、可能提出的疑问，研究落实教学大纲要求可能遇到的各种问题。

二是确定教学目标。在分析教学背景的基础上，确定本节课与整

---

① 《马克思恩格斯全集》(第一卷)，北京：人民出版社，1995年，第220页。

个课程教学内容的关系，围绕课标确定难度适宜的教学目标。

三是要开发教学资源。分析完成这个教学目标需要准备的文字、图表、视频、新闻等相关佐证材料，确保能够准确无误地完成教学任务的要求。

四是确定教学方法。根据教学内容和学生情况，可选用案例式教学、探究式教学、体验式教学、互动式教学、专题式教学、分众式教学等方法，并运用一定的现代教育技术手段进行教学。这是具体实施课程思政的一个重要环节，任课教师应大胆、积极尝试在教育教学中运用先进的教学理念和创新性的教学方法。

五是组织教学过程。这是对以上各个理论环节的最终实践，是将文字的教案变为具体行动的重要过程。如何组织教学过程，体现了一个教师的教学目标是否明确、所掌握的理论知识是否扎实、能否激发学生的学习积极性、能否控制课堂气氛等。

六是开展教学反思。教学结束后，要对执行的教案进行反思，认真分析教学目标是否实现、课程讲解是否到位、板书是否规整、课件是否完美、语言是否流畅感人、对社会热点或学生思想认知的联系是否紧密以及是否关注了各个层面学生的接受能力和学习效果等。

由此可见，课程思政教案的编写并不神秘也不困难，它就是对课程背后思政元素知识点的讲解传授。但在具体教学实践中，没有必要编写两套教案，一套是课程教学的，一套是课程思政的。而且这样做不仅不现实，反而会将课程知识和背后的思政元素知识点生硬地割裂开来，造成“两张皮”，背离润物无声的教学原则，甚至让低年级的学生感到逆反、让高年级的学生感到好笑，结果也会适得其反。

所以，编写课程思政教案，我们只需要在原有教学教案的基础上，增加相应的内容即可。而且，也只有基于原有的教学教案，课程思政才是立足于课程背后思政元素知识点开展的思政教育，否则就是单纯的思政课了。

按照这样的理解，课程思政教案和原来的课程教案应该是融为一体的。同时，也只有增加了相应的课程思政内容之后，原有的课程教案才是完整的。

从这个意义上来说，课程思政是一种教育理念，是从经师走向人师的教学实践。遵循课程思政的教育原则，实现课程思政的教学目标，应该从立德树人的政治高度（教育的政治性）、思政元素的挖掘深度（教师的教学能力水平）、课时占比的分配量度（教师的教学技巧方法）、师德师风的弘扬力度（教师的人格魅力风范）、考核评价的改革尺度（教育的评价改革导向）等五个维度，全面加强课程思政建设。

第一节　立德树人的政治高度

由于教育是有目的的培养人的社会活动，其固有的政治属性使得教师作为教育者，其职业天然拥有了政治属性。劳动创造人类、创造教育的价值和意义，也正在此中。

理论是时代的产物。“一切划时代的体系的真正的内容都是由于产生这些体系的那个时期的需要而形成起来的。所有这些体系都是以本国过去的整个发展为基础的，是以阶级关系的历史形式及其政治的、道德的、哲学的以及其他的后果为基础的。”[①] 今天，教育的政治性体现在教育最终是在为谁服务上，体现在立德树人的方向上。而课程思政既然是挖掘课程背后的思政元素知识点，狭义上的课程思政实质上属于思想政治教育的范畴。因此，课程思政教学必然要遵循思政课的基本要求。

2019 年 3 月 18 日，习近平总书记主持召开学校思想政治理论课教

---

① 《马克思恩格斯全集》（第三卷），北京：人民出版社，1995 年，第 544 页。

师座谈会，指出办好思想政治理论课，最根本的是要全面贯彻党的教育方针，解决好培养什么人、怎样培养人、为谁培养人这个根本问题。

思政课决定着育人的方向和高度。习近平总书记强调，思想政治理论课是落实立德树人根本任务的关键课程。办好思想政治理论课关键在教师，关键在发挥教师的积极性、主动性、创造性。思政课教师，要给学生心灵埋下真善美的种子，引导学生扣好人生第一粒扣子。思政课教师要做到“六要”，即政治要强、情怀要深、思维要新、视野要广、自律要严、人格要正。①

思政课的教学目的是要解决学生理想信念上的问题，因此思政课教师首先自己必须信仰坚定。很难想象一个信心摇摆不定的老师，能够把学生培养成一个立场坚定的接班人。

一、课堂教学和生活的息息相关是课程思政的政治意义

习近平总书记在全国教育大会上明确指出，教师是人类灵魂的工程师，是人类文明的传承者，承载着传播知识、传播思想、传播真理，塑造灵魂、塑造生命、塑造新人的时代重任。这就是说，教师职业绝对不是简单地在课堂上单纯给学生讲授书本知识，不能培养只求分数的学霸、不懂感恩的精致利己主义者、没有社会责任感的“成功人士”。其中最重要的，是要培养一代又一代拥护中国共产党领导和我国社会主义制度、立志为中国特色社会主义奋斗终身的有用人才。“经师易求，人师难得。”（令狐德棻《周书·卢诞传》）传道、授业、解惑是为师的真谛，是教育的本质。教师职业的神圣与高尚，正在于其心中有伟大的理想和崇高的信念。

政治信仰不是凭空产生的，而是有着鲜活的生活基础。信仰是否清晰、政治是否明确、立场是否坚定，在教育教学乃至日常生活中有

① 习近平：《思政课是落实立德树人根本任务的关键课程》，《求是》2020 年第 17 期。

着直接的、具体的表现。如果说只是单纯围绕书本组织教学看不出一个教师的政治水准的话，那么是否把书本教学内容和社会生活现实联系起来以及如何联系起来，则可以非常简单、清晰地看出来一个教师是否做到了“政治要强”。

教授、培养学生应该掌握的理论知识和生活技能并使其能够运用于实践，没有什么值得争论的。与此同时，教育与社会的联系、学生生活与外部世界的沟通，让传统课堂上的书本教育显得枯燥单调、贫乏无味。学生渴望了解五彩缤纷的世界，渴望融入生动活泼的现实。“如果真正的、广阔的生活冲进教室的门而来到课堂上，教室的天地就开阔了，儿童们就会感觉到我们祖国前进的巨大的步伐。这里就会萌发出幼芽，从里面培育出爱国主义的情感来。”① 但在信息高度发达的时代，乱花渐欲迷人眼，各种信息鱼龙混杂、真假难辨。“他们在校外所听到的那些话，一般地说是不考虑孩子的接受能力的，这里就有可能形成错误的观念。如果教师能够简明扼要地，以儿童能够接受的形式加以讲解，那就不仅能形成正确的观念，而且有助于儿童认识周围世界。”② 显然，学校和教师有责任、有义务承担起这份职责。

教师要承担这份职责，就要学会善于从政治上看问题，就要自觉用新时代中国特色社会主义思想武装头脑，这是确保能在大是大非面前保持政治清醒的前提。要让有信仰的人讲信仰。教师是释疑解惑的，首先自己要学懂弄通、要清楚明白、要坚信不疑，决不能以其昏昏使人昭昭。如果自己都不明不白、疑惑重重，对学生的讲授肯定也是含糊不清、模棱两可的，不可能说服人、感染人。

---

① ［苏］赞科夫：《和教师的谈话》，杜殿坤，译，北京：教育科学出版社，1980 年，第 4 页。

② ［苏］赞科夫：《和教师的谈话》，杜殿坤，译，北京：教育科学出版社，1980 年，第 4 页。

二、立德树人的政治高度是课程思政建设的第一维度

学校是思想建设的重要阵地，教师要有使命感、责任感，有守住阵地的坚强能力和充分自信。教师能够自觉地、主动地承担起教育和引导学生正确认识外部世界、培树家国情怀的任务，就是坚守了立德树人的政治高度。这是课程思政建设的基础和方向，是教育政治属性的现实体现。

一方面，传授知识、教授技能是对教师职业的本然要求。不管是哪个国家、哪个年代，人类文明、人类文化的传承，都是以师生关系、师徒关系为主要纽带的。古代私塾教导弟子识文断字的先生，传统戏班、手艺作坊传授徒弟谋生技能的师傅，特别是近代以来学校教育体制下讲授科学技术知识的教师，无一不是在履行教师的岗位职责。只不过这个职责是浅层的、表面的、单纯的。这个职责只能算作教师职业的自然属性。

另一方面，教书和育人是教师职业属性的两个方面。教师职业的政治性体现在教育要为什么人的问题上，它贯穿教育活动的始终。我们反复强调，我们党最大的政治就是坚持以人民为中心，新时代我国教育最大的政治就是“为人民服务，为中国共产党治国理政服务，为巩固和发展中国特色社会主义制度服务，为改革开放和社会主义现代化建设服务”①。不仅课堂教学作为教育系统的神经末梢、作为意识形态的制高点要有这样的政治自觉，教师作为教育系统的神经元细胞，更要注意发挥好联络和沟通外部世界、传递和输入知识信息并传出正确生命状态的积极作用。也就是说，无论在课堂之内还是在课堂之外，无论是单纯的课堂教学还是师德师风建设，都要维护教育方针的严肃

① 新华社：《把思想政治工作贯穿教育教学全过程 开创我国高等教育事业发展新局面》，《光明日报》2016年12月9日，第1版。

性、政治性，都要在践行教师职业道德过程中确保“我们的教育必须把培养社会主义建设者和接班人作为根本任务，培养一代又一代拥护中国共产党领导和我国社会主义制度、立志为中国特色社会主义奋斗终身的有用人才”。“我们的教育绝不能培养社会主义的破坏者和掘墓人，绝不能培养出一些‘长着中国脸，不是中国心，没有中国情，缺少中国味’的人！那将是教育的失败。”“这是推进教育现代化、建设教育强国必须把握的大是大非问题，没有什么可隐晦、可商榷、可含糊的。”①

这里强调的是教育的育人作用、教师的育人使命。育人就是政治，就是为时代服务。立德树人的政治高度，正是当前课程思政的建设角度和发展逻辑。在这个维度下，教师教授学生书本理论知识、基本生产生活技能的同时，必须高度关注学生的精神培养和人格养成，高度关注学生世界观、人生观、价值观的培养。这是教师育人使命的政治本色。

第一，要强化马克思主义理论素养。马克思主义是我们立党立国的根本指导思想，新时代的人民教师，要有深厚、系统的马克思主义理论修养。扎实的马克思主义理论素养是课程思政建设的政治基础，影响着一个人的政治意识、思想境界和思维视野。“掌握思想教育，是团结全党进行伟大政治斗争的中心环节。如果这个任务不解决，党的一切政治任务是不能完成的。”② 提高马克思主义理论素养必须把学习摆在首位，努力钻研马克思主义基本理论，持续推进习近平新时代中国特色社会主义思想进课堂、进教材、进头脑，不断增强对复杂问题、复杂现象的辨识能力，用透彻的学理分析、清晰的理论指引、生动的

① 中共中央党史和文献研究院：《十九大以来重要文献选编》（上），北京：中央文献出版社，2019年，第647页。

② 《毛泽东选集》（第三卷），北京：人民出版社，1991年第2版，第1094页。

案例解剖、感人的真理力量去教育和引导学生。

第二，要坚定马克思主义信仰。强烈的马克思主义信仰、社会主义和共产主义信念，是共产党人的政治灵魂和精神支柱。新时代的人民教师，必须坚定信仰、坚定立场、政治清醒，能够从立德树人的政治高度加强课程思政建设。课程思政要坚持马克思主义立场、观点和方法，精准阐释中国共产党治国理政理念。要传递给学生的是主流的意识形态，是对党的方针政策的生动解读。这就要求教师必须坚定地站稳正确的政治立场，不被复杂的社会现象迷惑，不被错误的观点思潮迷惑，不被坊间的杂谈误导。要敢于直面社会中存在的各种矛盾，在大是大非面前保持清醒。

第三，要有崇高的政治担当。习近平总书记在庆祝中国共产党成立 100 周年大会上的重要讲话中指出，“新时代的中国青年要以实现中华民族伟大复兴为己任，增强做中国人的志气、骨气、底气”①。培养担当民族复兴大任的时代新人，引导青年扣好人生第一粒扣子，是每一位教师的责任。这个责任赋予课程思政的使命，就是要求新时代人民教师要自觉提升政治素养、强化政治担当，用“政治要强”来严格约束自身。要准确把握课程思政课的重要性和特殊性，精心研究教学计划、用心编制教学方案、充分联系社会现实、深入探究教学方法，切实实现知识传授和价值引领的统一。

第二节 思政元素的挖掘深度

挖掘思政元素，是课程思政建设的根本所在。如果没有思政元素，

---

① 习近平：《在庆祝中国共产党成立 100 周年大会上的讲话》，北京：人民出版社，2021 年，第 21 页。

课程还是原来的课程，课堂教学还是单一的知识传授，那么教育的意义也就不是全方位的。挖掘思政元素是课程思政得以存续发展的基础。而如何挖掘思政元素以及挖掘的深度，显然受制于教师的人文素养和科学素养。

一、八个“统一”是对宏观意义思政课教学的统一要求

在 2019 年 3 月 18 日学校思想政治理论课教师座谈会上，习近平总书记指出：青少年是最活跃的群体，思政课建设要向改革创新要活力，不断增强思政课的思想性、理论性和亲和力、针对性。推动思政课改革创新，要做到八个“统一”：第一，坚持政治性和学理性相统一。第二，坚持价值性和知识性相统一。第三，坚持建设性和批判性相统一。第四，坚持理论性和实践性相统一。第五，坚持统一性和多样性相统一。第六，坚持主导性和主体性相统一。第七，坚持灌输性和启发性相统一。第八，坚持显性教育和隐性教育相统一。①

这八个“统一”是对宏观意义上思政课教学的统一要求。课程思政因其思想政治教育性质，也必须要做到八个“统一”。

第一，坚持政治性和学理性相统一就是要以理服人，让受教育者心悦诚服。“批判的武器当然不能代替武器的批判，物质力量只能用物质力量来摧毁，但是理论一经掌握群众，也会变成物质力量。理论只要说服人，就能掌握群众；而理论只要彻底，就能说服人。所谓彻底，就是抓住事物的根本。”② 这一方面是说理论不能代替实践，但同时理论对实践又有着重大的指导作用。所以，在课堂教学中把思想宣传与思政教育融合到教学目标中，用学生听得懂、易接受的学理分析和话语体系来讲授，体现了课程思政的“亲和力”与“获得感”。

---

① 习近平：《思政课是落实立德树人根本任务的关键课程》，《求是》2020 年第 17 期。

② 《马克思恩格斯选集》（第一卷），北京：人民出版社，2012 年，第 9 页。

第二，坚持价值性和知识性相统一强调的是课堂教学要注意知识传授和价值引领的双重功能，要将价值观的塑造寓于知识传授之中。价值性是课程思政的根本。没有了价值引领，知识传授就没有文化依托，也就失去了政治担当。价值性和知识性是不可分割的。坚持知识的价值性，不仅是一个理论问题，更是一个实践问题。一是要以知识为载体，确立价值观的取向。要在增长知识、启迪智慧中净化心灵、塑造人格，自觉养成和维护社会主义核心价值观。二是要用深厚的文化、丰厚的知识滋养政治信仰、价值观念，增强教育的说服力、感染力。三是要用心用情把价值融入知识之中。要在真实事例中说服学生，要在换位思考中亲近学生，要在答疑释惑中赢得学生。

第三，坚持建设性和批判性相统一强调了课程思政作为思想政治教育范畴的改革创新的意义。由于课程思政是将理论体系转化成教育内容的一个过程，所以首先要强调政治认同，弘扬主旋律，在各种学术思潮中站稳政治立场。其次，要坚持问题导向，特别重视实践中学生对重大理论问题和实际问题的模糊认识。“要有强烈的问题意识，以重大问题为导向，抓住关键问题进一步研究思考，着力推动解决我国发展面临的一系列突出矛盾和问题。我们中国共产党人干革命、搞建设、抓改革，从来都是为了解决中国的现实问题。可以说，改革是由问题倒逼而产生，又在不断解决问题中得以深化。”①

第四，坚持理论性和实践性相统一是马克思主义认识论的根本要求，也是我党教育事业发展的优良传统和多年坚持的基本原则。实践是检验真理的唯一标准。“要紧密结合新时代新实践，紧密结合思想和工作实际，有针对性地重点学习，多思多想、学深悟透，知其然又知其所以然。学习理论最有效的办法是读原著、学原文、悟原理，强读

① 习近平：《关于〈中共中央关于全面深化改革若干重大问题的决定〉的说明》，《光明日报》2013年11月16日，第1版。

强记，常学常新，往深里走、往实里走、往心里走，把自己摆进去、把职责摆进去、把工作摆进去，做到学、思、用贯通，知、信、行统一。”① 要把学校小课堂和社会大课堂紧密结合在一起，直面学生困惑，关注学生思想，帮助他们在人生关键的“拔节孕穗期”保持清醒的认知和明确的方向。

第五，坚持统一性和多样性相统一是立德树人的内在要求，是思想政治教育工作应该遵循的基本规律。统一性是要把握教学总目标的统一，把握育人大方向的统一，把握课程思政建设规范和标准的统一。要坚持用习近平新时代中国特色社会主义思想铸魂育人，引导学生增强“四个自信”，厚植家国情怀，立鸿鹄志、做奋斗者。多样性是因地制宜、因时制宜、因材施教的要求，是积极探索不同模式、方法、路径的必然，更是校情、学情和地域、专业不同的结果。要将不同课程、不同时代、不同区域的优秀文化融入统一的教学目标之中，培养可堪大用能担重任的时代新人。

第六，坚持主导性和主体性相统一是指教师要起到主导性作用，发挥学生的主体性作用。教师的主导性作用，主要是教师对课堂教学的主导性把控。教师要用正确的政治观点、明确的方向引导、科学的教学方法、充分的事实依据等完成好每一堂课。学生的主体性作用，是指要充分依靠学生、信任学生、锻炼学生。要通过课堂讨论、社会调查、分组研学、情景模拟等丰富多样的教学形式，让学生主动参与到学习中来。发挥学生学习的主动性，是提升教学质量的主要因素，也是推动改革创新的内在要求。显然，激发学生主动参与的热情，可以极大地增加课程思政的育人效果。

第七，坚持灌输性和启发性相统一是坚持思想政治教育灌输论和

---

① 新华社：《在常学常新中加强理论修养 在知行合一中主动担当作为》，《光明日报》2019 年 3 月 2 日，第 1 版。

启发受教育者积极思考的有机结合。灌输性是思想政治教育的本质属性。课程思政的思想政治教育性质，同样赋予了其灌输的重要特征。而一个人的思想境界、政治素质、道德品质，尤其离不开其自主学习、自主建构、自主培树。所以，充分利用教育的启发、引导作用，促使受教育者对学习内容有更深刻领悟，是实现理论知识向实践能力转化的重要途径。

第八，坚持显性教育和隐性教育相统一是课程思政的重要特征，也是课程思政要坚持的基本教学方法。学校、学生和社会、家庭之间有着千丝万缕的联系，构成全方位育人的逻辑基础，也是显性教育和隐性教育相统一的理论成因。习近平总书记指出："要把立德树人融入思想道德教育、文化知识教育、社会实践教育各环节，贯穿基础教育、职业教育、高等教育各领域，学科体系、教学体系、教材体系、管理体系要围绕这个目标来设计，教师要围绕这个目标来教，学生要围绕这个目标来学。凡是不利于实现这个目标的做法都要坚决改过来。"① 显性教育是教育教学的基本形态，是为党育人、为国育才的直接体现。但是，随着社会环境和青少年学生思想行为的新变化，简单直接的教育存在一定的局限性，达不到思想政治教育的预期效果。因此，课程思政建设要求不断改进和创新教育方法，充分运用隐性教育的途径，实现显性教育与隐性教育的相互补充，以增强思想政治教育的理论性、亲和力和针对性。要在社会实践、社团活动尤其是日常生活中，注意不同社会关系在思想层面对学生价值观的渗透影响，注意社会事件、历史事件对学生信仰体系的渗透影响，拓展立德树人的维度和功能。

---

① 新华社：《坚持中国特色社会主义教育发展道路 培养德智体美劳全面发展的社会主义建设者和接班人》，《光明日报》2018 年 9 月 11 日，第 1 版。

二、思政元素的挖掘深度是课程思政建设的第二维度

习近平总书记在中国人民大学考察时强调："思政课的本质是讲道理，要注重方式方法，把道理讲深、讲透、讲活，老师要用心教，学生要用心悟，达到沟通心灵、启智润心、激扬斗志。"① 这依然是对宏观意义上的思政课的要求，当然也包括课程思政在内。课程思政挖掘的是课程背后的思政元素知识点，自然也要坚持做到把道理讲深、讲透、讲活。教师要用自己深厚的理论功底，触及现实中的深层问题。只有把问题掰开了、揉碎了，把事实和道理一条条讲清楚，才能达到启智润心的功效，从而在讲深中以理服人、在讲透中以理启人、在讲活中以理感人，有效引导学生真学、真懂、真信、真用。②

挖掘课程背后的思政元素知识点，是课程思政建设的实际操作过程，也是课程思政建设的核心和关键。受人文素养、科学素养等综合素质能力的影响，同一门课程、同样的教学内容，不同教师梳理出的思政元素知识点不尽相同；同一个思政元素知识点，不同教师讲授的深度、广度以及切入问题的角度和最终的教育效果也不尽相同。这是教师教育力的综合体现。

挖掘某一门课程的思政元素知识点，关系到任课教师的知识储备和知识架构，关系到任课教师的知识素养和敬业态度。一般而言，人文素养、科学素养深厚的教师善于联想、富于联想，挖掘思政元素的能力也就相对较高。一个好的教师，必然知识广博，拥有扎实的理论功底、勤勉的教学态度。只有这样，才能在不同学科授课教学中利用一切思政元素知识点开展思想政治教育，联系实际、联系社会现实答

① 新华社：《坚持党的领导传承红色基因扎根中国大地　走出一条建设中国特色世界一流大学新路》，《光明日报》2022年4月26日，第1版。

② 仲音：《把道理讲深、讲透、讲活——在立德树人中发挥思政课应有作用》，《人民日报》2022年6月15日，第4版。

疑释惑时也才能得心应手、游刃有余。

思政元素知识点广泛存在于教学内容之中，需要在课程内容和社会实际以及学生学习方向紧密结合的基础上，把分散的教育资源凸显出来、串联起来，把其中的教育意义传递出去。

一是各门课程都要站在培养德智体美劳全面发展的社会主义建设者和接班人的战略高度，坚持把立德树人作为中心环节，牢固树立协同育人的思想意识，把思想政治工作贯穿教育教学全过程，实现全程育人、全方位育人。在思想政治教育和学校育人方面，各门课程不是孤立的，也不是互不相干的。“各门课都要守好一段渠、种好责任田，使各类课程与思想政治理论课同向同行，形成协同效应。”①

二是各门课程都要充分考虑学科发展、专业方向、学生认知、生涯规划等方面的需求，围绕社会现实、聚焦矛盾热点、兼顾学生心理，将蕴含在课程知识中零散的思政元素挖掘出来。比如，学科发展中有国家兴衰历史、民族发展历史、产业更迭历史乃至家乡发展变化等；专业方向中有学科知识点和未来职业的关联、有学术论证中的科学思辨、有学科知识在生活中的广泛运用等；学生认知中有不同类别学校的个性差异，有不同社会发展阶段中的社会文化、民族风情、区域文化、企业文化对学校文化的不同渗透和影响，也有针对不同年龄学段的学生对同样社会现象的不同剖析等；生涯规划中有围绕学生未来职业发展、身心健康成长、未来生活期待和面对未来不确定性的种种分析。这些内容，都是为了达到把价值塑造、知识传授和能力培养融为一体的教育要求，“从课程所涉专业、行业、国家、国际、文化、历史等角度，增加课程的知识性、人文性，提升引领性、时代性和开放

---

① 新华社：《把思想政治工作贯穿教育教学全过程　开创我国高等教育事业发展新局面》，《光明日报》2016 年 12 月 9 日，第 1 版。

性”①。

三是各门课程的任课教师都要紧跟时代潮流，不断强化育人意识，提升育人能力。“出世便是破蒙，进棺材才算毕业。”首先，要把学习摆在首位，坚持终身学习，培养宽广厚实的业务知识和开放宽阔的胸怀视野。其次，要锻炼独特的视角和认知能力，有着“众人皆醉我独醒”的清醒判断，能够在纷繁复杂的世事中厘清头绪。再次，要培养建设性的前瞻能力和自觉性，不仅有着挖掘思政元素的展示和理念表达，更有着鼓舞学生、感染学生、激励学生的理论魅力、精神魅力和人格魅力。特别是，由于重视了课程思政的内涵建设，更好地彰显了课程内容的理论价值和教育育人的道德精神。

“好老师不是天生的，而是在教学管理实践中、在教育改革发展中锻炼成长起来的。”②“教师思想政治状况具有很强的示范性。要坚持教育者先受教育，让教师更好担当起学生健康成长指导者和引路人的责任。”③ 提高思政元素知识点的挖掘深度，要求每一位教师都能够自觉地、充分地利用新时代为人的全面发展提供的前所未有的有利条件，在更高层次、更高水平上实现教师自己的个性发展，实现教师职业的全面发展。

这个意义上的课程思政，其实也是上一章中提到的教师的自由发展思政、全面发展思政，是在马克思主义人学思想指导下全面实现人的价值。

① 教育部：《关于印发〈高等学校课程思政建设指导纲要〉的通知》，2020 年 5 月 28 日，http://www.moe.gov.cn/srcsite/A08/s7056/202006/t20200603_462437.html，2022 年 9 月 1 日。

② 习近平：《做党和人民满意的好老师——同北京师范大学师生代表座谈时的讲话》，《光明日报》2014 年 9 月 10 日，第 2 版。

③ 习近平：《在北京大学师生座谈会上的讲话》，《光明日报》2018 年 5 月 3 日，第 2 版。

第三节　课时占比的分配量度

组织开展课程思政教学，将挖掘整理的课程思政元素知识点列入教学计划、编入教案，传授讲解给学生，必然涉及课堂授课时间的占用问题，涉及教学计划如何完成的问题。什么时间讲解课程思政元素知识点？安排多长时间？时间占比和权重如何计算？讲解的深度、难度如何把握？是在每一个课时的授课之始讲授还是在中间的某一个点讲授，抑或在每一个章节的授课之始还是章节小结中讲授？这是一个全新的问题，也是一个共性的问题，更是一个不能回避的问题。践行立德树人根本任务，既要深刻理解坚持课程思政的重要意义，切实认识到将价值塑造、知识传授和能力培养融为一体是每一门课程、每一位教师的职责所在，是课程教学目标、教学计划本应该包括的内容；又要重新审视教学目标、教学任务，使每一门课程的具体实施都能够达到教学和育人的双重效果。

所以，课时占比的分配量度，是课程思政建设的第三个维度。

挖掘思政元素知识点，需要把所讲授的课程放到该项理论知识或专业技术的宏观环境中，从而清晰地看到该课程或该学科的发展历程以及其对人类社会发展的影响。这样的思政元素知识点是必要的，对学生更好地掌握该课程或该学科知识也是有帮助的，应该成为课程教学计划的一项内容。显然，从这意义上来说，思政元素知识点的挖掘因课而异，有的会多一些、容易一些，有的会少一些、费力一些。另外，时间的占比权重问题和讲授时间的先后节点，不同学校、不同专业、不同课程、不同学龄年级要求不一，应该进行具体研究、具体分析。

如何设计权重、科学回答教学时数的占用问题，是教育行政管理部门和每一位教育工作者都应该密切关注的问题。一方面，从顶层设计的角度来看，国家、地方、学校都应该组织力量进行专门研究，出台相关的指导意见和参考模板；各专业教学委员会要有指导性意见，也可以组织公开观摩教学。另一方面，要完善集体备课制度，有条件的甚至可以尝试跨地区、跨学校的网上研讨，集思广益，取长补短，相互借鉴，确保同频共振，做到教学计划的执行相对一致。

课程思政课时占比的分配量度，是将前两个维度运用于实践的过程。既然是课时占比，就充分说明课程思政不是开设新课，不是专业课程去知识化，而是一项本来就应该做好的工作，是打造“金课”必须重视的一个技术环节。

第一，教学大纲的修订完善。教学大纲是完成学科教学任务的教学纲要。教学大纲包括教学目的、教学要求、教学内容以及涉及的实习、实验、作业的时数分配等。一般而言，如果国家没有统一的教学大纲，学校和学科组应该根据教学计划拟定包括教学大纲在内的一系列教学文件，提出某一学科的教学目的、教学任务、教学内容以及教学进度、教学方法等。课程思政建设中，如何挖掘思政元素知识点、挖掘的深度以及讲解中的课时占用如何，必然需要有一个参照的基本原则。这个原则要求，就是对教学大纲进行修订的重要依据。

第二，教学计划的制定调整。教学计划是依据教学大纲要求，对落实课程知识内容的具体规划。某一课程的教学计划提出了该课程的授课方式、学习模式以及不同教学内容、教学环节的时间分配比例。因课程思政建设调整了教学大纲，该课程的教学计划必然也要做出相应的调整。

第三，教案的编写与落实。既然叫作思政元素知识点，那就是对课程的美化、点缀，对教育内涵的丰富和提升。这个点，一定是在关键部位、关键节点上出现的。在教学总时数不变的前提下，这个点是对原有课程知识的补充。因此，这里所说的编写教案，就是在原有教案基础上描红、加注，即指出有哪些方面的教育启发意义等；这里所说的落实教案，就是在课堂之上按照教学大纲、教学计划、教案等文件要求，完成教学任务。总的原则是，在不同的时间分配上，确保课程知识传授和课程思政讲解的同步完成。

第四节 师德师风的弘扬力度

“师德是深厚的知识修养和文化品位的体现。师德需要教育培养，更需要老师自我修养。做一个高尚的人、纯粹的人、脱离了低级趣味的人，应该是每一个老师的不懈追求和行为常态。”① 在这个意义上说，实施课程思政就是筑梦“好老师”“大先生”，以身示范、思想引领，用明确的育德意识和厚重的育德能力，让学生在每一个学龄阶段都能找到人生成长的参照，为学生创造更多的“幸运”，为学校创造更多的光荣，为民族创造更多的希望。

道德建设是社会主义核心价值观的重要内容，更是教师队伍建设的核心思想。特别是，教师文化不仅崇德向善，而且要引领时代。“道德是人们经济生活与其他社会生活的要求的反映，不同阶级有不同的道德观。”②“我们走入革命，创造新的社会，当然得脱离旧的观念，创造新的观念。问题在于如何建立一个新观念。”③ 弘扬道德、引领道德，也就是建设师德师风。教师忠诚党的教育事业，认真履行岗位职责，坚持终身学习，不断提高业务水平，专心教学、情系学生，就是师德师风，就是为学生做出道德示范。

① 习近平：《做党和人民满意的好老师》，《光明日报》2014 年 9 月 10 日，第 2 版。

② 《毛泽东文集》（第三卷），北京：人民出版社，1996 年，第 84 页。

③ 《周恩来文化文选》，北京：中央文献出版社，1998 年，第 48 页。

习近平总书记在清华大学考察时指出，“教师要成为大先生，做学生为学、为事、为人的示范，促进学生成长为全面发展的人”①。这既是对广大教师的谆谆嘱托和殷切期盼，也是新时代教师队伍建设的总方向、总目标。从师德师风的弘扬维度来说，课程思政就是教师的生活思政、言行思政，就是教师的师德思政、师风思政。这一点，正是课程思政建设的师德本义所在，也是大中小幼课程思政一体化建设的价值旨归。这是课程思政建设的第四个维度。

第一，师德师风影响着教师对立德树人根本任务的践行。教育是立德树人的事业。党的十八大以来，习近平总书记高度重视立德树人在教育中的重要地位和作用，反复强调要坚持把立德树人作为根本任务，要在这一指导思想下贯彻党的教育方针，培养德智体美劳全面发展的社会主义建设者和接班人。

“人才培养，关键在教师。教师队伍素质直接决定着大学办学能力和水平。”“建设政治素质过硬、业务能力精湛、育人水平高超的高素质教师队伍是大学建设的基础性工作。”② 2014 年教师节前夕，习近平总书记在同北京师范大学师生代表座谈时，首次提出了“四有好老师”的概念，强调做一名好老师应满足理想信念、道德情操、扎实学识和仁爱之心四方面的要求。2018 年在五四青年节和北京大学建校 120 周年校庆日即将来临之际，习近平总书记到北京大学考察，在同北京北京大学师生座谈时再一次强调了这四点要求。

第二，加强师德师风建设，必须坚持教育引导和自我修养相结合。高尚的师德师风是由一个一个好老师的道德表现和人格风采汇聚形成的。每一名教师展现的道德情操、价值观念、人格魅力、教学能力等，

---

① 新华社：《坚持中国特色世界一流大学建设目标方向　为服务国家富强民族复兴人民幸福贡献力量》，《光明日报》2021 年 4 月 20 日，第 1 版。

② 习近平：《在北京大学师生座谈会上的讲话》，《光明日报》2018 年 5 月 3 日，第 2 版。

构成这名教师的师德风范。每一名教师的师德风范，汇聚成整个教师队伍的师德师风。

“评价教师队伍素质的第一标准应该是师德师风。”① 因此，一方面，要加强教师队伍管理，把提高教师思想政治素质和职业道德水平摆在首要位置，引导教师把社会主义核心价值观贯穿教书育人全过程，推动教师成为先进思想文化的传播者、党执政的坚定支持者、学生健康成长的指导者。另一方面，教师自身要有修德的自觉和主动，要把师德作为自律、把工作当作事业，珍惜声誉、提高境界，将师德规范要求融入思想、化为行动，爱岗敬业、为人师表，做到教书和育人相统一、言传和身教相统一、潜心问道和关注社会相统一、学术自由和学术规范相统一。

第三，师德师风建设要坚持长效化、规范化、制度化。“师德师风建设应该是每一所学校常抓不懈的工作，既要有严格制度规定，也要有日常教育督导。”②

任何一项工作要抓出成效，都离不开持之以恒的坚持，离不开严格规范的制度。“国将兴，必贵师而重傅。”（《荀子·大略》）中华民族有着尊师重教的优良传统，党和国家历来也非常重视教师工作，强调要从战略高度来认识教师工作的极端重要性，把加强教师队伍建设作为基础工作来抓。

1984 年，教育部、全国教育工会印发了《中小学教师职业道德要求（试行草案）》，后于 1991 年修改为《中小学教师职业道德规范》，并于 1997 年、2008 年多次修改。2011 年，教育部、中国教科文卫体工会全国委员会出台《高等学校教师职业道德规范》（教人〔2011〕11 号）。2012 年，教育部出台了《幼儿园教师专业标准（试行）》，后陆

① 习近平：《在北京大学师生座谈会上的讲话》，《光明日报》2018 年 5 月 3 日，第 2 版。

② 习近平：《在北京大学师生座谈会上的讲话》，《光明日报》2018 年 5 月 3 日，第 2 版。

续出台了《小学教师专业标准（试行）》《中学教师专业标准（试行）》。

2012年，国务院印发了《关于加强教师队伍建设的意见》（国发〔2012〕41号）。2013年，教育部印发了《关于建立健全中小学师德建设长效机制的意见》（教师〔2013〕10号）。2014年，教育部印发了《中小学教师违反职业道德行为处理办法》（〔2014〕1号）、《关于建立健全高校师德建设长效机制的意见》（教师〔2014〕10号）。

2018年，中共中央、国务院印发了《关于全面深化新时代教师队伍建设改革的意见》（中发〔2018〕4号）（以下简称《意见》）。这是中华人民共和国成立以来首次以中共中央、国务院的名义，专门面向教师队伍建设制定的最高规格的里程碑式政策文件。《意见》就全面加强师德师风建设，制定了三项重大举措：一是加强教师党支部和党员队伍建设，把党的政治建设摆在首位，用习近平新时代中国特色社会主义思想武装头脑。二是提高思想政治素质，加强理想信念教育，引导教师树立正确的历史观、民族观、国家观、文化观，引导教师带头践行社会主义核心价值观。三是弘扬高尚师德，引导广大教师以德立身、以德立学、以德施教、以德育德，着力解决师德失范、学术不端等问题。

为深入贯彻习近平新时代中国特色社会主义思想和党的十九大精神，深入贯彻落实全国教育大会精神，扎实推进《中共中央国务院关于全面深化新时代教师队伍建设改革的意见》的实施，进一步加强师德师风建设，教育部相继印发了《新时代高校教师职业行为十项准则》《新时代中小学教师职业行为十项准则》《新时代幼儿园教师职业行为十项准则》（教师〔2018〕16号）、《关于高校教师师德失范行为处理的指导意见》（教师〔2018〕17号）、《中小学教师违反职业道德行为处理办法》（教师〔2018〕18号）、《幼儿园教师违反职业道德行为处理办法》（教师〔2018〕19号）。

2020年10月，中共中央、国务院印发《深化新时代教育评价改革总体方案》，强调要“改革教师评价，推进践行教书育人使命”，提出“全面落实新时代幼儿园、中小学、高校教师职业行为准则，建立师德失范行为通报警示制度。对出现严重师德师风问题的教师，探索实施教育全行业禁入制度”①。

按照这一要求，教育部持续加大了对违反教师职业行为十项准则问题的查处力度。从 2019 年 4 月公开曝光的第一批 4 起典型案例，到 2022 年 4 月公开曝光的第九批 7 起典型案例，共公开曝光 9 批 67 起教师违规违纪典型案例。与此同时，地方教育行政管理机关和各有关学校也持续加大了对相关问题的查处力度。

第五节　考核评价的改革尺度

前四节提到的课程思政建设的四个维度，立德树人的政治高度、思政元素的挖掘深度、课时占比的分配量度、师德师风的弘扬力度，其建设主要依靠的都是教师自身的主动性，体现了师德修养。教育方针的贯彻、教育政策的落实、教学计划的实施、教学任务的完成，所有围绕教育教学目标设定的规划蓝图，其有效执行都离不开教师。教师的执行力、教师的自觉性、教师的能力水平，总之一句话，教师的师德师风是影响教育发展和学生成长的重要因素。

然而，学校、教育都不可能游离于社会独立存在，教师教书育人使命的践行，也需要全社会共同的参与和支持。课程思政的迭代升级，更需要有一个好的教育生态环境。这就引申出如何理性看待教育、如何科学评价教育的问题。这是课程思政建设的第五个维度。

---

① 《深化新时代教育评价改革总体方案》，北京：人民出版社，2020 年，第 8 页。

一、落实好师德师风评价

科学的教育评价是教育治理现代化的重要标志，是人才培养不可缺少的重要环节。中共中央、国务院《深化新时代教育评价改革总体方案》（以下简称《总体方案》）以立德树人为主线，逻辑清晰、层次分明，深刻影响全社会对教育的理解认识，促进全新教育观念的形成，进而影响教育的深刻变革，创造、培育全新的教育生态。作为中央文件，《总体方案》在遣词造句上外显的都是要求、规范乃至惩戒，通篇渗透着教育的政治立场和价值观念，是新时代教育评价改革的根本遵循和行动指南。

教师是立教之本、兴教之源。《总体方案》设计的对教师的评价范畴与此前颁布的《中共中央国务院关于全面深化新时代教师队伍建设改革的意见》及全国教育大会精神一脉相承，坚持把师德师风作为第一标准，把师德表现作为教师资格定期注册、业绩考核、职称评聘、评优奖励首要要求，强化教师思想政治素质考察。《总体方案》提出的改革方向，是新时代教师职业的价值判断、价值引领，体现了教育评价的科学性、社会性，蕴含着师德建设的时代理念，对教师的职业重塑和精神弘扬具有重大价值和划时代的里程碑意义，必将为坚持社会主义办学方向、坚持立德树人根本任务奠定坚实的理论基础。

第一，坚持把师德师风作为第一标准。这是评价师德师风的指导思想，表面上影响着课程思政元素知识点的挖掘和课程思政教案的编写，深层次则影响着教师的言行习惯、履职自觉甚至生活态度。

第二，突出教育教学实绩。这是对教师日常教学工作中的业务绩效进行的评价。教与学是师生相互陪伴、共同成长的过程。教师的日常工作一方面是把课上好，把知识传授出去，这就要确保学生听得懂、学得会。另一方面要关注学生的身心健康，呵护其心灵、关注其思想，帮助他们扣好人生第一粒扣子。这就是《总体方案》希望通过外在的评价导向，“引导教师上好每一节课、关爱每一个学生”①。

第三，强化一线学生工作。课程思政的目的是推动学生的全面发展，因此，《总体方案》中提出的强化一线学生工作同样适用于考核评价课程思政建设。一线学生工作大多和学生思想成长有着直接关系，因而都属于宏观意义上的课程思政，也应当归属考核评价的范畴。

第四，营造良好的教育生态。教师践行立德树人根本任务只是问题的一个方面，还有更重要的一个方面，就是教师的教育工作处在什么样的环境之中。尊师重教是中华民族的优良传统，是中华民族自强不息的力量源泉，人们历来把重“教化”、重“师训”看作是一种美德。今天，我们推动教育高质量发展，营造尊师重教氛围，一要尊重教师，二要尊重教师的工作。对教师和教师的工作，全社会必须用统一的尺度来衡量。看党委政府，就看是否真正把教育摆在优先发展的战略地位；看学校，就看是否真正把立德树人作为办学指导思想；看学生，就看能否坚持以德为先、全面发展；看用人导向，就看选人用人单位是否以品德和能力为标准。

二、破解校史馆中的教育悖论

师德师风是学校文化建设的重要内容。改革师德师风的评价导向，其实首先是要改革学校文化建设的理念和方向。学校文化无处不在、无所不包，和学校一切工作息息相关，稍有疏忽就会形成对学生成长的不良影响。比如，校史馆中就有着一些似乎被人遗忘的教育悖论。

校史馆是一所学校发展历史的高度浓缩，是学校文化的生动展示，是学生成长的德育基地。校史馆作为学校文化展示、成果会演的舞台，光彩夺目、引人驻足，永远是学校的一道靓丽风景。看过校史馆的人一定会留意，在结束校史描述、展望未来前景的显要位置，一般都设

---

① 《深化新时代教育评价改革总体方案》，北京：人民出版社，2020年，第8页。

计了一个充满荣耀的“杰出校友”板块。但有一个问题不能视而不见，这就是日复一日年复一年，学校毕业生数量越来越大，他们走向社会后都以自己的勤劳、诚信、担当、奉献而成为家庭的支柱、社会的栋梁。而默默无闻的绝大多数人群，最终基本无缘“杰出校友”榜。可见，什么人可以荣登“杰出校友”榜，折射着学校的办学思想、办学方向。①

令人不解的是，近年来个别“杰出校友”由于某种原因其照片被摘除、相关文字介绍被覆盖的情况时有发生。本来主持人在介绍“杰出校友”时是热情洋溢、充满自豪的，却因这些未来得及重新调整的瑕疵而显得颇为尴尬。

其实，这种情况也是学校的尴尬、更是教育的尴尬，成为校史馆建设中的一道硬伤。

是什么原因让原本被捧上神坛的“杰出校友”成为母校的隐隐刺痛呢？是对“杰出校友”板块的模式化、固定化、简单化处理，是你我都清楚、却又谁也不愿去触及的教育悖论。即：一方面，我们都在努力构建德智体美劳全面培养的教育体系，推动、促进人的自由全面发展，大力弘扬崇尚劳动、尊重劳动的新时代劳动教育观。另一方面，极少数“杰出校友”却因某一方面的“独特成就”成为无数毕业生的代表，成为众人攀比、艳羡的偶像，成为事业有成、功绩赫赫的典型。

显然，“杰出校友”板块的设置，深受教育评价指挥棒的影响。教育评价的导向，左右着“杰出校友”的遴选理念。

第一，破解校史馆中的教育悖论，需要重新审视教育的本义。

每一个人的成长都是根植于自己的土壤。教育就是要让每一个人的才华发挥到极致，引导其渴望成才、努力成才、尽展其才，让大家都有人生出彩的机会。一个人只要将自己的作用发挥到极致，这个人

① 刘凤彪：《打造有温度的校史馆》，《中国教育报》2022年3月17日，第2版。

就是成功的、优秀的、值得尊敬的。因此，如何遴选“杰出校友”，体现着一个学校的办学方向。由于存在智商、体能的个体差异，衡量每个人的贡献大小，不应该在人与人之间做横向比较，而是要与每个人的自身潜能相比，绝不能在若干届毕业生中只关注那些凤毛麟角，制造无谓的焦虑，平添浮躁的诱因。

出现在校史馆中的教育悖论，源于我们对教育属性理解的粗浅、对教育目的认知的偏差，也源于传统、落后思想观念的束缚。正如寓言故事《手指五兄弟》告诉幼儿园的孩子们：任何一根手指头都不可能捡起豆子来，无论做什么事情都需要大家相互合作、相互配合，才能够把事情做好。相声《五官争功》也让人们在笑声中认识到，每一个人对社会的发展都发挥着独自的作用。因此，“教育的目光不能总是盯着花园里耀眼的牡丹花，而要更多投向墙角处不起眼的苔花”。“教育不是制造‘失败者’的。”“学生培养得怎么样，要看拿什么样的尺子去衡量，以什么样的眼光去发现。”① 社会是一个庞大的系统工程，需要众人的相互配合、全力支撑才能运转有效。

第二，破解校史馆中的教育悖论，需要扩大“杰出校友”遴选面、丰富遴选标准。

目前，尽管有不少专家学者、科研人员、劳动模范等被选为杰出校友，但上榜比例较高的仍然不乏从政、经商人员，而且如果从政则需官至一定职级、如果经商则企业要达到一定规模。我们不是说从政经商就不能上榜，从政经商也是能力体现，也是社会发展的刚性需要。而且，这些“杰出校友”也确实优秀，绝对值得宣传、学习。

只是令人费解的是，对这些上榜人员的称呼，某些校史馆中的讲解和资料介绍都是称其为“某某长”“某某总”，而不再是视作学生直

---

① 中共中央党史和文献研究院：《十九大以来重要文献选编》（上），北京：中央文献出版社，2019年，第653页。

呼其名。

2016 年教师节来临之际，习近平总书记回到母校北京市八一学校慰问教师时，八一学校校长沈军在发言时说“欢迎首长回到母校”。习近平总书记说：“到这儿就没有首长了，都是学生。”①

所以，仅用这些少数“杰出校友”代替活跃在各行各业的毕业生，代替学校培养的推动社会发展的无数建设者和劳动者，难免给前来参观学习的人留下功利、世俗的印象，特别是还向在校生传递了一些带有虚荣、攀比色彩的错误成功信号。这种以偏概全、有失公允的“杰出校友”遴选理念，其实是对教育本质的背离。

教育培养的是社会主义建设者和接班人。毕业生作为未来社会的主人，回到母校感受到的应该是关爱和肯定，是劳动带来的荣誉和尊严。这也是弘扬劳动最光荣、劳动最崇高、劳动最伟大、劳动最美丽观念的重要途径，也是让大家有更多的获得感、幸福感、安全感和办人民满意教育的题中应有之义。

换句话说，“杰出校友”不是指光鲜亮丽之人，而是指每一个能够在家庭尽责、在单位尽职、在社会尽力的毕业生。这和前面提到的一个人是否“杰出”，要看他是不是把自己的作用和潜能全部发挥出来了是一个道理。

第三，破解校史馆中的教育悖论，或许最终需要避开“杰出校友”这个概念。

唯分数、唯升学、唯文凭、唯论文、唯帽子是当前教育评价问题的集中体现，反映了不科学的评价导向。《深化新时代教育评价改革总体方案》坚持把立德树人成效作为根本标准，围绕破除“五唯”顽瘴痼疾，着力改进相关的评价制度机制，改革学生评价，促进德智体美

---

① 《习近平回母校八一学校：到这里就没有首长了，都是学生》，2016 年 9 月 9 日，http://politics.people.com.cn/n1/2016/0909/c1001-28705556.html，2022 年 9 月 1 日。

劳全面发展。“杰出校友”虽然毕业已久，不再是学生评价的直接对象，但其所冠的名号显然承继了“五唯”的衣钵，是“五唯”意识在社会层面的延伸、在学校内部的固化，甚至有学校将此作为办学成功的认知。这种思想对树立科学成才观念、科学开展对在校生的评价有着极大的干扰，不利于良好教育发展环境的营造。我们决不可在全力营造新型教育生态之时，将“五唯”这种陈腐、落后的观念转移到对毕业生的评价上来。

据悉，河南某大学正在谋划创建“大学符号馆”，拟设置时代弄影、星光灿烂、学子逐梦等创意空间。“大学符号馆”的建设思路，意在汇聚校内外每一位学子投来的每一束荣光，专题展现师生积极融入时代、服务参加各项重大活动、创造卓越贡献的事迹场景，展溯教师、校友以及关心支持学校建设发展人士创获重要成果的历程，展示年轻学子在校拼搏学业、装扮人生、追逐梦想的佳作美誉。可以看出来，“大学符号馆”的建设理念，跳出了“杰出校友”这一传统概念的狭义和偏颇框架，其覆盖面之广、收集内容之繁、时间跨度之大，充分体现了教育在育人方面的目的性，希望这种探索尝试能够成为破解校史馆中教育悖论的一条有效途径。

社会环境同时也是学生成长的现实环境，所以全社会对教育的重视程度，是全社会共同参与编写的生动鲜活的教育生态思政教材，是直接影响学生成长的社会大课堂。

所以，课程思政建设只有在这五个维度方面同时发力，才能实现新时代课程思政建设迈向 2.0 时代。

总之，教育当有这样的自信和意义：让每一个学生走出校门、走向社会之后，都能成为家庭中不同角度的支柱，有亲情维系；都是支撑单位运转的不同层面的骨干，有职责承托；都是推动社会进步的不同领域的力量，有奉献情结。回首过往，我们每一个人都为自己付出的汗水和取得的成功感到愉悦、感到欣慰、感到骄傲。

第六章　人的自由全面发展

教育培养的是一个人、一个合格的公民。理想的教育，是让每个人都具备做人的基本涵养和做事的基本能力，知敬畏、懂感恩，善良淳朴、诚实守信、遵纪守法，热爱自己的国家；还要在发展中不断塑造灵魂、涵育人格，做到守正而创新、独立且合作，胸怀天下、求真务实，培养高尚的道德情操和崇高的精神追求。“构建和谐社会，从以人为本的理念出发，关注人与自我、人与人、人与社会、人与自然之间的和谐，进一步明确经济发展以社会发展为目的，社会发展以人的发展为归宿，人的发展以精神文化为内核。”① 党的十八大以来，以习近平同志为核心的党中央进一步把促进人的全面发展摆在更加重要的位置，党的十九届五中全会首次把“人民生活更加美好，人的全面发展、全体人民共同富裕取得更为明显的实质性进展”作为基本实现社会主义现代化的远景目标提了出来。②

促进人的全面发展，宏观层面必须“要化解人与自然、人与人、人与社会的各种矛盾，必须依靠文化的熏陶、教化、激励作用，发挥先进文化的凝聚、润滑、整合作用”③；微观层面必须丰富每一个人做人的基本涵养、做事的基本能力以及涵育境界胸怀、人格魅力。这些

---

① 习近平：《之江新语》，杭州：浙江人民出版社，2007 年，第 150 页。

② 新华社：《中共十九届五中全会在京举行》，《光明日报》2020 年 10 月 30 日，第 1 版。

③ 习近平：《之江新语》，杭州：浙江人民出版社，2007 年，第 149 页。

内容落实到一个具体的人身上，其实就是通过教育提升其不断发展的综合素质能力。

教育在这方面的作用，对于一个教师的教学实践来说，一是课堂之上的课程知识传授，二是课程思政的全面实施。这里的课程思政，显然既包括课程背后隐含的思政元素知识点，也包括教师的言行思政、师德师风思政。

第一节 对人的自由全面发展的基本认识

全面发展指的是人的全面发展，是人的劳动能力在体力和智力方面全面的、统一的充分发展。今天我们所说的全面发展，更多的是指人在德智体美劳各方面实现和谐发展。既是全面发展，就不是片面发展、畸形发展。既是和谐发展，就不是齐头并进、强求一致。每个人的德智体美劳不可能整齐划一，一定是各有特长。人与人之间也一定是各有特色，不可能整齐划一。

这样的发展就是人的自由全面发展。

一、人的自由全面发展

人类很早就萌芽了对人的完美、和谐发展的追求，但资本主义创造的巨大生产力在开启现代文明进程的同时，其生产方式也带来了资本主义自身无法绕开的社会矛盾与阶级冲突，“资产阶级的关系已经太狭窄了，再容纳不了它本身所造成的财富了”[①]。这其中突出的表现就是劳动异化造成了无产阶级个人被物化世界控制，失去了其主体性和独立性，沦为资本主义统治制度下的奴隶和物化世界的附庸。马克思、

---

① 《共产党宣言》，北京：人民出版社，2014 年，第 33 页。

恩格斯在继承和发展前人思想的基础上，对人的自由全面发展进行了科学的历史分析，指出了人的发展与社会发展的一致性，强调人的全面发展只有在合理的社会制度下才能得以完全、彻底的实现。

首先，“人”是一个拥有多层次意境的哲学范畴，是一个具有丰富思想内涵的有机整体。马克思认识到了资本主义社会的本质在于极少数人占有生产资料，用公开的、无耻的、直接的、露骨的剥削剥夺无产者，使他们失去了生存的基础和自由，只有无限制地出卖劳动力。从指向上看，“人”指的是一切人，甚至是全人类，而不仅仅是某些人。这个人靠自然界生存，是自然存在物，因此具有自然属性，并通过劳动表达出不同的社会关系从而又具有了社会属性。同时，由于“人”是在社会劳动的基础上进行着一定的物质生产实践，因而也是真实存在于现实生命活动中的人。这也就是马克思所说的“现实的人”。

因此，“人”作为人的自由全面发展的主体，既是一个单一的个体，又是一个统一的人类整体。马克思在《1844 年经济学哲学手稿》中对此做了专门解释：“人是类存在物，不仅因为人在实践上和理论上都把类——他自身的类以及其他物的类——当做自己的对象；而且因为——这只是同一种事物的另一种说法——人把自身当做现有的、有生命的类来对待，因为人把自身当做普遍的因而也是自由的存在物来对待。”① 而人只有作为一种普遍的类存在物才能够是自由的存在物，这也就奠定了“自由”存在的基础。

其次，“自由发展”的“自由”不是孤立的，而是在自由人的联合体内得以实现的。正如《共产党宣言》对未来共产主义社会的科学预测所说：“代替那存在着阶级和阶级对立的资产阶级旧社会的，将是这样一个联合体，在那里，每个人的自由发展是一切人的自由发展的条

---

① 《马克思恩格斯文集》（第一卷），北京：人民出版社，2009 年，第 161 页。

件。”[1] 这时候，在人与自然界的关系中、在人与人的社会关系中、在人与自我的协调发展中，人们实现了时间和空间自由，“人终于成为自己的社会结合的主人，从而也就成为自然界的主人，成为自身的主人——自由的人”[2]。

从这里也可以看出，马克思关于人的自由全面发展针对的是资本主义以及一定社会发展形态下人的物化、异化造成的片面发展、畸形发展、不全面发展、不自由发展，而实现人的自由全面发展就是实现个体和整个人类的发展。只有个人不再受剥削和奴役的社会制度束缚，不再受必要劳动时间束缚，实现了人类的彻底解放，实现了自由和平等，才能最大限度地克服外在条件的限制，自主自愿地、自由地发展自己的脑力、体力。这时候，“他自己的生活对他来说是对象。仅仅由于这一点，他的活动才是自由的活动”[3]。从这个意义上来说，追求共同富裕、实现美好生活不仅是中国共产党的初心使命所系，也是社会主义的本质要求和中国式现代化的重要特征，党在新时代带领人民实现美好生活的奋斗目标与人的自由全面发展是一脉相承的。

最后，“全面发展”是指人除了各种生存需要之外，还有着多层次、多方面、多元化的精神需要。“全面发展”是一种多样化的客观状态。其一，是劳动能力的全面发展，是体力与智力的统一，是人的需要、素质和能力的全面发展。其二，是社会关系的全面发展。“社会关系实际上决定一个人能够发展到什么程度。”[4] 人的本质是一切社会关系的总和，人们在生产活动中形成的以生产关系为基础的各种社会关系，决定着一个人的发展状况和程度，影响着其生存和发展。其三，

---

① 《共产党宣言》，北京：人民出版社，2014 年，第 51 页。

② 《马克思恩格斯文集》（第三卷），北京：人民出版社，2009 年，第 566 页。

③ 《马克思恩格斯文集》（第一卷），北京：人民出版社，2009 年，第 162 页。

④ 《马克思恩格斯全集》（第三卷），北京：人民出版社，1960 年，第 295 页。

是个性的全面发展，是每个人不断超越自我的独特性的鲜明体现，是一个从低级向高级逐渐过渡的动态发展过程。

全面发展体现在人与动物的差别上，“动物只生产自身，而人再生产整个自然界，动物只是按照它所属的那个种的尺度和需要来构造，而人懂得按照任何一个种的尺度来进行生产，并且懂得处处都把内在的尺度运用于对象；因此，人也按照美的规律来构造”①。由于人是类存在物，有着独特的发展需要，懂得在创造性的劳动中获得一切所需，因此随着人类历史的发展进步，多样化的需要也被不断满足，人自身也朝着全面而自由的方向前进。

“人的自由全面发展”是贯穿马克思主义整个理论体系的一条逻辑主线，它以“现实的人”为价值主体，以实现“自由”与“全面”双重维度的深层发展为根本追求，在历史发展中随着社会生产力水平的不断发展而得以生成和发展。

“人的自由全面发展”的提出，是马克思基于对资本主义社会的现实考察与深刻剖析，从分析现实的人和现实的生产关系入手，做出的对人的全面发展的内涵解读和科学论断；同时，也是对共产主义社会人类发展形态的美好展望。所以，坚持“人的自由全面发展”理念，既是一种社会历史超越，也是筑牢共产主义理想信仰的必需，必将为中国特色社会主义进入新时代的过程中全面推进人的自由全面发展提供现实理论指引。

二、新时代中国特色社会主义的目标追求

实现人的自由全面发展是一个长期的历史过程。不同社会形态随着生产力的发展而不断更替变化，共产主义社会作为马克思主义社会发展理论追求的最高目标，是实现人的自由全面发展的最优制度模式。

① 《马克思恩格斯文集》（第一卷），北京：人民出版社，2009年，第163页。

根据马克思、恩格斯的设想，共产主义社会生产力高度发达、社会产品极大丰富，每一个社会成员都可以获得独立、自由发展的充分物质保证，生产劳动变成人实现自身价值的自由选择，不再是人类赖以生存的手段，实现了人对自然依赖、人的依赖、物的依赖的充分超越，构建出了相对更加合理的社会制度，消除了资本主义社会不可调和的对抗性质，实现了人的解放、人的自由和人的价值。

社会主义社会作为共产主义社会的初级阶段，尽管社会经济状况仍然受到物质生产力的制约，暂时还无法彻底改变人的自由生存状态，但已经彰显出社会制度的优越性，迈向了走向人的自由全面发展的“康庄大道”。

中国特色社会主义是马克思主义理论同中国具体实际相结合的产物，是实现人的自由全面发展的重大时代成果。马克思曾经指出：“当人们还不能使自己的吃喝住穿在质和量方面得到充分保证的时候，人们就根本不能获得解放。”① 解放、生存是发展的基础和前提。人只有在生存有保障的基础上，才能够探寻自身的解放，才有实现自由全面发展的可能。物质资料生产是人类社会生存和发展的基础，物质条件的日益改善和不断丰富是推进人的自由全面发展的根本动力。

中国特色社会主义制度始终把为人民创造更加富裕美好的生活作为奋斗的根本目标。“社会主义的本质，是解放生产力，发展生产力，消灭剥削，消除两极分化，最终达到共同富裕。”② 进入新时代，中国特色社会主义以崭新的思路和积极的探索，将人的发展状态推向一个新的阶段。实现人的自由全面发展有鲜明的时代内涵。“我们的人民热爱生活，期盼有更好的教育、更稳定的工作、更满意的收入、更可靠的社会保障、更高水平的医疗卫生服务、更舒适的居住条件、更优美

① 《马克思恩格斯文集》（第一卷），北京：人民出版社，2009 年，第 527 页。
② 《邓小平文选》（第三卷），北京：人民出版社，1993 年，第 373 页。

的环境，期盼孩子们能成长得更好、工作得更好、生活得更好。人民对美好生活的向往，就是我们的奋斗目标。”[①]“我们要在继续推动发展的基础上，着力解决好发展不平衡不充分问题，大力提升发展质量和效益，更好满足人民在经济、政治、文化、社会、生态等方面日益增长的需要，更好推动人的全面发展、社会全面进步。”[②]

党的十八大以来，以习近平同志为核心的党中央坚持贯彻新发展理念，在高质量发展中促进共同富裕，从而进一步把促进人的全面发展和实现全体人民共同富裕摆在更加重要的位置，也使得全面发展和共同富裕成为密不可分的一个有机整体。根据党的十九届五中全会确立的“人的全面发展、全体人民共同富裕取得更为明显的实质性进展”的远景目标，《中华人民共和国国民经济和社会发展第十四个五年规划和 2035 年远景目标纲要》提出：“把提升国民素质放在突出重要位置，构建高质量的教育体系和全方位全周期的健康体系，优化人口结构，拓展人口质量红利，提升人力资本水平和人的全面发展能力。”“建设高质量教育体系。全面贯彻党的教育方针，坚持优先发展教育事业，坚持立德树人，增强学生文明素养、社会责任意识、实践本领，培养德智体美劳全面发展的社会主义建设者和接班人。”[③]党的十九届六中全会通过的《中共中央关于党的百年奋斗重大成就和历史经验的决议》将“推动人的全面发展、全体人民共同富裕取得更为明显的实质性进展”写入“十个明确”。[④]这充分说明，人的自由全面发展既浸润在美好生活之中，又是美好生活的价值表现。坚持以人民为中心的发展思想，就是用党的初心和宗旨引领时代发展、推动人的自由全面发展，

---

① 《习近平谈治国理政》(第一卷)，北京：外文出版社，2014 年，第 4 页。

② 《中国共产党第十九次全国代表大会文件汇编》，北京：人民出版社，2017 年，第 9—10 页。

③ 《中华人民共和国国民经济和社会发展第十四个五年规划和 2035 年远景目标纲要》，《光明日报》2021 年 3 月 13 日，第 1 版。

④ 《党的十九届六中全会〈决议〉学习辅导百问》，北京：党建读物出版社，2021 年，第 31 页。

最终就是实现人民群众对美好生活的向往。

三、教育公平是实现人的自由全面发展的前提和途径

实现每一个人的自由全面发展，要求每个人都能获得充分的教育，因而教育公平成为实现人的自由全面发展的重要前提和根本途径。

教育公平有助于调节收入分配结构，阻断贫穷代际传递，推动共同富裕。发展教育事业、促进教育公平，可以有效增加全体劳动者的专业技能和知识水平，提高劳动生产率。同时，教育发展在培养和塑造受教育者积极向上的精神境界、价值观念、道德情操中，又增强了对社会运行效率的有效支撑。教育主持的是公平正义。通过教育的均衡发展实现教育公平，间接上增强了受教者对外部世界认知的客观性、理智性，提高了受教育者社会行为的科学性、合理性，从而有效推动科技进步和经济发展，提高社会资源配置的有理、有序、公平、正义。

在各级各类教育中，职业教育与经济社会的联系最为密切、最为直接，关系一个国家或地区的经济转型升级，影响着长远竞争力的提升，是推动一个国家或地区经济社会走向现代化的重要力量源泉。而且，职业教育还关系亿万劳动力的就业，既是教育问题，更是重大民生问题和经济问题。历史和国际经验一再表明，职业教育与技术进步、生产方式变革以及社会发展密切纠缠、共生互动，是经济发展的不竭动力，是高素质劳动者和技术技能人才摇篮。因此，职业教育对实现教育公平的贡献最大、效果最明。

2014 年，习近平总书记就加快发展职业教育做出重要指示，强调要“弘扬劳动光荣、技能宝贵、创造伟大的时代风尚，营造人人皆可成才、人人尽展其才的良好环境，努力培养数以亿计的高素质劳动者和技术技能人才”，“努力让每个人都有人生出彩的机会”。[①] 总之，教

---

① 新华社：《习近平就加快发展职业教育作出重要指示》，《光明日报》2014 年 6 月 24 日，第 1 版。

育公平，是实现人的全面发展的前提和途径。

第二节　劳动是全面发展的基础和保障

劳动是人的本质活动，是一切财富和幸福的源泉，是走向一切成功的必由之路，是推动人类社会进步的根本力量，自然也是实现全面发展的重要基础和有效保障。教育，因此成为劳动的教育；劳动，也因此成为教育的劳动。这是教育源于生产劳动的逻辑基础，也是教育必须与生产劳动相结合的科学依据所在。

人类社会从劳动中走来，劳动教育蕴含着丰富的传统美德和伟大的时代精神，是践行立德树人根本任务的重要途径。“劳动教育是中国特色社会主义教育制度的重要内容，直接决定社会主义建设者和接班人的劳动精神面貌、劳动价值取向和劳动技能水平。”① 将劳动精神融入学生成长的各阶段，积极构建德智体美劳全面培养的教育体系，是全面贯彻党的教育方针、实施素质教育的总体要求，也是推动人的自由全面发展的有效形式。

一、劳动关乎人类发展的根本

劳动是马克思主义理论的核心内容。经典马克思主义作家深刻阐述了劳动在人类社会发展史上发挥的决定作用，认为“劳动是整个人类生活的第一个基本条件，而且达到这样的程度，以致我们在某种意义上不得不说：劳动创造了人本身”②。马克思主义劳动观认为劳动创

---

① 《中共中央国务院关于全面加强新时代大中小学劳动教育的意见》，《光明日报》2020 年 3 月 27 日，第 1 版。

② 《马克思恩格斯选集》（第三卷），北京：人民出版社，2012 年，第 988 页。

造了人类，创造了人类活动的一切，“整个所谓世界历史不外是人通过人的劳动而诞生的过程”①。

党的十八大以来，习近平总书记关于劳动、劳动精神和劳动教育发表了一系列重要论述，丰富和发展了马克思主义劳动观，为新时代劳动理论体系的形成奠定了重要的理论基础。劳动可以树德、可以强体、可以增智、可以育美。特别是根据我国现阶段社会发展实际和教育发展需要，中央决定“把劳动教育纳入社会主义建设者和接班人的要求之中，提出‘德智体美劳’的总体要求”②。

2012年，习近平总书记在同中外记者见面时的讲话中指出，“人世间的一切幸福都需要靠辛勤的劳动来创造”③。2013年习近平总书记同全国劳动模范代表座谈时强调，“人民创造历史，劳动开创未来。劳动是推动人类社会进步的根本力量。幸福不会从天而降，梦想不会自动成真。实现我们的奋斗目标，开创我们的美好未来，必须紧紧依靠人民、始终为了人民，必须依靠辛勤劳动、诚实劳动、创造性劳动”④。2014年五一国际劳动节前夕，习近平总书记又一次明确指出：“劳动是一切成功的必经之路。”“当前，全国各族人民正满怀信心为实现‘两个一百年’奋斗目标而努力。实现我们确立的奋斗目标，归根到底要靠辛勤劳动、诚实劳动、科学劳动。”⑤ 2018年在北京大学师生座谈会上，习近平总书记进一步强调，“每一项事业，不论大小，都是靠脚踏实地、一点一滴干出来的。‘道虽迩，不行不至；事虽小，不为不成。’

---

① 《马克思恩格斯文集》（第一卷），北京：人民出版社，2009年，第196页。

② 中共中央党史和文献研究院：《十九大以来重要文献选编》（上），北京：中央文献出版社，2019年，第653页。

③ 《习近平谈治国理政》，北京：外文出版社，2014年，第4页。

④ 习近平：《在同全国劳动模范代表座谈时的讲话》，《光明日报》2013年4月29日，第2版。

⑤ 新华社：《习近平在乌鲁木齐接见劳动模范和先进工作者、先进人物代表》，《光明日报》2014年5月1日，第1版。

这是永恒的道理。做人做事，最怕的就是只说不做，眼高手低”①。

人是生产力中最活跃的因素，人民群众是历史发展和社会进步的根本力量，是先进生产力和先进文化的主要创造者。习近平总书记在党的十九大报告中指出：“人民是历史的创造者，是决定党和国家前途命运的根本力量。”② 中国共产党把劳动作为党的力量源泉，作为对党员干部的基本要求。习近平总书记明确指出：“劳动，是共产党人保持政治本色的重要途径，是共产党人保持政治肌体健康的重要手段，也是共产党人发扬优良作风、自觉抵御‘四风’的重要保障。广大党员、干部要带头弘扬劳动精神，增强同劳动人民的感情，带头在各自岗位上勤奋工作、踏实劳动。”③

二、新时代劳动观的基本内涵

劳动创造了人类，创造了人类活动的一切。习近平总书记多次围绕劳动的价值、劳动的精神、劳动的意蕴等进行深刻阐述，内涵丰富、思想深邃，为新时代劳动教育提供了强大的思想引领和重要的理论支撑。劳动教育的重要性，体现在劳动是学生人生成长的必经之路，是实现人的全面发展的根本途径。

梳理习近平总书记关于劳动的重要论述，可以理解新时代劳动教育理论体系的基本内容，也是认识只有通过劳动才能实现教育公平、实现人生出彩的意义所在，从而坚信劳动实践是推动人的全面发展的有效保障。而这又从另一个侧面，充分证明教育必须与生产劳动相结合的重要性。

---

① 习近平：《在北京大学师生座谈会上的讲话》，《光明日报》2018年5月3日，第2版。

② 《中国共产党第十九次全国代表大会文件汇编》，北京：人民出版社，2017年，第17页。

③ 新华社：《习近平在乌鲁木齐接见劳动模范和先进工作者、先进人物代表》，《光明日报》2014年5月1日，第1版。

第一，劳动奋斗观。劳动就是奋斗，实现教育公平需要奋斗，推动人的全面发展需要奋斗，唯有劳动和奋斗才是完美的人生。

“艰难困苦，玉汝于成。”（张载《西铭》）劳动是与自然界发生联系的过程，需要躬身实践，这就意味着流血流汗，意味着艰辛磨难，甚至意味着危险和牺牲。而要成就一番功业，必须备尝艰辛，经过艰难困苦的长期磨炼，任由风吹雨打，恒心不变、矢志不渝。“新时代是奋斗者的时代。”① “我们都在努力奔跑，我们都是追梦人。”② “梦想属于每一个人，广大劳动群众要敢想敢干、敢于追梦。说到底，实现中华民族伟大复兴的中国梦，要靠各行各业人们的辛勤劳动。”③

奋斗永无止境。“奋斗的道路不会一帆风顺，往往荆棘丛生、充满坎坷。强者，总是从挫折中不断奋起、永不气馁。”④ 现阶段，“我国仍处于并将长期处于社会主义初级阶段，实现中国梦，创造全体人民更加美好的生活，任重而道远，需要我们每一个人继续付出辛勤劳动和艰苦努力”⑤。奋斗、奔跑、追梦，成为新时代劳动者优秀品质的代名词，成为壮丽人生的精彩标配。

第二，劳动幸福观。劳动的目的是创造幸福、实现幸福，而创造幸福、实现幸福的过程也是实现教育公平、推动全面发展的过程。

中国特色社会主义事业的大厦是靠一砖一瓦砌成的，人民的幸福是靠一点一滴创造得来的。“劳动是财富的源泉，也是幸福的源泉。人世间的美好梦想，只有通过诚实劳动才能实现；发展中的各种难题，

---

① 习近平：《在2018年春节团拜会上的讲话》，《光明日报》2018年2月15日，第2版。

② 新华社：《国家主席习近平发表二〇一九年新年贺词》，《光明日报》2019年1月1日，第1版。

③ 习近平：《在知识分子、劳动模范、青年代表座谈会上的讲话》，《光明日报》2016年4月30日，第2版。

④ 习近平：《在纪念五四运动100周年大会上的讲话》，《光明日报》2019年5月1日，第2版。

⑤ 习近平：《在第十二届全国人民代表大会第一次会议上的讲话》《光明日报》2013年3月18日，第1版。

只有通过诚实劳动才能破解；生命里的一切辉煌，只有通过诚实劳动才能铸就。劳动创造了中华民族，造就了中华民族的辉煌历史，也必将创造出中华民族的光明未来。”①

劳动的人生最幸福。古往今来，唯有劳动才是获得幸福、快乐的根本。“幸福不是毛毛雨，幸福不是免费午餐，幸福不会从天而降。人世间的一切成就、一切幸福都源于劳动和创造。”②

第三，劳动平等观。教育公平的结果是平等，全面发展的结果也是平等，而劳动的意蕴本身也是平等。

劳动是追梦，是幸福，自然也就是平等。而一个社会，只有拥有了平等的价值观念，才有可能行稳致远。所以，“劳动没有高低贵贱之分，任何一份职业都很光荣”。“无论从事什么劳动，都要干一行、爱一行、钻一行。在工厂车间，就要弘扬‘工匠精神’，精心打磨每一个零部件，生产优质的产品。在田间地头，就要精心耕作，努力赢得丰收。在商场店铺，就要笑迎天下客，童叟无欺，提供优质的服务。只要踏实劳动、勤勉劳动，在平凡岗位上也能干出不平凡的业绩。”③

尊重劳动、尊重劳动者是马克思主义思想体系的核心内容。只有在劳动现实中的每个人才有可能各尽所能地展示自己、发展自己、成就自己并逐渐建立起人与人的关系。社会主义社会最基本的平等法则是尊重劳动、尊重劳动者，因而劳动是人的平等和自由的根源，也是人的价值和尊严的根源。之所以我们提倡通过劳动完善自身、获得发展，是“因为对社会主义的人来说，整个所谓世界历史不外是人通过人的劳动而诞生的过程，是自然界对人来说的生成过程，所以关于他

---

① 习近平：《在同全国劳动模范代表座谈时的讲话》，《光明日报》2013年4月29日，第2版。

② 新华社：《美好的生活属于你们 美丽的中国梦属于你们》，《光明日报》2015年6月2日，第1版。

③ 习近平：《在知识分子、劳动模范、青年代表座谈会上的讲话》，《光明日报》2016年4月30日，第2版。

通过自身而诞生、关于他的形成过程，他有直观的、无可辩驳的证明”①。

第四，劳动团结观。劳动的过程是团结的过程，通过团结凝聚起力量达到了劳动的目的，也推动了教育公平，促进了全面发展。

中国人民从亲身经历中深刻认识到团结的力量。依靠团结协作，我们不断战胜自然灾害、抗击外敌入侵、共度生存难关。特别是新冠肺炎疫情防控阻击战中，全国各部门上下联动、各地区联防联控、社会各界齐心协力共克时艰，形成依法科学有序防控的全国“一盘棋”。这就是团结的力量。“力量生于团结，幸福源自奋斗。团结奋斗，这是一百年来中国共产党人、中国人民、中华民族锤炼铸就的宝贵精神品质。”② 习近平总书记在给郑州圆方集团全体职工的回信中指出：“面对这次突如其来的疫情，从一线医务人员到各个方面参与防控的人员，从环卫工人、快递小哥到生产防疫物资的工人，千千万万劳动群众在各自岗位上埋头苦干、默默奉献，汇聚起了战胜疫情的强大力量。”③

社会主义劳动是大众化的、群体式的，它反映了社会主义的集体主义价值追求。“作为一种道德品质，热爱劳动的思想只有在集体中才能形成。”“为集体而劳动，为集体创造物质财富，为集体服务——这些都是集体在劳动中的相互关系的极重要的因素，缺少这些因素就不可能进行热爱劳动的教育。”④

第五，劳动细节观。劳动就是发展，发展离不了细节，社会生产生活中发生的各种安全事故、责任事故，很多时候是因为操作人员不注重细节、责任意识不强、职业道德观念淡薄、岗位技能不高。所以，

---

① 《马克思恩格斯文集》（第一卷），北京：人民出版社，2009 年，第 196 页。

② 习近平：《在全国政协新年茶话会上的讲话》，《光明日报》2022 年 1 月 1 日，第 2 版。

③ 《习近平书信选集》（第一卷），北京：中央文献出版社，2022 年，第 273 页。

④ ［苏］苏霍姆林斯基：《论劳动教育》，萧勇，译，长沙：湖南教育出版社，1987 年，第 166 页。

劳动必须关注细节。

发展见之于细节、成之于精神。"在实现中华民族伟大复兴的新征程上，必然会有艰巨繁重的任务，必然会有艰难险阻甚至惊涛骇浪，特别需要我们发扬艰苦奋斗精神。奋斗不只是响亮的口号，而是要在做好每一件小事、完成每一项任务、履行每一项职责中见精神。"① 细节精神是安全生产的基础，规则意识是消除隐患的保证。通过劳动教育培养学生的细节精神、规则意识，正是新时代全面发展教育事业、适应社会主要矛盾和经济增长方式转变的必然要求。习近平总书记明确指出："要在学生中弘扬劳动精神，教育引导学生崇尚劳动、尊重劳动，懂得劳动最光荣、劳动最崇高、劳动最伟大、劳动最美丽的道理，长大后能够辛勤劳动、诚实劳动、创造性劳动。要采取适应当前环境和条件的有效措施，加强劳动教育，组织好形式多样的劳动实践，让学生在实践中养成劳动习惯，学会劳动、学会勤俭。"②

"图难于其易，为大于其细。天下难事，必作于易；天下大事，必作于细。"（《道德经·第六十三章》）这句话说出了成功的背后永远是艰辛努力，道出了大事全由小事积累，道出了细节、安全决定着成败。因此，通过劳动教育，大力弘扬劳动者的细节精神，培育细节意识，引导学生端正劳动态度，努力掌握实用科技知识，具备娴熟技术、高超手艺，就成为教育工作中的一项重要任务。

三、新时代劳动教育实践探析

劳动教育是践行立德树人根本任务的重要途径，是塑造精神、凝练品质、涵育人格的重要实践。教育与生产劳动相结合是马克思主义

---

① 习近平：《在纪念五四运动100周年大会上的讲话》，《光明日报》2019年5月1日，第2版。

② 中共中央党史和文献研究院：《十九大以来重要文献选编》（上），北京：中央文献出版社，2019年，第653页。

的基本观点，也是党的教育方针的重要内容。2018 年，习近平总书记在全国教育大会上的讲话中指出："要努力构建德智体美劳全面培养的教育体系，形成更高水平的人才培养体系。""要在学生中弘扬劳动精神，教育引导学生崇尚劳动、尊重劳动，懂得劳动最光荣、劳动最崇高、劳动最伟大、劳动最美丽的道理，长大后能够辛勤劳动、诚实劳动、创造性劳动。"①

劳动是公平，劳动是发展，劳动的价值不是抽象的概念。"千淘万漉虽辛苦，吹尽狂沙始到金。"（刘禹锡《浪淘沙九首之八》）劳动教育蕴含着奋斗观、幸福观、平等观、团结观、细节观，赋予了劳动在培养学生劳动观念、劳动态度、劳动习惯、劳动情感、劳动技能、劳动思维等方面价值目标的多维性。劳动不是纸上谈兵，不能依靠虚拟仿真，必须融入切实的实践之中。唯有真实场景的真实劳动，才有教育的意义。新时代践行劳动教育，就是在各级各类学校中深入开展劳动实践，"建设知识型、技能型、创新型劳动者大军，弘扬劳模精神和工匠精神，营造劳动光荣的社会风尚和精益求精的敬业风气"②。2021 年冲上网络热搜榜的西北农林科技大学组织的大一"三训"（即工训、农训和军训）中的农训，就是结合专业教学目标需要，通过真实的实践教学训练，让学生逐渐掌握科学研究的能力，感悟、体会科学技术对生产生活的影响。这种扎实深入、生动真实的劳动体验、劳动历练，是对严谨治学精神的弘扬，也是一种自我教育。③ 还有江西省宜春市万载县岭东初中在校园里及周边开辟出多块土地，建立劳动实践基地，供学生种植水稻、橙子、蔬菜等农作物，让他们在了解不同农作物生

① 中共中央党史和文献研究院：《十九大以来重要文献选编》（上），北京：中央文献出版社，2019 年，第 653 页。

② 《中国共产党第十九次全国代表大会文件汇编》，北京：人民出版社，2017 年，第 25 页。

③ 《3000 多名大学生收麦子被指"作秀"学校作出回应》，http://news.cctv.com/2021/06/19/VIDESuT33wzGyCB8Gvf0lzcQ210619.shtml，2022 年 9 月 1 日。

长状况的同时也亲身体验农事的艰辛和收获的喜悦，进而培养学生们的节俭意识和动手能力。2021 年 9 月，人民网图片频道报道了岭东初中学生们在劳动实践基地收割水稻的劳动场景。① 新时代劳动教育的价值意蕴和各地有效开展的劳动实践，为我们提供了行动的指南。

第一，完善大中小幼一体化的劳动课程设置。

“登山则情满于山，观海则意溢于海。”（刘勰《文心雕龙·神思》）劳动教育是国民教育体系的重要组成部分，是促进人的自由全面发展的重要途径，贯穿大中小幼各级各类学校。因此，应统筹推进大中小幼劳动课程的一体化建设。

一是要坚持顶层规划，系统设计、整体研究劳动课程目标。要有不同学龄年级的劳动教育目标，引导学生逐渐养成崇尚劳动、热爱劳动的基本情感，埋下争做新时代最美劳动者的美好愿望。二是要统筹谋划劳动课程内容，全面推进大中小幼劳动课程一体化建设。要遵循认知规律和年龄、地区差异以及学校类别的不同，有针对性地突出实践特点，让学生体验劳动过程。要把传承优秀传统文化、劳动文化作为主旨方向，充分发挥教育的感知作用，让学生亲身体悟劳动的快乐，感受劳动的意义，从而使劳动成为行为习惯、思想认知，成为融入心灵的文化自觉。三是要兼顾劳动课程和其他课程的关系，既要有独立的劳动教育内容，又要把劳动教育融入各学科教学之中。要在教师培养培训、业绩考核中体现教师在教育教学中落实劳动教育的内容和办法。

第二，构建家校互通、社会联动的劳动教育体系。

“纸上得来终觉浅，绝知此事要躬行。”（陆游《冬夜读书示子聿》）“家庭是人生的第一个课堂，父母是孩子的第一任老师。孩子们从牙牙

① 《江西万载：校园里的“丰收”季》，http://pic.people.com.cn/n1/2021/0927/c1016-32238094.html，2022 年 9 月 1 日。

学语起就开始接受家教，有什么样的家教，就有什么样的人。家庭教育涉及很多方面，但最重要的是品德教育，是如何做人的教育。”① 构建家校互通、社会联动的劳动教育体系，发挥文化引导作用，显然是涵育劳动精神的重要举措。

首先，要加强家庭文化建设，发挥好家教家风作用，如大鱼前游、小鱼跟随一般，让劳动精神润物无声地融入每一个人的成长过程中。其次，要利用好社会资源，形成同抓共管的良好局面。要合理安排企业劳动，观摩、参与有一定技术要求的劳动实践。新闻媒体、影视作品围绕劳动和劳动者的正面宣传，各行业领域展示的热火朝天劳动场面以及向教育系统提供的劳动实践便利，都是开展劳动教育、形成育人合力的重要内容和有效保障。

第三，认真研究、科学组织对劳动教育的评价。

一是要以习近平新时代中国特色社会主义思想为指导，加强劳动教育基础理论研究，把握新时代劳动教育规律，提高劳动教育实效。二是要对学校和学生分别开展劳动课程实施、劳动精神养成的评价。学校评价主要考察劳动课程的教学计划、教学内容，“五育”融合的理念、学科融合的思路，教学资源的挖掘、利用以及师资、经费、安全等各种制度保障。学生评价主要考察学生的劳动态度、劳动习惯、劳动能力以及由此表达出来的劳动意识、劳动精神。

第三节 全面发展的人文基础

伟大事业和庄严时代呼唤我们“勤奋劳动、扎实工作，锐意进取、

① 习近平：《在会见第一届全国文明家庭代表时的讲话》，《光明日报》2016 年 12 月 16 日，第 2 版。

勇于创造”，“以劳动托起中国梦”[①]。这就离不开劳动，离不开劳动精神。伟大的劳动精神折射出的是新时代劳动者的奋斗光华和精神力量。培养时代新人，培养社会主义建设者和接班人，必须深入贯彻落实习近平总书记关于劳动的重要论述，深刻把握劳动教育的规律和逻辑，帮助学生树立正确的劳动价值取向，厚植劳动情怀，培树劳动精神。

生活中，我们常说先做人、后做事，只有做人到位，才能做事成功。还有“做事要专、做人要宽”“做事可以兼职、做人只能专职”“清白做人、用心做事”等类似说法。表面看这是把处世的经验理论化、条理化，分解成了做人的道德修养和做事的技术能力两方面，而深层的意义其实是提出了一个从事劳动、专注于劳动的人需要具备的综合素质要求。

课程思政、劳动精神虽然分属于不同的学科范畴，但从做人做事的角度来看，这两者给予学生人生成长方面的影响，都是相对于科学技术手段之外的人文素养、人文精神影响。也就是说，课程思政、劳动精神都是致力于道德培养和价值塑造，都属于人文基础层面的内容，都是相对于具体的科学方法、技术手段而言的。“才者，德之资也；德者，才之帅也。”（司马光《资治通鉴·周纪》）如果说做事的能力是“才”，那么做人的素养就是“德”，而课程思政建设的目的正是要培养学生的“德”。因此，推动人的自由全面发展，必须重视人文素养。

一、人文素养的重要意义

一般而言，做人的本领是精神层面的价值体现，是文化性的、多维度的，常和思想感情、是非判断、价值衡量纠缠在一起，有时候还有只可意会不可言传的难度。做人主要依靠情感、秉性、责任、廉耻，

---

① 习近平：《在庆祝“五一”国际劳动节暨表彰全国劳动模范和先进工作者大会上的讲话》，《光明日报》2015 年 4 月 29 日，第 2 版。

体现的是一个人在处理与他人、与集体、与自然关系时的态度、原则、尺度，重在人品人格。比如，政治立场、价值观念、思想认识、道德情操、意志品质、情感好恶、行为习惯等。做事的能力是技术层面的生存能力，是工具性的、单线条的，甚至有的做事能力还可以量化或检测。做事主要依靠通用的知识、理念、技能、技艺，体现的是一个人从事某项工作的基本功力。比如，驾驶汽车、操作机床、驾驭马匹、使用农具、编写教案、制作课件、书写板书等，重在技巧方法。

做人的本领更多地属于人文素养，做事的能力更多地属于科学素养。尽管如此，我们依然不能把做事和做人完全割裂开来。因为不仅做事、做人之间相互包含、相互交叉，甚至分别构成做事、做人能力的一些基本素质能力之间也是相互包含、相互交叉的。

彭聃龄先生认为成才之路最重要的有两条：一是要学会做人。二是要学会治学。“学会做人就是要学会各种社会道德规范，学会待人接物，学会处理各种人际关系，学会自我修养。个人是社会的一员。学会做人就要懂得个人离不开社会，离不开别人。人的价值不在于索取，而在于奉献。”“学会治学就是要学习和掌握各种知识、本领，把人类已有的知识财富变成自己的财富。治学贵在积累。‘积土成山’‘积水成渊’。只要持之以恒，积学不止，就有希望登上知识的顶峰。”① 其实，彭聃龄先生所说的成才就是全面发展，治学就是做事。学会了做人做事就是学会了发展，而发展离不了学习，离不开人文素养的积累。

人文素养是一个社会人应拥有的素养的重要组成内容之一，反映了这个人的基本修养和独特品质，体现了他对人、对事的思想态度以及处理问题、化解矛盾的方式方法，对其人生观、世界观、价值观的形成有着重大影响，左右着其全面发展的方向和程度。人文素养一定程度上决定了一个人的综合素质能力水平，也彰显着这个人的综合素

① 彭聃龄：《做人与治学》，北京：北京师范大学出版社，2015 年，第 3 页。

质能力水平，甚至对一个国家、一个地区的社会文明程度也有着重要的影响。缺乏人文素养，没有文化自觉与自信，失落人文精神，必然会限制人的全面发展，制约地区、国家乃至整个民族的发展与进步。

人类的产生与进化过程，也是发明创造工具、形成产业分离进而出现职业分类分工的过程。经验技术的传递传授、规则习俗的传承赓续、美德风尚的弘扬光大，都离不开教育。所以人类历史既是一部社会劳动史，也是一部教育发展史。每一位接受了现代教育的普通劳动者都是社会稳定的基石，并自觉地以个人的辛勤劳动支撑着社会的发展。他们不是流水线上死板冰冷的机器，只懂得执行固定的程序指令，而是掌握了现代理论知识和先进技术技能、拥有崇高人生理想和坚定政治信念、维持社会稳定和推动社会发展的活生生的人。

学校教育培养的是社会主义的建设者和接班人，是未来社会的新生劳动者，是将要在生产、建设、管理、服务一线直接参与和推动经济社会发展的重要劳动力基础。这是重要的新生劳动力。人类社会正是通过一代一代的辛勤努力，推动新生的劳动力走向未来，使其努力成为自食其力的普通劳动者，成为推动社会发展的持久力量。

因此，学校教育既要传授给学生一定的科学理论知识和生产生活技能，也要关注综合素质能力的培养，帮助其奠定全面发展的基础。学校教育有立竿见影的效果，也有对学生走出校门之后持久的影响。一般情况下，直接灌输、传授的知识、技能大多属于即学即用的内容，这些东西是构成学历、文凭的主要成分。那些难以计量、难以考核、难以描述的人文素养，不仅对学生的未来生活有着重大影响，而且伴随着个体的阅历、经历成为一个人的文化气质从而影响一生。

二、人文十九度

简单说，一个人的风度气质、知识修养，就是对一个人全面发展形成重要影响的人文素养。人文素养尽管难以衡量，但却无处不在，而且是构成一个人综合素质能力的基本内容。比如，看问题的角度、对待生活的态度、待人接物的风度、包容他人的气度、承受压力的韧度、规划远景未来的余度、接受新生事物的热度、处理突发事件的尺度、协调多方关系的曲度、分析和解决问题的精度、迎难而上的力度、逆境不屈的强度、顺境不骄的成熟度、知难而退的量度、掌握知识的宽度、兴趣爱好的跨度、精通技能的深度、修身养性的厚度、审美情趣的雅度，等等。[①] 这些人文素养，都属于综合素质能力范畴。我们姑且将其称为“人文十九度”。

一方面，我们不可能穷尽支撑一个人全面发展的综合素质能力。另一方面，我们梳理罗列的反映综合素质能力的人文十九度相互之间也有着交叉、包含的关系。同时，不同角度的“度”，一定还会需要其他方面的“度”的支持，以及做事能力方面的科学素养的支持。也就是说，任何一个层面的“度”都不是单独存在的，它们之间也不是绝对割裂、互不相干的。

如此之多以及其余尚未挖掘出来的“度”，就是一个人拥有的文化全部。它是立体的、综合的、可以反复揣摩的。或许这些“度”有散乱之感。为方便起见，我们可以按照知识类别、学科归属、行业领域对其进行分类，有生活层面的、工作层面的，有理科的、文科的，有音乐的、美术的，等等，但似乎总有一些“度”放在哪个层面都合适。正如西班牙学者费尔南多·萨瓦特尔所说：“人身上最自然的一点是：人从来就不是完全自然的。”“事实就是，在我们身上，任何一个‘自然’特征都会受到文化的影响，反之亦然。在人身上（其他动物也一样）没有什么比吃饭的需要更自然、更普遍的了。但是，所有人吃饭都要遵照一定的文化规范，遵循一定的烹饪方式，根据后天养成的习惯选择或拒绝一些食物。简单来说就是，人要吃饭是自然的，但是我

---

① 刘凤彪：《植物文化赏析》，保定：河北大学出版社，2017 年，第 9—10 页。

们总是‘文化地’进食。”“人类就像洋葱一样，是由相互重叠的好几层东西构成的，最基本的和内在的几层是自然的，而在它们之上，则还是逐渐沉淀起一层教养、社会性和人为的产物。”①

还有一点，就是实践中不可能把做人的本领、做事的能力完全割裂开来，也不可能穷尽做人、做事的一切素质能力。而且，它们之间同样也是交叉、重叠、融合和相互承托的关系。

三、教育力与学习力

对于教师来说，科学素养、人文素养等一切知识素养形成的推动其自身全面发展的综合素质能力，集中表现为履职尽责的教育力，是教师的个人实力。所以，教师的教育力作为教师的综合素质能力，是教师政治立场、价值理念、使命追求、道德修养、业务能力、知识水平和人格魅力的集中体现。

教师的主要任务是教书育人。除一般的科学素养、人文素养外，教师的教育力以完成教学计划为核心，因履行角色责任、能力责任、义务责任和原因责任而有着不同程度的呈现。教师的特殊身份，需要其有着政治方向的清醒认知、复杂形势的准确辨识、语言表达的高超技巧、知识理解的融会贯通、视生如子的大爱之心。如果从专业课程角度来说，心理学、教育学、教育史、教学论、课程论、德育原理、教育社会学、教育统计测量评价、教育研究方法、教育哲学等诸多内容都是必须掌握了解的。如果从专业技能来说，则需要掌握课程计划编制、撰写教案、网络信息技术、心理疏导、板书设计等若干技巧方法。

所以，我们可以尝试着把教育力分解为亲和力、理解力、写作力、

---

① ［西］费尔南多·萨瓦特尔：《哲学的邀请——人生的追问》，林经纬，译，北京：北京大学出版社，2007年，第120—124页。

表达力、沟通力、科研力、反思力、整合力、观察力、调控力、执行力、谋划力、政治力、组织力、辨别力、接受力、模仿力、专注力、鉴赏力等。除此之外，教育力一定还需要其他力的支撑。为与人文十九度对应起见，我们姑且称之为“教育十九力”。

这十九力之间，也是相互包含、相互融合的关系，每一种力都需要另外一种或几种力的支撑。

比如，亲和力。教师要有仁爱之心，所以亲和力是非常重要的一种“力”。亲和力是生活中处理人际关系的基本能力，以尊重他人和认同他人为最基本的原则。具有亲和力的人低调行事、高调待人，情商较高、包容心强。这些人大多和蔼可亲、真诚善良，容易进入对方的“频道”从而实现“同频共振”。人们乐于与这样的人接触，所以这些人有着明显的吸引力，他们对群体和个体都有施加影响的能力。显然，教师亲和力强，就容易和学生接触。

另一方面，学生也乐于被亲和力吸引，从而相对喜欢参加有亲和力的教师组织的各种教学活动。而亲和力离不了沟通。如果沟通得当，语言就是我们了解彼此的一扇窗户；如果沟通不当，语言就是彼此之间隔离的一道高墙。所以，亲和力之下一定有语言的表达能力。教师要会适时用赞美的语言将爱融入生活，帮助学生建立自信。亲和力还需要有着良好的接纳或接受能力做支撑，能够帮助学生建立起安全感和自我价值感。总的来说，教师一是要无条件接纳，二是明确接纳学生本人而非不合理的行为，三是尤其要学会倾听。

再比如，理解力。理解力是人们对事物本原的认知能力，是达到学习目的基本能力，是人类大脑的潜力。理解力同样不是一个单纯的能力，其在作用于人类探知未知世界的过程中需要发挥和借用的各种能力组合，如思考力、洞察力、感知力、想象力、直觉力、解释力等，理解力是一种可以通过训练提高的能力。但对于教师来说，学习力是教育力的集中体现。无论是人文十九度还是教育十九力，都离不开学习。学习是解决一切问题的钥匙，一切能力归结到一点，就是学习力。

学习是人类独有的一种基本属性，是人们将知识技能转化为行为能力的过程，是进行文化传承的社会活动。学习力是学习动力、学习能力、学习毅力的综合体现，集中反映了一个人的学习创新力，是人们获取和分享知识的原始能力，也是使用和创造知识的终极能力。我们不仅要坚持学习，还要有着不竭的动力、不俗的能力、不懈的毅力，在学习中实现综合素质能力的提升。

习近平总书记在第五批全国干部学习培训教材《序言》中指出："善于学习，就是善于进步。"[①] 本领不是天生的，必须通过不断学习才会有所发展、有所提高。读书学习是成长进步的最好阶梯。作为教师，要加强读书学习，爱读书、好读书、善读书，把学习作为一种追求、一种爱好、一种健康的生活方式。

---

① 习近平：《序言》，《光明日报》2019 年 3 月 1 日，第 1 版。

第七章　人的自由全面发展的元能力

现代教育体制下，在推进德智体美劳全面发展的基础上，实现人的自由全面发展是我们的方向和目标。然而工业革命以来，随着机器在生产生活中的广泛使用以及工业化、电气化、信息化、智能化的梯度推进，科学技术在给人类社会创造巨大物质财富的同时，也造成了科学精神与人文精神的分离与割裂。快节奏的社会、快节奏的生活，使得人们开始越来越多地面对精神贫瘠、意志消沉、心灵麻木和审美情趣低下的困惑。这样一来，就对人文精神、人文素养提出了新的要求。

如果说科学精神、科学素养更多地是支撑一个人实现全面发展的专业技术能力，那么人文精神、人文素养就是奠定一个人全面发展的综合素质能力。习近平总书记指出："当今世界百年未有之大变局加速演进，国际环境错综复杂，世界经济陷入低迷期，全球产业链供应链面临重塑，不稳定性不确定性明显增加。新冠肺炎疫情影响广泛深远，逆全球化、单边主义、保护主义思潮暗流涌动。"① 由于这场变局不是简单的一时一事，也不是狭小的一国一域，而是一场波及全球全人类的深刻的时代之变，汹涌澎湃、惊心动魄。在影响深远的时代之变和跌宕反复的疫情相互叠加之下，世界进入了新的动荡变革期。"乱花渐

① 习近平：《在中国科学院第二十次院士大会、中国工程院第十五次院士大会、中国科协第十次全国代表大会上的讲话》，《光明日报》2021 年 5 月 29 日，第 2 版。

欲迷人眼。”（白居易《钱塘湖春行》）我们每天面对的是纷繁复杂的社会现实、波谲云诡的世界风云、变幻莫测的信息裂变、进退两难的道德困境。未来世界充满了不确定性。教师作为“引路人”，绝对不能感到困惑、迷茫，而是应该从容、淡定，始终坚守立德树人的教育初心，自觉崇德修身、潜心教书育人，用自己的为学、为事、为人，诠释人民教师的使命担当。

也就是说，教师要率先发展，要用自己发展的知识、思想推动综合素质能力的提升，进而能够指导学生实现发展。“若要担保人的全部天资得到同等的发展，首先就要有关于人的全部天资的知识，要有关于人的全部意向和需求的科学，要对人的整个本质有一个全面的估量。但这种对于整个人的完整的知识，本身就建立在一种应当发展的天资的基础上，因为人总是有求知的意向，特别是有一种认识他所急需做的事情的意向。但发展这个天资需要人的全部时间和全部力量；如果说有那么一种共同的需求，迫切需要一个特别的阶层予以满足，那么这个需求就正是需要人的全部时间和全部力量的那个需求。”“学者影响着社会，而社会是基于自由概念的。”“提高整个人类道德风尚是每一个人的最终目标，不仅是整个社会的最终目标，而且也是学者在社会中全部工作的最终目标。学者的职责就是永远树立这个最终目标，当他在社会上做一切事情时候都要首先想到这个目标。”①

显然，费希特看到了人及其自由的社会性。虽然费希特关于自由的概念带有非常明显的理性主义色彩，但其哲学（也可以称为人学）的一个突出特色就是强调人的积极行动，认为实践理性是一切理性的根基。这一点，恰恰是值得我们借鉴的。

恩格斯在《社会主义从空想到科学的发展》1882 年德文第一版

---

① ［德］费希特：《论学者的使命、人的使命》，梁志学、沈真，译，北京：商务印书馆，1984 年，第 38、44 页。

《序言》中指出，科学社会主义本质上就是德国的产物。“我们德国社会主义者却以我们不仅继承了圣西门、傅里叶和欧文，而且继承了康德、费希特和黑格尔而感到骄傲。”① 同样，我们也为能从德国古典主义哲学求得借鉴感到自豪。

但我们的教育所要追求的目标，是德智体美劳全面发展。这就离不开身心健康，离不开知识和技能，离不开理性、规矩、求知、担当……“面对未来的生活道路，培养健康的心理素质就更加重要，甚至比提高能力还重要。”② 这是实现人的自由全面发展所需要的一切知识、能力的基础，是能力的能力，我们姑且称之为元能力。元能力是人的一切综合素质能力的源泉和根本，是承托浅层能力、表象能力的载体，是维系综合素养、技能技巧的基础，是实现外显能力、可测能力的途径，是实现全面发展的能力的原点。元能力有很大的自我审视特性，受制于一个人的自觉、自省、自律，有着极大的开发空间。为适应经济社会快速发展需要，特别是后疫情时代带来的对人的更多期待和更大考验，重视元能力的建设与培养成为推动人的全面发展必须关注的重要内容。

第一节 存理性 有定力

理性不仅是一种能力，也是一种品质。古罗马时代斯多葛派哲学就曾把宇宙论和伦理学融为一体，认为理性能保持人的灵魂清醒，人们应该遵从自然、本性生活，而不能脱离整体、脱离社会存在。虽然斯多葛派把本性解释为理性，进而又把理性解释为德性，但其重视义

---

① 《马克思恩格斯文集》(第三卷)，北京：人民出版社，2009 年，第 496 页。

② 彭聃龄：《做人与治学》，北京：北京师范大学出版社，2015 年，第 54 页。

务以及胸襟博大的道德伦理意识，依然对今天有着积极的借鉴意义。正如马可·奥勒留所言："正像那些在你按照正确的理性行进时企图阻碍你的人并不能使你偏离本身的正道一样，也不要让他们驱散你对他们的仁爱感情，而只是一样地提防着两件事情：即不只保持本身判断和行为的稳定性，而且和蔼地对待那些试图阻止不然就给你吃苦头的人。因为，因他们而烦恼，就和由于畏惧而偏离你的行动路线或让步一样，也是一种软弱，因为这两种人，即由于畏惧而这样作的人，和使自己疏远于天生是自己同胞和朋友的人，都是放弃自己的立场。"①

马克思辩证唯物主义认为，整个人类历史不存在先验的理性，所谓理性都是人类在长期的社会实践中逐渐形成并不断发展变化的。实践的观点是马克思主义哲学的基本观点，而理性恰恰是人类在实践中形成并逐渐发展的主体性能力。马克思在《1844年经济学哲学手稿》中说："动物只是按照它所属的那个种的尺度和需要来构造，而人却懂得按照任何一个种的尺度来进行生产，并且懂得处处都把固有的尺度运用于对象。因此，人也按照美的规律来构造。"② 这里，"按照""懂得"就是遵从特定社会历史条件下人与人、人与自然之间形成的客观社会关系，不逾越"尺度"，保持理性化的意图和判断。

一、理性和规矩

理性就是理智，一般指考虑问题、处理事情不冲动，不凭感觉、感情做事情，能够比较准确识别真相、判断真伪、评估危害从而决定采取最合适行为的能力。规矩一般是指法则、标准和社会约定俗成的习惯，有时也指一个人端正、老实，言行符合常理，恪守本分。理性和规矩是一个人适应社会应具备的最基础的元能力。

---

① ［古罗马］马可·奥勒留：《沉思录》，何怀宏，译，北京：中央编译出版社，2008年，第182页。

② 《马克思恩格斯文集》（第一卷），北京：人民出版社，2009年，第163页。

保持理性、遵守规矩，是自觉约束个人行为的基本修养，是客观面对现实世界、自觉遵守社会规范的基本道德品质。重人文、重人伦，是中华民族优秀传统文化中典型的规矩思想意识，是以礼乐文明为代表的儒家思想的重要内容。早在先秦时期，规矩的内涵就已经从校正工具发展演变为规则、准绳乃至礼法，成为政策制定和制度设计的思想基础，成为思想文化建设的基本内容。“君君、臣臣、父父、子子”虽然维护的是落后的封建统治秩序，但其中闪耀的讲规矩、守规矩、用规矩等思想光芒，不仅融入了中华民族的血脉，也成为中华文化对人类管理思想的文明创造和独特贡献。直到今天，“修身齐家治国平天下”还以其立身处世的规矩意识，成为我们以德治国的思想渊源。

然而，面对新冠肺炎疫情这一特殊事件，有些人的理性和规矩意识值得我们深思：

2020 年 2 月，某大学给予两名在新冠肺炎疫情防控期间未经报告私自提前返校的学生以警告处分；2020 年 3 月，北京顺义李某辉谎报入境时间被行拘；2021 年 10 月，北京昌平两病例发热后仍邀请多人打麻将，两居民违反管控规定擅自翻越小区护栏离开封控区域，一人未登记强行出入村口被追究刑事责任；2021 年 11 月，河北辛集一村民强行闯卡被处以行政拘留 15 日、罚款 800 元处罚。还有“微信朋友圈”曝光的一些人在公共场所不戴口罩、不听劝阻、扰乱公共秩序甚至辱骂殴打防疫工作人员的鲁莽行为，是多么荒唐、愚蠢和可恶。

与此相反，2020 年 1 月 22 日，武汉学院河北籍学生郭岳寒假回家时，途中做了充足的防护。回家前主动报备社区，回家后不摘口罩、手套，不与家人交谈，独自在卧室隔离。出现发热症状后主动就医，出院后又在自家车库隔离 28 天。因为他的自律和防护得当，最终没有传染给任何一个人。他的教科书般的自觉意识与硬核防疫，先后被《沧州日报》《楚天都市报》《人民日报》《中国教育报》报道。

不理性，怎能沉稳？无规矩，何来方圆？那些缺失理性、漠视规矩的人，给本已超负荷运转的疫情防控工作平添了多少危险和艰辛啊！理性和规矩，在这个特殊时期尤其显得意义非凡。

国有国法，家有家规。一个人如果理性沉稳守规矩，凡事深思熟虑，客观看待问题，全面衡量得失，对自己的行为负责，这个人就是令人尊敬的人、有益于社会的人。

规矩是一种原则，守规矩是一种教养、一种美德。如果我们每一个人心中都有理性，眼中都有戒尺，不做“背绳墨以追曲兮，竞周容以为度”（屈原《离骚》）的人，我们的社会就会更加进步。

自由不是混乱无章，自由是有其边界的；秩序不是束缚捆绑，秩序是遵从原则的。古人云：“万物莫不有规矩。”（《韩非子·解老》）中国传统文化倡导的“从心所欲，不逾矩”（《论语·为政》）不仅是一种生活态度，更体现了一个人的修养和道德水准，它说明这世上从来就没有绝对的自由，只有相对的自由。相对的自由，就是存理性、守规矩。唯有理性，才能细心谨慎，遇事不慌，沉着、理智应对；唯有规矩，才能如履薄冰，恪守底线，做到有所循、有所止。

二、信心和定力

信心就是确信自己的愿望能够实现或有完成某种事项的自信。定力是一种自制力、克制力，是能够把握自我、规范行为、不受外界干扰的精神毅力。信心和定力是一个人的精气神，这个精气神是在理性、规矩的基础之上逐步形成的实现人的全面发展必需的第二层元能力。

越是在困难、复杂、危险的形势下，越需要坚定信心、坚守定力。只有这样，我们才能清醒冷静，稳住阵脚，不慌不乱，沉着应对。

胜利不会自己到来。赢得胜利需要传递信心，需要敢于战斗、善于战斗。倘若信心摇摆、恐惧焦虑、懦弱胆怯、畏缩不前，管理层决策失误、普通百姓行为失态，到处乱成一团糟，最终只能造成可悲局面。

新冠肺炎疫情阻击战中，正因为我们有足够的信心和定力，临危不惧，处变不惊，把疫情当作命令，把防控当作责任，一切才都显得那么有条不紊、秩序井然。

——全国各部门上下联动、各地区联防联控，社会各界齐心协力共克时艰形成的强大合力，不正是制度自信的生动写照吗？面对来势凶猛的疫情我们阵脚不乱、从容应对，做到守土有责、守土负责、守土尽责，形成了依法科学有序防控疫情的全国“一盘棋”！

——一封封请战书、一个个红手印描绘的不正是抗击新冠肺炎疫情的必胜信心吗？他们迅捷出动、生死驰援、逆风而行的身影多么坚定执着！

——那么多医护人员停下探亲、旅游的脚步直奔疫区，那么多医学专家彻夜不眠，他们连续作战取得的治疗效果和研究成果，不正是坚守定力的表现吗？

……

我们抗击疫情，与时间赛跑，展示的中国速度与中国力量让世界瞩目！

这就是生活中的政治，也是理解教育政治属性的意义所在。每一个人无论何时何地，都要把自己的命运和国家、民族的命运紧密联系在一起。只有这样，个人的命运才有营养，才有土壤，才有根基，才能茁壮成长。所以，坚定信心、坚守定力，其实讲的就是要有政治思维，反映的是政治立场、政治信仰、政治态度和政治纪律。

和政治思维相关联，要求我们必须清醒地把握事物的发展方向，提升政治敏锐性和政治鉴别力，遇事仔细观察、科学甄别、详尽分析，不为假象所惑，不为流言所动，不为杂音所扰，不为困难所阻，从而做出果敢、准确的判断，勇敢、坚定执行。

子曰：“士不可不弘毅，任重而道远。”（《论语·泰伯》）“弘”和“毅”提醒我们不仅要有宽广的胸襟，有清晰的判断和敏锐的洞察，更要意志坚强有决断力。如果不讲政治，不顾全大局，贪图名利私欲，遇事受私心所困，则不会刚毅决绝；如果能拍板决策，但缺乏战略眼光和前瞻精神，决策就会失准失误，反而造成被动和损失。

第二节 讲担当 敢求真

担当奉献是共产党人的优秀品质，求真务实是马克思主义科学的本质属性。“如果一个人只为自己劳动，他也许能够成为著名学者、大哲人、卓越诗人，然而他永远不能成为完美无瑕的伟大人物。”“如果我们选择了最能为人类福利而劳动的职业，那么，重担就不能把我们压倒，因为这是为大家作出的牺牲。”[①] 社会是发展的，“时代各有不同，青春一脉相承”。“党和人民事业发展离不开一代又一代有志青年的拼搏奉献。只有当青春同党和人民事业高度契合时，青春的光谱才会更广阔，青春的能量才能充分迸发。”[②]

一、担当和奉献

信心和定力之上，就是担当的自觉意识和奉献的主动精神。这是一种心理活动，是一种思维方式，是一种淳朴本真的内心自驱力表现。

担当就是主动承担责任，奉献就是真心真诚贡献。担当和奉献是一种精神境界、人生格局，勇于担当、乐于奉献是一种人生追求、襟怀气魄。这种精神境界、人生格局的修炼养成，正是一个人在讲理性、守规矩的思想感召下敬畏职责、自觉尽责，从而表现出的一种无私忘

---

① 《马克思恩格斯全集》（第一卷下），北京：人民出版社，2001 年，第 459 页。

② 习近平：《在庆祝中国共产主义青年团成立 100 周年大会上的讲话》，《光明日报》2022 年 5 月 11 日，第 2 版。

我的人格魅力和道德范式。担当和奉献是实现全面发展的第三层元能力。

“种树者必培其根，种德者必养其心。”① 在理性和规矩的光照下，找准自己的位置，处理好与他人、与社会、与自然的关系，主动承担起自己在家庭和社会中的责任，倾情奉献自己的青春年华和聪明才智。这样把义务和要求内化于心、外化于行的主动作为，就让担当和奉献成为一种自觉的习惯和高尚的美德。

“万物得其本者生，百事得其道者成。”（刘向《说苑》）在人类历史长河中，如何正确处理人与人的关系、人与社会的关系乃至人与自然的关系，表现出的是一个人、一个社会的觉悟与成熟度。现实社会中，人的责任、使命是客观存在的，不以人的意志为转移，无论你是否愿意接受，无论你是否意识到、感觉到它的存在，这种使命伴随人的出生而天然地降临到每一个人身上。每个人一出生就有了自己在家庭中的角色，走向社会就有了在社会中的角色。一个角色有一个角色的责任，一个角色有一个角色的担当和奉献。正如马克思所说，“作为确定的人，现实的人，你就有规定，就有使命，就有任务，至于你是否意识到这一点，那是无所谓的。这个任务是由于你的需要及其与现存世界的联系而产生的”②。能够看到并认清自己的职责和使命，是一个人哲学上的成熟；能够主动承担并认真履行自己的职责和使命，是一个人道德上的自觉；而有能力完成好、落实好时代赋予的历史使命，则是一种无上的荣光。

——“在此，我们积极请战：若有战，召必回，战必胜！”递交请战书的这支队伍2003年奉命奔赴北京小汤山抗击“非典”，新冠肺炎疫情期间再次挺身而出。在党和人民最需要的时候，他们战斗牺牲，在

---

① 王守仁:《王阳明全集》(一)，北京：线装书局，2014年，第58页。

② 《马克思恩格斯全集》(第三卷)，北京：人民出版社，2002年，第328—329页。

所不辞。

——面对疫情，“最美逆行者”的身影一队接一队，无惧艰险、迎难而上；许多人放弃春节假期，加班加点生产急需物资，各种物资从四面八方支援而来。

——随着防控形势的严峻，各社区对所辖所有小区实行 24 小时封闭管理，每个小区只保留 1 个出入口，其余大门全部封闭。这是隔离病毒的最佳选择，是阻断病毒传播的科学防控方式。面对疫情，各街道积极招募志愿者投身疫情防控工作，对出入人员做好体温测量和登记，成为联防联控、群防群治的重要力量。隔离病毒，绝不意味着隔离人心。和冲在前方的勇士一样，这些普通志愿者在新的岗位上辛勤付出，严格监控人员和车辆进出，做好体温测量，主动为隔离人员提供采购生活用品和倒垃圾服务，承担起“生活保姆”的角色。

……

新冠肺炎疫情是一次大考，是对中国人民信心和定力、判断力和辨别力、担当和奉献精神的检验，是对政府应对重大突发事件能力的检验，甚至是对国家治理体系、治理能力水平的检验。

面对新冠肺炎疫情蔓延的严峻形势，党和政府做出全面部署，强调要把人民群众生命安全和身体健康放在第一位，把疫情防控工作作为当前最重要的工作来抓。广大党员不忘初心、牢记使命，挺身而出、英勇奋斗。全国上下团结一致、扎实工作，用必胜的信心沉着应对疫情的严峻挑战，各项举措迅速落地实施，使人民群众的生产生活逐步走向正轨。

紧要关头，我们无论什么身份、身处何地、肩负何责，都不可能置身事外、袖手旁观。唯有挺身而出、以身作则、率先垂范，才能出入相友、守望相助，凝聚起打赢疫情防控阻击战的磅礴伟力。

多难兴邦，众志成城，泰山压顶不弯腰，每临大事有静气。以担当、奉献之心仰视社会，我们会看到父母的无私、师长的关爱、朋友的亲情甚至路人的友好，因此敬畏中国的英雄本色、豪迈气概，感恩红色的党旗党徽在“疫”线闪耀；以担当、奉献之心仰视他人，我们看到的是辛勤耕耘、默默奉献，看到的是兢兢业业、无怨无悔，因此敬畏自己肩上担负的职责，感恩每天享受的美好生活；以担当、奉献之心检视自我，就会主动自觉承担、无私自愿付出，就会不断完善、充实第三层元能力。

二、胸怀和求真

一个拥有了信心和定力、理性和规矩、担当和奉献能力的人，就具备了养成宽广胸怀的基础和求真务实的自觉。胸怀天下、求真务实，这就是适应时代需求的第四层元能力。

胸怀是一个人的眼界、情怀、格局、气度。常说宰相肚里能撑船，指的就是成大事者必有大胸怀。

从能力角度来说，这里的胸怀有两方面的含义。

一是要有胸怀天下的气魄。“知我者，谓我心忧；不知我者，谓我何求”（《诗经·黍离》），“老吾老，以及人之老；幼吾幼，以及人之幼”（《孟子·梁惠王上》），“先天下之忧而忧，后天下之乐而乐”（范仲淹《岳阳楼记》）。中国传统文化中心怀天下、公而忘私、忧国忧民的高尚德行和高贵品质，正是中国传统人生哲学轻个人、重整体、以天下为己任的思想体现。古代先贤勤俭克己、谦恭待人，以悲悯宇宙万事万物的胸怀追求“内圣外王”。这种崇高志向引领的人生态度、人生追求，成就的是“立德、立功、立言”精神之下的人生“三不朽”。

不管能力大小、水平高低，只要我们有了摈弃自私自利之心的主动意识，有了担当和奉献的精神境界、襟怀气魄，自然就有了胸怀天下、志存高远的崇高理想和人生追求，就成为“一个高尚的人，一个纯粹的人，一个有道德的人，一个脱离了低级趣味的人，一个有益于人民的人”[①]。

青年学生在人生成长的道路上，“胸怀天下”是支撑他未来能够顶天立地的学识教化，是培养民族脊梁的文化自信。习近平总书记在党的十九大报告中强调：“青年兴则国家兴，青年强则国家强。青年一代有理想、有本领、有担当，国家就有前途，民族就有希望。”[②] 在这次新冠肺炎疫情防控的关键时刻，那么多90后挺身而出，毅然勇敢地迎难而上，出征疫区，在所不辞。他们的平静和坚定，表现的是舍小家、为大家的宽广胸怀。无论是定点医院还是街道社区，无论是车站广场还是码头库房，到处都有90后打针输液、测量体温、消毒送货、清运垃圾的身影。就像2020年的元宵晚会所说：90后这么快就长大了！你的样子，就是中国的样子！

二是要有求同存异的格局。子曰：“君子和而不同，小人同而不和。”（《论语·子路》）千百年来，中国传统文化倡导的“乐者为同，礼者为异。同则相亲，异则相敬”（《礼记·乐记》）作为政治文化和道德引领，不仅鼓励在人与人的交往中保持一种和谐友善的关系，还倡导在国与国的交往中也兼顾各方的利益。

不管是人与人交往还是国与国交往，正是因为相互之间存在共同性才使我们能够感受到亲切和美好，也正是因为能够接受、包容差异和不同，才使我们能够感受到宽容和尊重。这种社会文化中的“求同存异”思想，甚至成为我们倡导在不同社会意识形态下放下偏见、追求共同利益的外交政策理论依据。

“不畏浮云遮望眼，自缘身在最高层。”（王安石《登飞来峰》）我们常说，心有多大舞台就有多大，我们读过的书、走过的路、遇到的人都影响着我们的人生视野和胸怀格局。只有高瞻远瞩、摆正心态，

---

① 《毛泽东选集》（第二卷），北京：人民出版社，1991年第2版，第660页。

② 《中国共产党第十九次全国代表大会文件汇编》，北京：人民出版社，2017年，第56页。

不被眼前私利蒙蔽双眼，才能展现出非凡的气质和定力，彰显内在的谦虚和涵养，养成温润敦厚、沉稳内敛的美德。

至于求真，顾名思义，就是在科学的理论和方法指导下，探究事物的本质，把握事物的客观发展规律，去追求最后的真理。毛泽东在《中国革命战争的战略问题》和《实践论》两篇文章中提出的“去粗取精、去伪存真、由此及彼、由表及里”，说的就是这种追求事物本来面目的哲学方法。①

求真的前提是去伪。夸张地说，去伪有时候可能就是一种感觉，是你的第六感。但其实去伪是一种能力，是对你平时知识积累、阅历水平的验证。这涉及判断力，涉及理性和定力，涉及政治思维和政治意识。

说到政治，很多人认为离自己很远，甚至认为讲政治就是“左”的表现。其实，政治就在我们身边，我们生活中的每一件事都和政治有着千丝万缕的联系。尤其是教育，本身就是政治的组成部分。作为一个教育工作者，时时处处都不能忘记讲政治，都要有把一切问题放在政治天平上来衡量的意识和自觉。比如，新冠肺炎疫情期间，网络上曾炮制出假新闻，面对这样的假新闻，我们要想一想，是不是我们的善良被人利用了呢？是不是我们期望疫情尽快过去、生活尽快恢复常态的焦虑被人利用了呢？

作为教育工作者，我们必须深想一层：这个时候的情绪化对整个“战疫”会造成什么影响？

也就是说，求真不是无原则较真，不是钻牛角尖。求真非常重要的一个方面，就是顾全大局，就是踏实、务实。“名与实对，务实之心重一分，则务名之心轻一分；全是务实之心，即全无务名之心；若务

① 《毛泽东选集》（第一卷），北京：人民出版社，1991 年第 2 版，第 179—180、291 页。

实之心如饥之求食，渴之求饮，安得更有工夫好名？”[1] 踏实、务实是求真精神下的脚踏实地，体现的是注重现实、崇尚实干。习近平总书记多次强调“空谈误国，实干兴邦”（顾炎武《日知录》），饱含深情地指出“我们都在努力奔跑，我们都是追梦人”[2]，告诫大家“行百里者半九十。中华民族伟大复兴，绝不是轻轻松松、敲锣打鼓就能实现的。全党必须准备付出更为艰巨、更为艰苦的努力”[3]，我们都要“撸起袖子加油干”[4]。

“岁月不居，时节如流。”（孔融《论盛孝章书》）在今天这个奋斗者的新时代，我们都要大胆地追梦、筑梦。我们都要摒除杂念，排除干扰，不驰于空想，不骛于虚声，在踏实、务实的努力奔跑中实现自己的梦想，实现中华民族的伟大复兴。

可见，胸怀和求真是既维护现实稳定、又促进迈向未来，既实现个人进步、又推动社会发展的重要力量。

第三节　勇守正　善合作

实践性是马克思主义理论区别于其他理论的最主要特征。面对快速变化的世界和飞速发展的中国，墨守成规、思想僵化、没有创新，终究会被时代淘汰。习近平总书记在省部级主要领导干部学习贯彻党的十九届六中全会精神专题研讨班开班式上的重要讲话中强调：“一个民族要走在时代前列，就一刻不能没有理论思维，一刻不能没有正确

① 王守仁：《王阳明全集》(一)，北京：线装书局，2014 年，第 56 页。

② 新华社：《国家主席习近平发表二〇一九年新年贺词》，《光明日报》2019 年 1 月 1 日，第 1 版。

③《中国共产党第十九次全国代表大会文件汇编》，北京：人民出版社，2017 年，第 12 页。

④ 新华社：《国家主席习近平发表二〇一七年新年贺词》，《光明日报》2017 年 1 月 1 日，第 1 版。

思想指引。”“中国共产党为什么能，中国特色社会主义为什么好，归根到底是因为马克思主义行。马克思主义之所以行，就在于党不断推进马克思主义中国化时代化并用以指导实践。”①

一、守正和创新

如果说求真是在去伪的前提下走向了踏实、务实，那么继续一路坚持就走向了守正和创新，并因此将实现人的全面发展的元能力又提升了一个层次。

所谓守正，就是遵循事物发展规律，坚持和弘扬光荣传统，不逾矩、不越规。守正不是保守封闭、泥古不化、固守成规，而是固守本源、不忘根本、恪守正道。此如孟子所云，善养“浩然之气”，所以守正要求的是正直无私、心地清净。

和守正所对应的是创新。所谓创新，就是基于事物本原基础上的发展、提升、创造，不是标新立异、全盘否定，而是“知行合一”“止于至善”，是提升了层次、境界的维护宗旨道义。此如《大学》所云，“苟日新，日日新，又日新”（《礼记・大学》），所以创新要求的是勇于担当、勇立潮头，甘做第一个吃螃蟹的人。对于个人来说，则应该凭借内在的兴趣爱好、能力水平和信心毅力，打破常规，革故鼎新，寻求变数，探索解决问题的新方法、新途径，创造美好新生活。

中国哲学强调要坚持思想与行动相结合、理论与实践相统一，言行一致，表里如一，认真对待每一个人、每一件事，使事物和精神都能臻于完美。我们在锻造自己人格魅力，修炼信念、品德、气度、本领的过程中，必须坚持以守正为根本宗旨，以创新为前进方向，积极践行“胸怀天下和求真务实”的精神，将踏实、务实的人生信仰及人

---

① 新华社：《继续把党史总结学习教育宣传引向深入　更好把握和运用党的百年奋斗历史经验》，《光明日报》2022 年 1 月 12 日，第 1 版。

生追求永远传承下去，以“敢为天下先”的勇气和魄力引领未来。也就是说，守正和创新这一组元能力，是上一层次胸怀和求真元能力的自然递进，它们是密切关联甚至有着互为支撑的重要关系。

我们鼓励创新，我们呼吁创新，我们需要创新。人的创新潜能是无限的。我们应该以积极的心态总结过去的经验教训，拓宽思路，大胆试错，激发灵感，另辟蹊径，努力开发自己的潜能，积累、培育实现全面发展的各种元能力。

回首创新的路上，前行者有杂交水稻育种专家袁隆平，有创造“振超速度”的初中毕业生许振超，有海尔企业负责人张瑞敏，有道桥、高铁、5G通信等行业工程技术人员，更有每年参加大学生创新创业大赛的无数年轻一代。我们相信，未来还有一代又一代的青年学生致力于创新、奉献于创新。

二、独立和合作

有了守正和创新的元能力，也就拥有了既能走向独立、又善于与人合作的基本条件。

独立是一种能力。它一般指一个人凡事都是依靠自身的力量，与外界没有依赖依附、从属隶属的关系，不受他人的支配和影响，能承受挫折和失败的能力。这样的人果断不犹豫、理性有主见，浑身洋溢着从容淡定的精神风貌和沉稳自信的气质风度。

走向独立，是一个人成熟的标志。独立的人能够理智地面对世界，遇事用自己的方式独立解决，并能够对自己的行为负责。一个人，只有精神独立、思想独立，才能严谨务实、独立思考，才有可能认清事物的本质，做出自己的选择和判断。一个人，只有经济独立、生活独立，才能自给自足、不受牵制，才能为精神独立、思想独立创造更好的条件，奠定迈向成功的基础。一个人，只有情感独立、人格独立，才能打破传统束缚，不迷信权威，保持头脑清醒，从而审时度势，“大胆假设，小心求证”。

但现代社会更需要合作，技术的进步更需要合作。协同作战、团队合作是通向未来的一种重要生活方式。从这个意义上说，合作也成为分析一个人的元能力必须关注的重要内容。

合作是一种品格。一般指一个人能与他人联合、配合，大家戮力同心、协商互助，共同面对外界困难，携手实现理想目标。长于沟通、诚恳正直、磊落坦荡都是促进合作的美德。拥有这些美德的人能与人友好相处，待人平等，有较强的亲和力。

善于合作，是一个人成为社会人的基本条件。善于合作就是善于凝聚力量。善于合作有助于事业的发展，能使人更容易走向成功。一个人，只有善于合作才能围绕核心、顾全大局、学会倾听，凡事以集体为重、以团队为要，富有牺牲精神。一个人，只有善于合作才能做到关爱互助，“四海之内皆兄弟”（《论语·颜渊》），风险共担、利益均沾，相互信任、诚实待人，相互尊重、求同存异。一个人，只有善于合作才能“美名不独享，责任不推脱”（洪应明《菜根谭》），依靠这种“推功揽过”的精神境界与他人心心相印、患难与共，形成“心齐、气顺、劲足”的良好氛围。

有人说一个人的强大都是从独立开始的。但独立也好，强大也罢，顽固执拗、一意孤行、刚愎自用、自以为是绝对不是强大和独立所要的结果。正如孔子所言：“多闻阙疑，慎言其余，则寡尤；多见阙殆，慎行其余，则寡悔。”（《论语·为政》）人的思考与行为离不开环境，多读书、多历练、多实践才能形成自己的知识体系，有效提升系统思维和批判性思维的能力。而这个学习、消化、利用他人思想、知识的过程，其实未尝不是一种合作。从这个意义上说，学书本、学理论、学习他人经验、加强知识储备得来的独立精神、独立能力，可以说是一种穿越时空的合作。

人是社会动物，所以对人来说合作是一种力量，也是一笔财富，无时无处不在，事无大小皆需。“三个臭皮匠，赛过诸葛亮”，“人心齐，泰山移”，“一个篱笆三个桩，一个好汉三个帮”，“打仗亲兄弟，上阵父子兵”，生活中有关合作的谚语、成语俯仰皆是。

有人说，善于合作是时代的要求。其实，人类发展每时每刻都没有离开过合作。如果说早期人类的合作基本上是以体力劳动的合作为主，那么现代社会则以智力科技方面的合作为主。现代社会需要更大的团队、更多的合作，有时是直接的合作，有时是间接利用他人思想或研究成果的合作。现代社会，随着科学技术的突飞猛进，强化了国家和地区间的跨文化交流合作；随着经济全球化、一体化时代的到来，强调了全人类的合作。

所以，独立和合作说的都是心理品质。对独立来说，最重要的是精神；对合作来说，最重要的是格局。

之于独立，我们可以借用陈寅恪先生给王国维写的碑文中的一句话：“先生之著述，或有时而不章；先生之学说，或有时而可商；惟此独立之精神，自由之思想，历千万祀，与天壤而同久，共三光而永光。”（陈寅恪《海宁王静安先生纪念碑文》）

之于合作，我们可以借用刘邦说过的一句话：“夫运筹帷幄之中，决胜千里之外，吾不如子房；镇国家，抚百姓，给饷馈，不绝粮道，吾不如萧何；连百万之众，战必胜，攻必取，吾不如韩信。三者皆人杰，吾能用之，此吾所以取天下者也。”（司马迁《史记·高祖本纪》）

回首当下，在新冠肺炎疫情阻击战中，我们有多少人在各自的岗位上坚守职责、独立战斗，又有多少人在党和政府的统一领导下同舟共济、共克时艰！

独立和合作作为实现全面发展的一组元能力，甚至成为走向社会后的一种解决问题、化解危机、纾困制胜、迎接未来的超强战斗力。

第四节 多谋划 能抗压

古人云："凡事豫则立，不豫则废。"（《礼记·中庸》）"宜未雨而绸缪，毋临渴而掘井。"（《朱子家训》）世间万物总是处于不断地发展变化之中，所以我们做任何事情，预先都要有科学的规划、谋划。只有事前充分调查研究、制订详尽行动方案，才能做到有的放矢，才能取得最终的成功，反之一定会是半途而废、一事无成。毛泽东在《论持久战》中分析了"没有事先的计划和准备，就不能获得战争的胜利"问题，并特别强调了由于战争的流动性因而战争计划或方针在一定时间内的相对固定性。① 这就从正、反两方面充分说明了对战争必须做好预先准备的重要性。其实各项工作甚至日常生活莫不如是。只有坚持从全局着眼，从细处入手，凡事审慎思考、周密筹划，才能求得最大效益。

一、谋划和落实

所谓谋划，就是对未来的统一规划、整体设想。一般而言，谋划可以是全方位的，也可以是某一特定领域的，但一定是对未来美好愿景的全面考量、系统描绘，需要统筹研判各方因素、综合考虑各种条件。

对政府管理部门、企事业单位和社会组织来说，谋划具有宏观性、整体性、长远性等特点，一般称之为规划，如国民经济发展规划、区域发展规划、行业发展规划、部门发展规划等。不过规划一词也不是单纯限定在这样的范围之内，其含义也在不断丰富、不断完善。比如，

---

① 《毛泽东选集》(第二卷)，北京：人民出版社，1991 年第 2 版，第 495—496 页。

学生的职业生涯可以冠以“规划”，以引起学校、家庭、社会各方重视，家庭的未来发展可以冠以“规划”以吸引家庭成员全员参与。

与此相对应，对相对微观、相对单一、相对短期的谋划设想一般称之为计划。

对于青少年学生来说，无论是对未来的职业生涯规划，还是对学业的计划安排、对社团活动或假期生活的思路想法，甚至是走上工作岗位后参与单位发展规划或制订工作计划等，都需要不同时期个人知识、素养、能力的支撑。所以，从谋划长远、设想未来的角度来说，谋划就是制订规划或计划，这考量着一个人的知识体系和能力水平。但不管是规划还是计划，都必须做到运筹帷幄、远观未来。显然，有制订规划或计划的自觉意识、整体思路是一种谋划素质，而能制订出全面、准确、符合实际的规划或计划则是一种谋划能力。

谋划与我们常说的“立志”有很大的相似性。“志不立，天下无可成之事，虽百工技艺，未有不本于志者。”[①] 同样，做任何事情也都需要事先谋划。没有谋划设想，未来发展就是无源之水、无本之木，就会随波逐流，失去前进的方向。面对百年未有之大变局，形势的复杂、环境的多变迫切需要我们虑事周全、部署周详，从而达到“谋定而后动，知止而有得”（《孙子兵法·计篇》）的最佳效果。

谋划付诸实践时，还要会根据实际情况对规划或计划进行修订、细化、补充、完善，但这些调整都还属于制定的范畴。规划或计划制订出来之后，要想让谋划的具体方案变为现实，接下来更重要的就是郑重认真的践诺、不遗余力的执行，就是具体的落实。这是实现谋划设定的愿景目标的最后环节，从中可以看出一个人是不是对工作高度自觉、对事业全身心投入。

落实是结果导向，是一步一个脚印对规划蓝图完全彻底、扎扎实

① 王守仁：《王阳明全集》（三），北京：线装书局，2014年，第230页。

实的执行。所以，落实就是践诺、就是做事，检验着一个人、一个组织的执行力。

一方面，机会稍纵即逝。落实的过程一定会遇到各种因素的动荡变化、动态调整，提醒我们既要思维缜密、稳妥慎重，又要刚毅果决、干净利索。另一方面，再美好的蓝图不去执行也是一纸空文。落实规划、计划，一定要不遗余力、持之以恒、常抓不懈，切忌虎头蛇尾一阵风。所以，落实还是心灵寄托和情感牵挂，检验着一个人、一个组织的恒心和毅力。

习近平总书记在2020年秋季学期中央党校（国家行政学院）中青年干部培训班开班式上发表重要讲话时强调，干部特别是年轻干部要提高的“七种能力”，其中就有抓落实的能力。这充分说明了落实在未来社会的无比重要性。①

二、抗压和应变

工业革命以来，科学技术的迅猛发展与广泛运用在给人们带来便利的同时，也使得人们普遍感到压力日增。在快节奏生活成为常态的情形下，新冠肺炎疫情又使人们感受到了更多的不确定性，从而引发了新的焦虑、不安和恐慌。进入后疫情时代，抗压和应变因之成为必须引起高度重视的又一组元能力。

其实，人类社会一直是在直面压力、解决压力而后又面临新的压力中不断发展进步的。很多人的成功，也正是因为能够正确面对压力、消减压力。然而，随着生活水平的提高，社会和家庭都为下一代创造了前所未有的舒适的工作、生活环境。特别是在独生子女家庭，舒适优渥的生活条件、娇惯放纵的教育方法，使得青少年学生没有或少有

① 新华社：《年轻干部要提高解决实际问题能力 想干事能干事干成事》，《光明日报》2020年10月11日，第1版。

面对压力、战胜挫折的机会，一定程度上影响了对他们抗压和应变能力的培树。

不经风雨，何见彩虹。从“××岁少年跳楼轻生”到“××岁少年殴打母亲”，从“××岁少年离家出走”到“××年级学生校园欺凌事件”，近年来发生的类似事件，都源于当事人的心理问题和教育成长的环境影响。梳理这些悲剧，都能看到本应勇敢坚强、充满阳光的青少年学生面对失败、挫折暴露出的疲惫、脆弱、逃避、残酷、冷漠等不健康心理情绪。面对压力、坎坷，他们未能经受外界的轻轻触碰而采取了让人痛心的极端方式。

其实，生活中的压力、挫折、困难、坎坷是常态，也是不可能回避的普遍问题。因此，强大的抗压能力和适应能力理应成为精彩生活的基本能力。我们必须培养青少年学生良好的心理素质，教育、引导他们以积极乐观的心态和百折不挠的精神去面对并战胜一切困难挫折。

心理承受能力的提高非一日之功。应根据不同学龄时期的不同性格特点，有意识地设置一些难题或创造条件让学生自己解决遇到的困难问题，培养抗压承受能力。有时候教师、家长要和他们一起面对困难，共同分析失败成因，帮助他们摆脱压抑、困惑等消极情绪。对难以跳出心理阴影的学生还要耐心疏导，及早进行心理干预。

温室的小苗永远长不成参天大树。工作或生活中有一定的压力并非坏事，这有助于对未来不确定性的及早适应。

仔细想想，生活中多少烦恼、恐惧和焦虑，不就发生在现实和预期“碰撞”的时候吗？如果事情发展符合预期，人们就会落入一种确定感里，觉得事情有把握、能控制，这是一种亲切而且安全的感觉。相反，如果事情发展不能符合预期，人们就会有一种类似失重的感觉。而且，结果偏离预期越远，这种不适感就越强烈。

实际生活中，人们都希望事情的发展、走向符合预期，使我们倍感踏实。可有时候永远不知道明天和不幸哪个先来。所以，我们必须接受这样一个事实：事情不是总按照我们预期的设想来发展。这个世界充满了种种不确定性，一些相关联的成分也并非一直保持恒定不变。我们必须接受意外出现时的种种变数，接受一分耕耘有时并不能有一分收获的难堪。

正是这种不确定性，督促人们发展应变能力。

比如，新冠肺炎疫情暴发以来，病毒变异加快，传播速度惊人，给人们的生产生活带来巨大冲击。常常是一个方案刚刚制定尚未执行，外界条件就发生了变化，让人感到措手不及，颇感无奈、被动，无形中造成多方损失。

这时候，准确识变、科学应变、主动求变的应变能力，就展现了“乱云飞渡仍从容”（毛泽东《七绝·为李进同志题所摄庐山仙人洞照》）的无限定力和善于应对挑战、抵御风险的充分自信。这种审时度势、沉着灵活、成竹在胸，确保了我们“在危机中育先机、于变局中开新局”。

第五节　勤动手　有诗意

首届茅盾文学奖获得者李同文说：“在这个世界上，所有的手工劳动，都是永不停歇的或简单、或复杂的无数次的重复，独有文学创作，对同为手工业者的作家而言，最忌重复，重复别人不行，重复自己更不行。”[①] 虽然李同文把作家的文学创作比作“手工劳动”不失幽默，但他提出了不重复的重要性观点。而做到不重复，就需要思考，就需要动手实践、大胆试错，就需要天马行空般的想象。只不过这样的想象不是胡思乱想，而是知识、素养的自然升华，是生活的创造。这一

① 舒晋瑜：《深度对话茅奖作家》，北京：人民文学出版社，2018 年，第 7 页。

点，在教师教育力的塑造、提升和促进学生全面发展中的意义都是尤为重要的。

一、动手和动脑

动手和动脑是一种形象说法，如果换一组词汇表达，也可以用实操和思考来替代。

动手实操在现代教育中颇受重视。一个时期以来，受应试教育的影响，很多学生理论知识背得滚瓜烂熟，大有倒背如流之势。但纵然文化课考试得了高分，家里或教室的灯泡坏了需要更换时却不知如何下手，门锁出现故障也不知怎样修理。孩子们是父母的心肝宝贝，平日里衣来伸手、饭来张口，远离家务劳动，从来没有摸过钳子、改锥等生活中的常用工具。特别是疫情以来开启线上教学模式要求居家学习之后，一些学生把个人生活弄得凌乱无章、无所适从。

动手实操是一个人走向独立的基础。毛泽东曾经说过："读书是学习，使用也是学习，而且是更为重要的学习。从战争学习战争——这是我们的主要方法。"① 从战争学习战争就是在实践中学习。如果学习只停留在书本之上，学习只完成了一半。理论学习是将书本内容转化为知识的方法，动手实操是检验学习效果、解决实际问题、实现学用统一的重要步骤。所以，理论学习和动手实操是密切联系在一起的，它们共同构成完整的、系统的学习。

当前教育尤其需要重视教学实习、社会实践等一系列能够引导学生主动参与、积极行动的教育教学活动。要让学生有检验自己掌握的知识的充分机会，奠定德技并修、知行合一的思想基础和情感认知，培养其动手实践的饱满热情和自觉意识。要围绕教育培养目标和课程内容精心设计教学实践方案，严格完成教学计划要求，把动手实操和

① 《毛泽东选集》（第一卷），北京：人民出版社，1991 年第 2 版，第 181 页。

理论授课摆到同等重要的位置上来。要充分发挥劳动教育的重要作用，设置内容丰富、形式多样的劳动课程，引导学生养成热爱劳动、勤于动手的习惯和能力。

如果说动手实操对应的是解决问题的能力，动脑思考对应的则是分析问题的能力。未来不是一帆风顺的，有时充满了风险、挑战和未知，所以要学会动脑思考，要有分析问题、预判未来的能力。

既然不确定成为常态，未来充满了变数，那么动脑思考就必须成为一种习惯、一种本领。

一方面，分析问题的思维能力可以通过后天训练逐步提升。我们应该利用学生的好奇心和求知欲，根据其兴趣爱好、智商水平有针对性地对其开展思维训练，锻炼其独立思考的能力。另一方面，遇事三思、冷静镇定是确保思考能力、判断结果不受影响的基本保证。所以，要引导学生学会管理好自己的情绪，全方位权衡利弊得失，不感情用事，不盲目冲动决策。

“在科学上没有平坦的大道，只有不畏劳苦沿着陡峭山路攀登的人，才有希望达到光辉的顶点。”① 学会动手、实操，让我们化解难题、跨越难题；学会动脑、思考，让我们感知未来、预判未来。

二、诗意和想象

长久以来，中外学者围绕学生发展核心素养和潜能开发研究提出了核心技能、关键能力等若干模型框架，对教育发展有着重要的指导意义和借鉴价值。但核心素养指标体系的内涵和衡量标准往往是针对一定社会、一定发展阶段设定的，那些在不同社会、不同发展阶段中有着不同表现的一些综合素质能力因为极大地影响着一个人的精神风貌、气质风范乃至人格魅力，不得不引起我们的高度关注。比如，诗

---

① 《马克思恩格斯全集》（第二十三卷），北京：人民出版社，1972 年，第 26 页。

意和想象，在充满不确定性的今天就尤为重要。

党的十九大报告中指出，中国特色社会主义进入新时代，社会主要矛盾已经转化为人民日益增长的美好生活需要和不平衡不充分的发展之间的矛盾。这个转化的直接表现就是社会生产力的巨大发展、生活水平的显著提高和人民对美好生活需要的日益广泛，特别是在政治、文化、社会、生态等方面的需求日益增长，对民主、法治、公平、正义、教育、住房、养老、健康等需求日益强烈。对基本物质享受之外的需求，我们可以概括为诗意的生活。诗意的生活是社会发展的方向，也是个人对未来美好的向往。

回望历史，我们越获得海量的信息、越向物质世界索取，内心的精神世界就愈发荒凉、愈发逼仄，以至有人发出生活缺少诗、诗离我们越来越远的感叹。[①] 所以，诗意是一种精神、一种力量，是如何对待生活。如何对待生活是一种文化。文化的魅力、文化的生命力在于能与时代同频共振。我们本就是诗的国度，古圣先贤为美吟唱、为民族高歌，现代生活的富足、美好更应该成为丰富文化的内涵，人的自由全面发展更应该学会享受诗意的生活。“生活中并不缺少美，而是缺少发现美的眼睛。”有了对美的观察、体悟，就能感受到身边的美好，激发前行的自觉。

诗是纯粹的、唯美的、深邃的。“诗者，志之所之也，在心为志，发言为诗。情动于中而形于言。”（《毛诗序》）所以，诗意作为一种感觉，体现的是境界、格局。有了境界、格局，生活就有了韵味、情调和仪式感，也就有了自信、富足和力量的源泉。

诗意不是宿命、苟且，不是自我麻痹、精神胜利。诗意的基础是物质丰盈、科技发达，是社会的不断进步和个人的全面发展。

诗意是精神状态、气质风范。之所以未来应重点关注对青少年学

---

① 冯骥才：《为什么我们的生活愈来愈没有诗》，《高中生》2017 年第 31 期。

生的诗意涵养，是因为诗意与心灵塑造、性格干预有着密切关系，对抗压和应变有着重要影响。

有诗意的人必定热爱生活、联想奇妙，有着丰富的想象力。刘慈欣曾经说过这样一句话：在未来，当人工智能拥有超过人类的智力时，想象力也许是我们对于它们所拥有的唯一优势。

正如有人说科学需要幻想、科学需要大胆猜测一样，这里的幻想、猜测其实都是想象。有了想象，才能努力去实现所思所想。想象和谋划不同，想象可以超越客观现实，天马行空、漫无边际。想想看，现实生活中哪一件技术产品不是先有想象再有创造呢？正是在无拘无束、海阔天空的想象启发下，人们努力研究已知、探究未知、创造新知。

有人把想象分为随意想象和有意想象。随意想象是无意的、不自觉的，如上课走神、开会走思，这种心不在焉的行为属于精神不集中、思想开小差。有意想象则是按照一定目的主动、自觉进行的想象。

有意想象又可分为再造想象、创造想象和幻想。

再造想象是根据听到的语音、看到的文字或图像符号，根据自己的理解重新勾画创造的新形象。创造想象是按照他人要求或自己的设想，为了一定目的描绘创造的产品、思路、想法。幻想属于联想，一般是对看到或听到的事物进行想象之后的第二次创造想象，也有的是对现实产生的积极或消极的想象。

表面看，诗意和想象是一种心态层面的活动，但对一个人的经验阅历、知识体系有着极高的要求。也就是说，诗意和想象不是凭空产生的，诗意和想象的基础是自身经历、能力水平、知识建构。当很多人对外界的认识还停留在“第一感觉”状态而迟滞不前甚至无谓宣泄个人情绪的时候，有诗意、会想象作为一种重要的元能力，则使我们能够进入更深层次的思考，从而实现更高的生命价值。

第六节　会学习　常自省

一方面，科技的迅猛发展、知识的爆炸式增长，让我们面对的未知世界愈加陌生，我们迫切需要不断丰富自己、提升自己。“行有余力，则以学文。”（《论语·学而》）当今世界，人类发展取得的一切文明进步成果，都是我们学习的内容。学科技、学人文，学习一切感兴趣、有价值的文化成为我们的现代生活方式。

另一方面，“吾日三省吾身：为人谋而不忠乎？与朋友交而不信乎？传不习乎？”（《论语·学而》）在中华优秀传统文化的滋养下，道德修养正在成为我们的普遍自觉，引导我们把自省作为检视自己行为、提高自己境界的一种修身之道。

一、科技和人文

科技是人们认识世界、利用世界、创造新生活的知识手段，是人类改善旧环境、生产新物资、满足生产生活所需的一种能力。其中，科学和技术又是两个不同的概念。

人文是人类社会各种文化现象的综合体现。但当人文与科技相对应时，科技就是物质，人文就是精神。这时候，人文更多地指向哲学认知观念、艺术审美诉求、文学欣赏批判等人的素养，涵盖人生信念、精神魅力、价值理性、道德情操等教化内容。

掌握科技知识，可以帮助我们把事做好，丰富人文素养则帮助我们更好地做人。可以简单地说，科技使人求真，人文使人求美。真，就是认识真实的世界。美，就是诗化我们的生活。

然而，随着机器在生产生活中被广泛使用以及社会工业化、电气化、信息化、智能化的梯度推进，人类社会越来越多地面对着人性蜕变、精神贫瘠、意志消沉、心灵麻木和审美低下的困惑。现实社会重视工具性知识，对道德养成、忧患意识、互助精神和社会责任感关注仍不足。

1957 年，毛泽东在最高国务会议第十一次（扩大）会议上讲话时指出：“我们的教育方针，应该使受教育者在德育、智育、体育几方面都得到发展，成为有社会主义觉悟的有文化的劳动者。”① 只有在各方面都得到发展，当然包括科技和人文等方面的综合素质能力都得到发展，才能成为有社会主义觉悟的有文化的劳动者。这是教育方针指导下的教育根本任务。如何落实这个任务，体现了教育的发展方向和人才的培养标准，同时也是对马克思主义人的全面发展理论的现实运用。

落实好这个任务，要求学校在设定教育培养目标时，不仅要考虑如何培养学生渊博的知识、先进的理念、高超的技能、娴熟的技艺，更要着力培养学生强于实践、勇于担责、善于创新、乐于奉献的高尚品德。也就是说，我们培养的不是没有思想的冷冰冰的机器，而是有着健康心理和完美人格的活生生的“人”。所以，科技和人文相统一，就是新时代的德育工作，就是解决培养什么样的人、如何培养人以及为谁培养人这个根本问题的钥匙。

将这个思路贯穿教育教学全过程，实现全程育人、全方位育人，就必须“要努力构建德智体美劳全面培养的教育体系，形成更高水平的人才培养体系”。“要把立德树人融入思想道德教育、文化知识教育、社会实践教育各环节，贯穿基础教育、职业教育、高等教育各领域，学科体系、教学体系、教材体系、管理体系要围绕这个目标来设计，教师要围绕这个目标来教，学生要围绕这个目标来学。凡是不利于实现这个目标的做法都要坚决改过来”②。

---

① 《毛泽东文集》（第七卷），北京：人民出版社，1999 年，第 226 页。

② 中共中央党史和文献研究院：《十九大以来重要文献选编》（上），北京：中央文献出版社，2019 年，第 653—654 页。

二、学习和自省

结合新冠肺炎疫情暴发以来人性的种种表现，我们还可以挖掘出很多适应后疫情时代需要的综合素质能力。这些不同素质能力之间也并非绝对孤立，有的也是相互包容或相互支撑的。而另一方面，我们也不可能穷尽一切素质能力。但无论是前面探讨的若干元能力还是有待进一步整理的其他综合素质能力，如孝道、感恩、守法、诚信等，都要靠人们在生活实践中不断学习、不断揣摩领悟。所以最迫切的，是每个人都必须具备“学习和自省”这组重要的元能力。

“玉不琢，不成器；人不学，不知道。”（《礼记·学记》）学习是人类的基本属性，是将知识技能转化为行为能力的过程。学习力是一个人学习动力、学习能力、学习毅力和学习创新力的综合体现，是获取和分享知识的原始能力，也是使用和创造知识的终极能力。

学习的目的是为了搭建自己的知识框架，培育自己的“知识树”。这是一个不断重构知识和提升自我的修炼过程，是对知识的积累、调动、实践、沉淀和升华。对于学习，古人总结了传承至今的成功经验和方法，值得我们去借鉴效仿。诸如，“学而时习之”（《论语·学而》），“温故而知新”。“学而不思则罔，思而不学则殆。”（《论语·为政》）“博学之，审问之，慎思之，明辨之，笃行之。”（《礼记·中庸》）“不积跬步，无以至千里；不积小流，无以成江海。骐骥一跃，不能十步；驽马十驾，功在不舍。”（《荀子·劝学》）“句句而求之，昼诵而味之，中夜而思之，平其心，易其气，阙其疑。”“须将圣人言语切已，不可只作一场话说。”（《四书章句集注·读论语孟子法》）这些方法不仅强调了学习贵在坚持、贵在勤学好问，而且也蕴含着正心诚意、修身养德的文化内涵和思想价值。

“朝闻道，夕死可矣。”（《论语·里仁》）重视学习、善于学习是流淌在我们血液里的民族文化基因。“凡大师门下得道最多者，不是聪明最高的，而是用力最勤的人。”① 能不能学习、会不会学习，是未来社会对一个人的基本要求。就像习近平总书记所说的那样，“善于学习，就是善于进步”②。所以学习和学习力的锻造，直接影响一个人的职业发展能力，体现了一个人的自省能力和自省的主动性。

自省是自我认知、自我净化、自我完善、自我提高，是做人的美德。“如切如磋者，道学也；如琢如磨者，自修也。”（《礼记·大学》）“自修者，省察克治之功。”（《四书章句集注·大学章句》）无论是孔子的“吾日三省吾身”，还是朱熹的“日省其身，有则改之，无则加勉”，抑或是荀子的“君子博学而日参省乎已，则知明而行无过矣”，都是人们自我意识的能动展现。

中华优秀传统文化的精髓是德性修养。“见贤思齐焉，见不贤而内自省也。”（《论语·里仁》）扪心自问、反躬自省是中华民族倡导的修养标准之一，是一种自我教育、自我调控的能力，是流淌在血液里的音符，是镌刻在基因上的旋律。这种美德和能力作为一种文化，不仅影响个人修养，甚至也是社会组织乃至政党的遵循。比如，批评和自我批评就是中国共产党政治生活中坚持的一条基本准则，勇于自我革命就是我们党最鲜明的品格和最大的优势。

学习和自省，将提升我们的综合素质能力，夯实实现全面发展的元能力。后疫情时代，面对新一轮科技革命、产业变革和前所未有的职业变迁与调整，我们要重新审视教育，尤其需要借用疫情、灾难这本现实教材，大力开展生命教育、科学教育、道德教育、人文教育、感恩教育，全面实现学生综合素质能力的整体提升。

---

① 顾随：《顾随全集》（卷七·传文录），石家庄：河北教育出版社，2014 年，第 41 页。

② 习近平：《序言》，《光明日报》2019 年 3 月 1 日，第 1 版。

第八章　课程思政一体化的实现途径

道德修养是伴随人一生的永恒课题，高尚的师德师风是教师职业永无止境的终身追求。如果说不同学段、不同类别的学校，对学科知识内容多少、难度深浅以及学生综合素质能力的要求有所不同的话，那么大中小幼共同的目标指向则是德育。德育对于学生潜移默化的影响，最有效的就是课程思政。在大中小幼课程思政一体化建设的视角下，教师专业发展不仅是狭义的对应教学岗位职责上的专业发展，也是实现育人目标的教师人格魅力、综合素质能力的全面发展，是教师教育力的全面发展。

“欲明人者先自明。”（王夫之《四书训义》）教师作为“明人者”，德育不仅是在育学生，也是在育自身。“欲人勿疑，必先自信。”（冯梦龙《东周列国志》）课程思政不仅是对学生的思想政治教育，也是一种自我教育。

第一节　课程思政一体化建设

课程思政一体化其实就是德育一体化。德育一体化要求针对不同学段学生的思想实际，做到德育课程和德育工作上下衔接、协同配合，实现全方位、全链条的德育。强调大中小学思政课一体化建设，对于讲好新时代思政课、落实立德树人根本任务，有着重要的现实意义。

因此，“要把统筹推进大中小学思政课一体化建设作为一项重要工程，坚持问题导向和目标导向相结合，坚持守正和创新相统一，推动思政课建设内涵式发展”①。

一、思政课一体化建设的基本要求

思政课一体化建设是新时代学校思政课建设的重大创新。思政课的教育总目标，自然是紧紧围绕立德树人的根本任务，培养建设中国特色社会主义的时代新人。不同学段思政课教育的具体目标，是思政课教育总目标的基本构成，在思政教育体系中占据着重要的地位。

“思政课是落实立德树人根本任务的关键课程，思政课作用不可替代，思政课教师队伍责任重大。”2019 年 3 月 18 日，习近平总书记在学校思想政治理论课教师座谈会上的讲话中指出：“要针对不同学段，根据思想政治理论教育规律和学生成长规律科学设置具体教学目标，抓好教学目标设计、课程设置、教材编写、教学改革、教师培养、考核评价等环节，既不能揠苗助长、操之过急，又不能刻舟求剑、故步自封。”“课程设置要相对稳定，坚持大中小学纵向主线贯穿、循序渐进，各类课程横向结构合理、功能互补的原则，确保教材的政治性、科学性、时代性、可读性。”“在大中小学循序渐进、螺旋上升地开设思政课非常必要，是培养一代又一代社会主义建设者和接班人的重要保障。人的成长、成熟、成才不是一蹴而就的，而是一个渐进的过程，就跟人的生理发育一样，所以要把这几个阶段都铺陈好。”②

2019 年 8 月，中共中央办公厅、国务院办公厅颁布了《关于深化新时代学校思想政治理论课改革创新的若干意见》，对不同学段思政课教学提出了明确的具体要求。

---

① 习近平：《思政课是落实立德树人根本任务的关键课程》，《求是》2020 年第 17 期。

② 习近平：《思政课是落实立德树人根本任务的关键课程》，《求是》2020 年第 17 期。

按照这个意见，大学阶段重在增强使命担当，引导学生矢志不渝听党话跟党走，争做社会主义合格建设者和可靠接班人，因此思政课要着眼于理论涵养和深入学习，使学生深刻理解马克思主义基本理论，深入学习习近平新时代中国特色社会主义思想。

高中阶段重在提升政治素养、政治认同，引导学生衷心拥护党的领导和我国社会主义制度，因此要着眼于培树中国特色社会主义的文化自信，使学生内化实现中华民族伟大复兴的自觉意识，增强做中国人的志气、骨气、底气。

初中阶段重在打牢思想基础，引导学生把党、祖国、人民装在心中，强化做社会主义建设者和接班人的思想意识，因此要着眼于家国情怀的培育、家国担当的启蒙，使学生学会关心祖国和人民，树立做社会主义建设者和接班人的思想。

小学阶段重在启蒙道德情感，引导学生形成爱党、爱国、爱社会主义、爱人民、爱集体的情感，因此要着眼于道德情感的启蒙，使学生形成"五爱"的情感，萌生做社会主义建设者和接班人的美好愿望。

"学校思想政治工作不是单纯一条线的工作，而应该是全方位的。要完善课程体系，解决好各类课程和思政课相互配合的问题，鼓励教学名师到思政课堂上讲课，解决好推动其他教职员工和思政课教师相辅相成的问题，推动思想政治工作贯通人才培养体系，发挥融入式、嵌入式、渗入式的立德树人协同效应。"①

二、思政课一体化离不开课程思政一体化

"办好思政课，最根本的是要全面贯彻党的教育方针，解决好培养什么人、怎样培养人、为谁培养人这个根本问题。"② 所以，推进大中

① 习近平：《思政课是落实立德树人根本任务的关键课程》，《求是》2020 年第 17 期。

② 习近平：《思政课是落实立德树人根本任务的关键课程》，《求是》2020 年第 17 期。

小学思政课一体化建设的基本理念和根本路径，是要树立“思政共同体”“德育共同体”的思想认识，明确思想政治教育的共同目标任务。

“办好思政课关键在教师。调动思政课教师的积极性、主动性、创造性，必须增强教师的职业认同感、荣誉感、责任感。”“必须旗帜鲜明讲清楚：讲好思政课不仅有‘术’，也有‘学’，更有‘道’。”① 显然，这里的思政课教师是指承担思想政治教育任务的所有教师甚至所有教育工作者。

单纯的思政课教师自不待言。承担专业课程的教师和其他教育管理、教育服务人员，也有着育人的重大使命。“要坚持把立德树人作为中心环节，把思想政治工作贯穿教育教学全过程，实现全程育人、全方位育人，努力开创我国高等教育事业发展新局面。”“要用好课堂教学这个主渠道，思想政治理论课要坚持在改进中加强，提升思想政治教育亲和力和针对性，满足学生成长发展需求和期待，其他各门课都要守好一段渠、种好责任田，使各类课程与思想政治理论课同向同行，形成协同效应。”② 习近平总书记 2016 年在全国高校思想政治工作会议上的重要讲话，实际上就蕴含了课程思政的基本要求。

第一，课程思政一体化应该是大中小幼课程思政一体化，是对全领域、全学段教育的概括总结。

课程思政的师德本义已经说明了课程思政建设就是教师的个性发展思政、全面发展思政，是教育工作者的生活思政、言行思政，更是师德思政、师风思政。师德思政、师风思政不仅涉及教师的个体师德、师风，也涉及教师的群体师德、师风，而且这个师德、师风都是对党的教育方针的贯彻，对立德树人使命的践行。因此，在课程思政一体

---

① 习近平：《思政课是落实立德树人根本任务的关键课程》，《求是》2020 年第 17 期。

② 新华社：《把思想政治工作贯穿教育教学全过程　开创我国高等教育事业发展新局面》，《光明日报》2016 年 12 月 9 日，第 1 版。

化视角下师德师风是一致的、贯通的。其中，高等学校习惯称其为课程思政，中小学习惯称其为学科德育，在幼儿园因为是以游戏活动为主组织教学，因此称其为活动思政。如果说幼儿园没有具体的思政课，因此思政课一体化称作大中小学思政课一体化，那么课程思政一体化则应该把幼儿教育纳入其中，称作大中小幼课程思政一体化。某种意义上，幼儿园的游戏活动因为寓教于乐、寓学于乐，更符合教育的基本原理，更尊重教育的基本规律，其活动思政的科学理念其实应该是目前广义课程思政的学术基础。也就是说，我们既然认为广义的课程思政不仅是在课堂上挖掘课程背后的思政元素知识点，还包括教师在课下、校外的言传身教、以身示范，那么幼儿园自始至终为了孩子们实现在德智体美劳全面发展或在某些方面打下一些基础组织开发的游戏活动，以及幼儿园教师在幼教课堂之外的言谈举止、音容笑貌，则是通过活动思政实现保教保育目标的目的所在。

第二，课程思政的本质是思政。因此，对思政课教师的基本要求，同样适用于课程思政。

教师承载着传播知识、传播思想、传播真理，塑造灵魂、塑造生命、塑造新人的时代重任。教师身为人生导师，政治要强、情怀要深、思维要新、视野要广、自律要严、人格要正。习近平总书记提到的这“六要”，是对教师的普遍要求，也正是我们前面提到的广义的课程思政、师德师风思政。比如，自律要严，就是指教师“对自己要求要严格，既要遵守教学纪律，也要遵守政治纪律和政治规矩，做到课上课下一致、网上网下一致，不能在课上讲得不错、却在课下乱讲，不能在现实生活中表现不错、却在网上乱说”①。如果课上课下不一、校内校外二致，自然得不到学生的信任，自然不能成为学生为学、为事、为人相统一的“人师”。

① 习近平：《思政课是落实立德树人根本任务的关键课程》，《求是》2020年第17期。

思政课教师要努力推动思想政治理论课改革创新，坚持政治性和学理性相统一、价值性和知识性相统一、建设性和批判性相统一、理论性和实践性相统一、统一性和多样性相统一、主导性和主体性相统一、灌输性和启发性相统一、显性教育和隐性教育相统一，不断增强思政课的思想性、理论性和亲和力、针对性。专业课教师要增强课程思政的思政理念，把握好立德树人的政治高度、思政元素的挖掘深度、课时占比的分配量度、师德师风的弘扬力度，有效避免课程无思政、思政不到位或把课程简单“思政化”等问题。

第二节 教师专业发展

德育，一方面是有形有料的德育课程、德育活动，以及挖掘其他课程、活动中的思政元素知识点开展的课程思政，这是直接的灌输；另一方面是教师的人格魅力、敬业精神以及人生态度，即教师的言传身教，这是润物无声的示范。虽然德育的理念、内容和方式方法在不同学段侧重点有所不同，但育人的方向是一致的，那就是都是为了培养合格公民，都是为了培养堪当民族复兴大任的时代新人。各级各类学校德育方向的一致性，对教师的专业发展提出了共同的要求。

一、教师专业发展的特殊意义

人类社会生产伊始，便有了教师这一职业。进入工业社会以后，专门培养教师的师范教育应运而生。1966 年，联合国教科文组织《关于教师地位的建议》首提教育工作应被视为专门的职业，对教师的培养、学习提出了要求。[1] 自此，很多国家开始了教师专业化运动。

专业是一个社会学概念，一般需要经过专门的学习训练，并与专门的技术、专门的服务相关联。教师专业化运动的开展，提升了国际社会对教师专业发展的重视。国际社会对教师专业发展的认识和实践，相继经历了“专业化”“反专业化”“新专业化”等阶段。然而学术界对教师专业发展概念的界定众说纷纭、观点不一，主要分歧是如何看待“专业”，集中争论是把专业窄化还是把专业宽泛化。

今天，我们站在德育一体化的维度看待教师专业发展，既要借鉴国际社会教师专业发展的历史经验，更要基于马克思主义人学理论和人的全面发展思想，重新审视新时代教师的专业发展。

国际社会教师专业发展经历的“专业化”“反专业化”“新专业化”等阶段，是对教师专业发展的再认识。早期，随着科学技术的广泛运用和现代化的迅速发展，“工具理性”主导了欧美国家的社会意识，教师专业能力由传统的“教书”向“教技”转型。20 世纪 70 年代以后，后现代主义蔓延，出现了“反专业化”或“脱专业化”方向，提出了对所教内容的价值及其道德和社会目的方面，在教学、课程设置以及关怀、影响学生方面，都需要不断加强教师的责任意识等。[2]

如果单从字面来理解，教师专业发展显然指的是教师的专业成长，是教师为了胜任教师这一专门职业要求而不断学习、不断提升的过程。而在具体的教育教学实践中，教师专业发展是多维发散的，也是梯度递进上升的，更是有着深刻的时代印记的。现实社会中，教师专业发展重在改变、完善教师专业结构，提升教师专业素质、能力，培植教师专业精神。这方面观点较多，国内有学者认为教师专业结构由专业

① 教育部师范教育司：《教育专业化的理论与实践》（修订版），北京：人民教育出版社，2003 年，第 45 页。

② 刘捷：《专业化：挑战 21 世纪的教师》，北京：教育科学出版社，2002 年，第 60—61 页。

信念、专业知识、专业能力、专业态度和动机、自我发展的需要和意识构成。① 也有人认为教师专业结构是由职业知识、职业能力、教育理念构成。② 还有人指出教师专业发展是教师个体专业发展的历程，是教师不断接受新知识、增长专业能力的过程，有着专业发展的自主性、阶段性、连续性、情景性、多样性等特点，有着职前培养、职后发展等模式。③ 但无论如何，教师专业发展在改变、完善教师专业结构的同时，特别突出了学科专业知识以外的内容，即职业精神。这一点，是我们基于课程思政一体化视角研究教师专业发展的重要内容。

一方面，教师为完成承担的学科教学任务，既需要紧跟学科发展不断提升自己的理论水平，也需要紧跟时代不断更新教学技巧、教学技能以提升教学质量。职业精神在这里表现为职业道德的自觉性，是把继续学习、终身学习融入职业发展的主动行为。

另一方面，教师是学生人生成长的引路人，既有言传身教、师德师风润物无声的榜样示范，也有教学过程中联系社会实际的启发联想对学生进行的课程思政教育。职业精神在这里表现为职业道德的人文性，是教师用自身全面发展引导、影响学生全面发展的魅力风范。

所以，教师的专业发展因其职业的特殊性，更加呈现出全面发展的特征。或者说，教师专业发展中的“专业”，不是传统学科专业中的“专业”，而是胜任教师职业要求的“一系列专业”：知识、能力、技巧、精神、道德等。而且，这些“专业”难以穷尽、难以量化，却又深刻影响着一个人的水平能力，是一个人综合素质的复杂呈现、多维展现。

---

① 叶澜、白益民、王枬、陶志琼：《教师角色与教师发展新探》，北京：教育科学出版社，2001年，第231—241页。

② 傅道春：《教师的成长与发展》，北京：教育科学出版社，2003年，第139—152页。

③ 罗蓉、李瑜：《教师专业发展：理论与实践》，北京：北京师范大学出版社，2012年，第12—37页。

二、教师专业发展内容

教师专业发展内容指的是教师要在哪些方面实现或获得专业发展。发展内容取舍的不同，形成发展结果的不同，最终构成不同的专业结构。基于课程思政和全面发展的认识，教师专业发展有着重要的专业要求和独特的时代意义。

第一，教师的专业发展要求教师要有基本的教育专业知识，并在这个基础上实现相关知识的不断更新、完善。

作为教师，一是要掌握教育学的相关理论知识。要有胜任教学岗位的知识基础，熟悉教育基本理论，如教育学、心理学、课程论、科研方法等。二是要掌握所担任学科的基本理论知识。要能够科学、系统地把某一学科知识按照教学计划、教学大纲、教学目标等要求，为学生进行深入讲解。三是要掌握和所从事教学岗位相近学科的知识或者说跨学科知识，保证知识的综合性，体现教师的博学。

实现相关知识的不断更新、完善，就是要坚持终身学习，通过各种形式的自学和有组织的在职培训、学习，关注技术进步，紧跟时代变化，和学科发展同步。

第二，教师的专业发展要求教师要有胜任教育教学岗位的教育专业能力，并在这个基础上实现相关能力的不断丰富、提升。

教育专业能力就是胜任教育教学任务的综合素质能力，如授课能力、学生管理能力、学生活动策划能力、教育科研能力、教材编写能力等。首先，最基本的是设计教学目标的能力，主要反映教师个体对教学任务的分解、细化以及确定实现这一目标需要调动的各种教育资源。其次，要有过程实施需要具备的各种能力素质。要求教师能够有效利用教育资源、自身知识，能够针对教育对象的具体情况采用有效的教育教学方法、手段、技巧，实现教育目的。再次，要有有效控制教育过程的能力。不同时代背景、不同学校文化之下，对不同学段、不同学生也形成不同的教情、学情，从而使得教育教学过程呈现出不同的效果。这就要求教师要有临场应变能力，能在不同教育教学过程中实施教育影响，并有效开展学习探究和教育研究，实现在实践中提升、提高的理想结果。最后，还要有教育评价能力。不仅要有对学生学习行为的评价评估，还要有对教师自身教学效果的评价。前者主要是教育教学过程的鉴定，对教学目的、教学方案的评判，后者主要是对教师自身教学行为的反思，最终都是要加强教师的自我促进、自我激励、自我成长。

第三，教师的专业发展要求教师要有规范的教育专业品德规范意识，并在遵循相关规范、规则的过程中，实现教师专业发展。

教育专业品德规范意识是教师在教育教学过程中对国家、地方和学校的相关规章制度的遵守和践行，而这又进一步形成了具体的教师专业品德行为、教师专业品德修养。教师专业品德行为的社会表现，一是处理与学生的关系，诸如公平地对待每一个学生、尊重学生、爱生如子、慎用惩戒等。二是处理与家长的关系，诸如建立与家长的平等关系、良好的沟通习惯、向家长客观评价学生、换位思考等。三是处理与领导、同事的关系，诸如服从学校安排、认真建言献策、积极参加集体活动、调控情绪、保持微笑、乐于助人等。教育专业品德规范意识和行为，直接影响着教师专业精神的养成。教师专业品德修养，重在坚持知行合一，勤学、乐学、好学，善于交流，乐于研究，长于内省，重视实践提高，重视在实践中检验、检视所学、所得、所思、所悟。

第四，教师的专业发展要求教师要有较强的教育专业精神，并在履职尽责中实现教师教育专业知识的丰富、教师专业能力的递进。

“学不贯今古，识不通天人，才不近仙，心不近佛者，宁耕田织布取衣食耳，断不可作医以误世！医，故神圣之业，非后世读书未成，生计未就，择术而居之具也。是必慧有夙因，念有专习，穷致天人之理，精思竭虑于古今之书，而后可言医。”（裴一中《裴子言医·序》）教师也是如此。教师自古以来就是一项光辉的、神圣的事业，不是随随便便谋生的职业，身为教师必当竭尽全力、全力以赴。“教师重要，就在于教师的工作是塑造灵魂、塑造生命、塑造人的工作。”① 医生面对的是人的肉体生命，教师面对的是人的精神生命，教师专业精神成为支持教师专业发展的重要力量源泉。

知识、能力是外在的力量，靠不断地学习、培训来提升；精神是内在的力量，靠自觉的修养、磨炼来培育。教育专业精神是教师对教育教学工作的投入程度、热爱程度、奉献程度，是内心自发的一种自觉自愿，是文化推动的自励奋进，最终形成较强的服务、奉献理念和专业伦理精神。如果一个教师有着较高的教育专业知识、较强的教育专业能力，但没有教育专业精神，教育专业伦理匮乏，教育专业知识、教育专业能力的实践效果也是不理想的。反之，如果有着饱满、向上的教育专业精神，而教育专业知识、教育专业能力条件一般或不足，但通过后期不断地学习、培训，教育专业知识、教育专业能力也都是可以得到丰富和提升的。

由此回看课程思政建设，对教育专业知识、教育专业能力甚至教育专业精神都有着独特的要求，也都有着促进作用。特别是对于教育专业精神、专业伦理来说，课程思政建设的作用和意义，就显得更为重要。

三、教师专业发展原则和策略

如何实现教师专业发展，是教师个人和学校及教育行政管理部门的共同责任。但不管对谁来说，实现教师专业发展，第一，要坚持以

① 习近平：《做党和人民满意的好老师——同北京师范大学师生代表座谈时的讲话》，《光明日报》2014 年 9 月 10 日，第 2 版。

学生发展为根本。教育的目的是育人，教师发展归根结底是为了学生发展。促进学生发展是教育发展的根本目的。因此，教师专业发展设计要以实现学生发展为基础，围绕如何促进学生发展展开研究，落实教师专业发展。第二，要坚持以教师发展为主体。在教育教学活动中，教师是施教者，有着主导作用。教学计划的制订、实施，教学目标的设计、落实，教学大纲的编写、修改等，都以教师的主动参与、认真负责为基础。所以，围绕教师专业发展的学习、培训以及各种服务活动，必须满足教师需要，符合教师特点，考虑教师兴趣，并确保教师全员参与、全程参与。第三，要坚持以校本实际为基础。教育教学目标的实现，以学校为基本单位。无论对于学生还是教师来说，环境的影响、文化的熏陶，都是非常重要的影响。因此，教师专业发展也要坚持校本实际，以学校为教师专业发展的基本单元，落实教师专业发展的一切所需，并通过学校文化的传承实现理想化的追求。

教师专业发展策略，一要了解专业发展需求，充分考虑教师个体和学校整体不同层面的要求和期望，对现有教师专业发展状况进行把脉诊断，确定发展目标和方向，制订符合实际的发展规划。二要把握教师发展规律，按照不同学龄学段、不同专业学科岗位分析教师成长规律，分析问题症结，研究角色差异，针对岗位需求实施教师专业发展规划。三要确定教师专业发展的目标愿景，在终身学习理念指导下，有效发挥学校的组织功能，修订、完善教师专业发展规划。同时，有条件的学校还要积极鼓励教师个人制订、实施个体教师专业发展规划，推动教师个体全面发展和教师队伍整体水平的全面提升。

第三节　课程思政一体化视角下的教师专业发展

教师职业的特殊性、事业性，已经说明了教师专业发展的系统性、全面性。教师的专业是全面的专业，是知识传授和精神塑造的融合。既要传授知识给学生，也要实现教师自身的不断丰富、不断补充；既要对学生进行精神塑造，也要塑造教师自身，教师塑造先于学生塑造，教师之于学生具有示范性、引领性，这使得精神塑造、人格培养、价值引导在教师专业发展中意义重大。而这又和课程思政有着惊人的相似之处。所以，教师专业发展如果非要假以课程思政一体化视角的话，其实指的就是大中小幼教师与学生一起出彩、一起成长，就是师德师风对统一发展、全面发展的整体影响。归结到一点，就是教师队伍建设。而评价教师队伍素质的第一标准是师德师风，所以课程思政建设、教师专业发展永远是和师德师风紧密联系在一起的，这是推动教师成长的精神支撑。

一、教师专业发展中的师德师风逻辑

德育一体化建设，除了坚持管理机制、教材建设、课程体系、教学内容的衔接外，更重要的是坚持师德师风的一体化建设。同一知识点在不同类别、不同层次学校的不同课程中侧重点肯定不一样，学术关注程度、教师讲解深度肯定也不一样，存在观点分歧、见仁见智也是属于正常的。然而，师德的方向、理念不应该存在分歧，师风的表现不能有差异，教风、学风对学生人生成长的影响肯定也是一致的。也就是说，各级各类学校的教师都必须严格师德修养，温润人格，做到以德立身、以德立学、以德施教，促进自身的发展和成长，促进教师队伍整体水平的不断进步和提高。

教师承担着教书、育人的双重任务。在德育一体化视角下，教师专业发展不单单要求教师具有履行“教书”职责的岗位能力、知识架构、科学素养，更重要的是具有履行“育人”重任必须具备的道德品质、眼界格局、人格魅力等。

“学高为师，身正为范。”德育一体化视角下的教师专业发展显然更加强调师德师风建设。这里的师德不是狭义的职业道德，而是广义的教师文化、师德文化；这里的教师专业发展不再是师范教育学科中的专业发展，而是胜任教师岗位职责的专业能力、专业精神、专业品质的融合汇聚。从这个意义上来说，师德师风是教师专业发展的基础和载体，是教师实现专业发展的逻辑起点。习近平总书记曾经强调指出："评价教师队伍素质的第一标准应该是师德师风。"① "师德是深厚的知识修养和文化品位的体现。师德需要教育培养，更需要老师自我修养。做一个高尚的人、纯粹的人、脱离了低级趣味的人，应该是每一个老师的不懈追求和行为常态。""在信息时代做好老师，自己所知道的必须大大超过要教给学生的范围，不仅要有胜任教学的专业知识，还要有广博的通用知识和宽阔的胸怀视野。"② 为落实习近平总书记的指示精神，中共中央、国务院《深化新时代教育评价改革总体方案》也提出"坚持把师德师风作为第一标准"，"改革教师评价，推进践行教书育人使命"，"对出现严重师德师风问题的教师，探索实施教育全行业禁入制度"。③

可见，如果没有师德师风，就不可能有教师专业精神，也就不可能有教师专业知识和教师专业能力，从而也就不会有教师专业发展。某种意义上，师德师风就是专业精神。有了师德师风，就有了教师专业精神的自觉与向上，从而也就推动了教师专业知识和教师专业能力的奠基与提升。教师专业知识和教师专业能力在完善、提高的过程中，也将助推教师专业精神的凝聚与弘扬。

---

① 习近平：《在北京大学师生座谈会上的讲话》，《光明日报》2018 年 5 月 3 日，第 2 版。

② 习近平：《做党和人民满意的好老师——同北京师范大学师生代表座谈时的讲话》，《光明日报》2014 年 9 月 10 日，第 2 版。

③ 《深化新时代教育评价改革总体方案》，北京：人民出版社，2020 年，第 8 页。

二、课程思政建设是对教师专业发展的促进与提升

课程思政建设需要挖掘课程思政元素知识点。挖掘思政元素知识点、实施课程思政教学，课堂上需要充分运用教师的专业能力、全面调动教师的专业知识，课堂之外则需要教师率先垂范、以身作则，用高尚的师德师风影响学生、引导学生。

第一，课程思政建设要求教师不断完善知识构成和提高联系实际的能力水平，这是对教师专业知识的基本要求。

在前面的章节中曾经分析提到，教师作为施教者，利用一定的教育教学设施和选定的教育教学内容，帮助学生确立最基本的发展方向、奠定最基础的能力水平，首先要审视自身的个性发展层次和全面发展水平。每一位教师实施的课程思政，首先是对教师自身的个性发展、全面发展的展示和检验。一般而言，人文素养、科学素养深厚的教师善于联想、富于联想，挖掘思政元素的能力就相对较高。

教育与生产劳动相结合的基本原则，决定了教育教学必须紧密联系社会实际。也唯有联系实际，才会有科学的课程思政，才能够“把道理讲深、讲透、讲活”，“达到沟通心灵、启智润心、激扬斗志”的作用。① 联系实际就是把社会现实和学生的思想状况结合起来，关注社会现实的复杂多样，关注学生所思所想的包罗万象，引导学生正确认识社会、客观看待矛盾。这就要求教师能够“把思政小课堂同社会大课堂结合起来，教育引导学生立鸿鹄志，做奋斗者”②。同时，这也要求“老师始终处于学习状态，站在知识发展前沿，刻苦钻研、严谨笃学，不断充实、拓展、提高自己。过去讲，要给学生一碗水，教师要

---

① 新华社：《坚持党的领导传承红色基因扎根中国大地 走出一条建设中国特色世界一流大学新路》，《光明日报》2022 年 4 月 26 日，第 1 版。

② 《习近平谈治国理政》（第三卷），北京：外文出版社，2020 年，第 330—331 页。

有一桶水，现在看，这个要求已经不够了，应该是要有一潭水”[①]。

第二，课程思政建设要求教师必须能够正确理解和运用思想政治教育这个理论方法，这是对教师专业能力的基本要求。

课程思政不同于思政课程，但思想政治教育原理是相通的。每一位教师实施的课程思政，首先是对教师政治素养、政治能力的检验。不理解教育的阶级属性，认识不到育人使命的政治属性，没有清醒的政治思维，就做不到政治上的主动，就不可能有效开展好课程思政建设，不可能在课程教学中利用思政元素知识点对学生进行正确的理想信念和人生价值教育。

教师作为施教者，利用日常的课程教学、实践教学和选定的教育教学内容，帮助学生确立最基本的发展方向、奠定最基础的能力水平，首先要审视自身的能力水平。一是要有教育教学的技巧方法，掌握相关的教育理论知识，熟悉一定的教育技术。二是要有对学科知识的重新构建能力，要在学习的基础上把学科理论变成可以轻松输出的自己的知识。三是要心明眼亮，能够紧跟时代，找准矛盾的焦点，挖掘问题的根源。

第三，课程思政建设推动着师德师风建设，这是对教师专业品德规范意识和教师专业精神的终极影响。

习近平总书记在清华大学考察时指出，“教师要成为大先生，做学生为学、为事、为人的示范，促进学生成长为全面发展的人”[②]。这既是对广大教师的谆谆嘱托和殷切期盼，也是新时代教师队伍建设的总方向、总目标。从师德师风的弘扬维度来说，课程思政就是教师的生

---

① 习近平：《做党和人民满意的好老师——同北京师范大学师生代表座谈时的讲话》，《光明日报》2014年9月10日，第2版。

② 新华社：《坚持中国特色世界一流大学建设目标方向　为服务国家富强民族复兴人民幸福贡献力量》，《光明日报》2021年4月20日，第1版。

活思政、言行思政，就是教师的师德思政、师风思政。

高尚的师德是永无止境的职业追求，是教师的荣光和骄傲。一个伟大的师者，从来不是单纯授课，而是“要成为学生做人的镜子，以身作则、率先垂范，以高尚的人格魅力赢得学生敬仰，以模范的言行举止为学生树立榜样，把真善美的种子不断播撒到学生心中”①。师德师风建设与教师专业品德规范意识和教师专业精神不仅有着方向上的一致性，这三者甚至可以说是同义。而课程思政建设尤其是课程思政对教师言行和教师发展的要求，推动着教师从个体发展走向群体发展，进而也从生活思政走向了现实中对教师专业品德规范意识和教师专业精神的终极影响。

因此，课程思政建设不仅成为德育一体化的重要途径，也成为推动教师自身实现全面发展的重要因素，进而还成为推动并影响学生实现全面发展的重要教育理念。

三、树立大思政课的观念是教师专业发展的重要标志

习近平总书记指出：“‘大思政课’我们要善用之，一定要跟现实结合起来。上思政课不能拿着文件宣读，没有生命、干巴巴的。”“思政课不仅应该在课堂上讲，也应该在社会生活中来讲。这次总的背景是世界百年未有之大变局，‘两个一百年’的历史交汇期，突如其来的疫情加剧了这两个方面给人们的影响。”②

习近平总书记的重要讲话不仅为我们进一步开好思政课、继续深化思政课改革创新提供了根本遵循，指明了方向路径，更重要的是提出了“大思政课”的教育理念，对教师专业发展提出了新的要求。课程思政建设要在“大思政课”的教育理念指导之下，进一步强化师德

---

① 学习小组：《习近平首次点评“95后”大学生》，《人民日报》2017年1月3日，第2版。

② 杜尚泽：《习近平总书记两会“下团组”》，《人民日报》2021年3月7日，第1版。

引领，推动素养提升，推进全面发展。

第一，要领悟教育理念之大。“大思政课”增强了德育的思想性、理论性和亲和力、针对性，也使得思政课在具体的讲授中能够做到讲得有深度、有力度、有温度。课程思政的思想政治教育属性，要求教师树立“大思政课”教育理念，提升课程思政育人能力。

教育不是虚无缥缈的抽象概念，学校不是虚幻模糊的空中楼阁。“大思政课”教育理念的精髓就是放眼外部世界、联系历史发展。一是要充分利用教育的现代性、生活性以及和生产实践的密切关系，主动把课堂搬到社会，把课程融入社会。这是社会发展赋予教育的责任，也是开阔学生视野、提高学生适应能力、锻炼学生应变能力必不可少的实践环节。要把思政元素融入大的时代格局、大的历史视野，从历史长河、时代大潮、全球风云中研析机理、探究规律，教育、引导学生涵育大的胸怀境界，投身伟大事业。二是要紧紧抓住开放、多元的时代特性，开展体验式、参与式、浸润式等多种形式的思政课教学，关注大学问，阐释大道理，用深厚的理论意蕴、历史意蕴和透彻的学理分析，回应和解答学生的思想困惑，把习近平新时代中国特色社会主义思想作为培根铸魂的重中之重。三是要促进学校、家庭与社会的协同并进，形成有机、宏大、和谐的育人体系。学校不能在联系实际开展实践教学的过程中做样子、走过场，不能把理论教学放在社会或放在社区农村就万事大吉了。这只是换个场地讲课而已。应该增强主动性，打破教育联系实际的“窗户纸”，创新形式，拓宽途径，将教育理念渗透、传播到家庭、社会，让家庭、社会也能主动参与进来，营造健康、良好的教育生态。

第二，要树立榜样引领之优。“教师是教育工作的中坚力量。”① 教

① 新华社：《坚持中国特色世界一流大学建设目标方向　为服务国家富强民族复兴人民幸福贡献力量》，《光明日报》2021 年 4 月 20 日，第 1 版。

师的言谈举止、行为习惯呈现在学生面前，就是学生模仿的榜样。对于学生来说，“高山仰止，景行行止”（《诗经·小雅·车舝》）。教师看问题的角度、对待生活的态度、道德情操的高度、兴趣爱好的跨度、精通技能的深度、审美情趣的雅度等，都具有很强的示范性。教师每天向学生所展示的待人接物、精神风貌，都是学生学习观摩的样板、努力的方向。学生“虽不能至，然心乡往之”（《史记·孔子世家赞》）。也就是说，即便开始时没有领悟实质、可能做不到位，但教师的言行终究是学生跟随的方向。而一旦学生理解了人生的意义所在、精髓所在，就会超越教师，就会长江后浪推前浪。“江山代有才人出，各领风骚数百年。”（赵翼《论诗五首·其二》）社会发展的规律就是这样。

人的道德修养是无止境的，好老师的成长也不是一蹴而就的。选择了教师行业就选择了走向崇高和伟大；选择了教师行业就意味着不只是在课堂上教书，更要在生活中育人；选择了教师行业，就要自觉地从经师、业师走向人师，实现教师的最高境界、最高理想。“大思政课”之大，还在于教师形象之大、影响之大。“大思政课”必须要“大人物”来讲才有效果，才能让学生心服口服。这个“大人物”就是好老师、大先生。

可以想象，如果教师责任心不强、履职能力不高、人格魅力没有多少影响，其所讲授的各种问题说服力肯定也不大。有哪个学生愿意听碌碌无为、品质平平、格调不高的人的说教呢？又有哪一个德性一般、境界低下、胸怀不宽的人能够成为世人景仰的模范呢？“教人治人，宜皆以正直为先。”（王安石《洪范传》）“师也者，教之以事而喻诸德也。”（《礼记·文王世子》）“善歌者，使人继其声；善教者，使人继其志。”（《礼记·学记》）所以，既为教师，就应将道德修养作为必修功课，将育人职责牢牢记挂于心，“以不倦之意，须迟久之功”（欧阳修《吉州学记》），锤炼品格、涵养情操，用人格魅力感染学生、影响学生。

第三，要培养综合素质能力之强。善之本在教，教之本在师（李觏《广潜书》）。教育教学活动中，教师是主体，掌握着何时传授、传授什么内容、用什么技巧方式传授以及传授的深度、广度等的主动权。这里既有政治占位的立场问题，也有教学技术能力的业务问题，更有教学态度的思想问题，考验着一个教师的综合素质能力。习近平总书记在学校思想政治理论课教师座谈会上提出，建设、实施课程思政必须坚持“政治性和学理性相统一”“价值性和知识性相统一”“建设性和批判性相统一”“理论性和实践性相统一”“统一性和多样性相统一”“主导性和主体性相统一”“灌输性和启发性相统一”“显性教育和隐性教育相统一”。[①] 这八个相统一，涵盖了政治、思想、方法、技巧等教育教学的所有领域，相当于提出了教育家型教师的基本要求，是对好老师、大先生的深入解读，也等于阐释了为学、为事、为人的基本步骤环节，是师德修养应当坚持的具体路径。这八个相统一是好老师、大先生的核心定力和稳固保障，是对好老师、大先生的思想武装和理论创新。坚持了这八个相统一，就保持了师德师风的引领力和示范力，就强化了教师文化的传播力和影响力。

教育是社会的教育，社会的教育就离不开人们的生活。教师要在联系实际的教育教学活动中探究教学的“技”“术”“道”，提升境界层次，迈向“人师”高峰。要关注学生成长之需，创新教学内容，围绕学生世界观培树挖掘思政元素知识点，开展课程思政建设。进入新时代，我们尤其需要大力开展生命教育、科学教育、道德教育、人文教育、感恩教育、责任教育，践行人的全面发展，全面实现学生综合素质能力的整体提升。而实现这一目的的前提，是教师相关综合素质能力的养成和提升。

---

① 《习近平谈治国理政》（第三卷），北京：外文出版社，2020 年，第 330—331 页。

教育是培养人的社会活动，是塑造精神品质、锤炼人格魅力、传承人类文化、服务社会发展的重要社会实践。坚持德育一体化，教师就从专业发展走向全面发展，教师的个体师德也将上升为群体师德，其最终目的是培养高素质教师队伍，做学生为学、为事、为人的示范，落实立德树人根本任务，培养德智体美劳全面发展的社会主义建设者和接班人。

下篇 理想篇

师者：人之模范也

建设好课程思政、通过课程思政促进人的全面发展，依靠的是教师的师德修养和教育情怀。

教师是人类灵魂的工程师，承担着传道授业解惑的神圣使命。教师要清醒地认识到自己的职责所在，坚持教育者先受教育，努力成为党执政的坚定支持者、先进思想文化的传播者、学生健康成长的指导者。要增强责任感、使命感，在认真践行立德树人根本任务中学会学习、坚持学习，强化自觉自律，涵养教育情怀，努力做学生为学、为事、为人的大先生。

党的十八大以来，习近平总书记高度重视师德师风建设，对广大教师提出了“四有好老师”“四个引路人”“四个相统一”等具体要求，明确指出“教师做的是传播知识、传播思想、传播真理的工作，是塑造灵魂、塑造生命、塑造人的工作。教师不能只做传授书本知识的教书匠，而要成为塑造学生品格、品行、品味的‘大先生’”①。特别是在给全国高校黄大年式教师团队代表的回信中，在清华大学和中国人民大学考察时，习近平总书记多次勉励广大教师要努力做精于“传道授业解惑”的“经师”和“人师”的统一者，做学生为学、为事、为人的大先生。

道德是立人之本，师德是立教之本。统一为学、为事、为人，就

---

① 学习小组：《习近平首次点评“95后”大学生》，《人民日报》2017年1月3日，第2版。

是宏观层面、广义角度的课程思政，就是在挖掘课程背后思政元素知识点的同时，强化师德修炼。中华优秀传统文化一直非常关注个人品行，把道德养成、知识获得、能力提升等涵养修为看作是为学、为事、为人的先行条件，给予了充分重视。所以，师德修养、教育情怀和全面发展是一致的、相通的，也是互为支撑的。“老师应该有言为士则、行为世范的自觉，不断提高自身道德修养，以模范行为影响和带动学生。”① “务学不如务求师。师者，人之模范也。”（扬雄《法言·学行》）今天，广大教师要围绕教育如何满足高质量育人需求、让每个人都有人生出彩的机会，从思想认识、道德观念、行为规范等方面赋予师德建设崭新的时代内容，在大中小幼课程思政一体化视角下促进教师的专业发展，为新时代教师的全面发展提供厚重的文化滋养和坚实的道德支撑，从而用好老师、大先生的魅力风采为未来一代社会主义建设者和接班人树立风范引领、造就榜样示范。

① 新华社：《坚持党的领导传承红色基因　扎根中国大地走出一条建设中国特色世界一流大学新路》，《光明日报》2022 年 4 月 26 日，第 1 版。

第九章　教师的师德修养与教育情怀塑造

课程思政建设的目标，指向的是人的全面发展。人的全面发展是教育的目的所在，是课程思政建设最终的价值旨归。如此，课程思政和全面发展紧密联系在一起。而课程思政和全面发展因为都需要通过教师的教育实践来实现，因此师德修养和教育情怀成为其共同的载体。“有官守者，不得其职则去；有言责者，不得其言则去。”（《孟子·公孙丑下》）教师的言传身教影响，使得教师的角色责任从一开始就不是简单的应付、草率的敷衍，而是能力责任、义务责任乃至对原因责任的最大选择。而教师这一特殊职业的事业性，又以其文化自觉和人性温暖推动着教师在不断学习中丰富知识、在教育实践中提升能力、在强化自律中加强修养，用深厚的人文素养支撑教育能力，用多彩的伦理底色涵育教育情怀，养成示范学生、引领学生的人格魅力风范。“善歌者，使人继其声；善教者，使人继其志。”（《礼记·学记》）党的十八大以来，习近平总书记高度重视立德树人在教育中的重要地位和作用，对教师发展提出了一系列要求。

2013 年 9 月 9 日，在第二十九个教师节来临之际，正在乌兹别克斯坦进行国事访问的习近平总书记向全国广大教师致慰问信。习近平总书记“希望全国广大教师牢固树立中国特色社会主义理想信念，带头践行社会主义核心价值观，自觉增强立德树人、教书育人的荣誉感和责任感，学为人师，行为世范，做学生健康成长的指导者和引路人；牢固树立终身学习理念，加强学习，拓宽视野，更新知识，不断提高业务能力和教育教学质量，努力成为业务精湛、学生喜爱的高素质教师；牢固树立改革创新意识，踊跃投身教育创新实践，为发展具有中国特色、世界水平的现代教育作出贡献”①。教师的理想信念、学习理念、创新意识的树立和培养，是一项长期的、艰辛的工作，必须牢固树立、长期坚持、终身实践。这“三个牢固树立”为广大教师及教育工作指明了方向，确立了标杆，是教育工作者的行动指南。

2014 年 9 月 9 日，在第三十个教师节来临之际，习近平总书记在北京师范大学考察时，号召全国广大教师要做有理想信念、有道德情操、有扎实学识、有仁爱之心的好老师，为发展具有中国特色、世界水平的现代教育，培养社会主义事业建设者和接班人做出更大贡献。今天的学生是明天的社会主义建设者和接班人，是未来实现中华民族伟大复兴中国梦的主力军，这支“四有好老师”队伍就是中华民族“梦之队”的筑梦人。②

2016 年 9 月 9 日，在第三十二个教师节来临之际，习近平总书记在北京市八一学校看望慰问师生时指出：“一个人遇到好老师是人生的幸运，一个学校拥有好老师是学校的光荣，一个民族源源不断涌现出一批又一批好老师则是民族的希望。”“广大教师要做学生锤炼品格的引路人，做学生学习知识的引路人，做学生创新思维的引路人，做学生奉献祖国的引路人。”③“四个引路人”为教师的教育工作指明了方向，也为全社会尊师重教增加了分量、加深了内涵。

2016 年全国高校思想政治工作会议上，习近平总书记提出传道者自己首先要明道、信道。要加强师德师风建设，坚持教书和育人相统

---

① 新华社：《习近平向全国广大教师致慰问信》，《光明日报》2013 年 9 月 10 日，第 1 版。

② 习近平：《做党和人民满意的好老师——同北京师范大学师生代表座谈时的讲话》，《光明日报》2014 年 9 月 10 日，第 2 版。

③ 新华社：《全面贯彻落实党的教育方针　努力把我国基础教育越办越好》，《光明日报》2016 年 9 月 10 日，第 1 版。

一，坚持言传和身教相统一，坚持潜心问道和关注社会相统一，坚持学术自由和学术规范相统一，引导广大教师以德立身、以德立学、以德施教。[①]“四个相统一”是师德师风建设的时代要求，是扎实推进师德师风建设的重要遵循，是师德师风建设内驱力的力量源泉和根本推动。

2018年全国教育大会上，习近平总书记指出，我们要培养的社会主义建设者和接班人应该具备什么样的基本素质和精神状态，应该如何培养，关键要在坚定理想信念上下功夫、要在厚植爱国主义情怀上下功夫、要在加强品德修养上下功夫、要在增长知识见识上下功夫、要在培养奋斗精神上下功夫、要在增强综合素质上下功夫。[②] 显然，教育学生是如此下功夫，教学过程是如此下功夫，教师自身成长也是如此下功夫。这“六个下功夫”强调人才培养要以德为先，具有极强的针对性和操作性，明确了新时代对人才的基本素质要求，是新时代人才培养工作的着力点和落脚点，有助于全面推进素质教育，有助于促进教师的全面发展。

2021年4月19日，在清华大学建校110周年校庆日即将来临之际，习近平总书记在清华大学考察时指出：“教师要成为大先生，做学生为学、为事、为人的示范，促进学生成长为全面发展的人。”[③] 2021年9月，在第三十七个教师节来临之际，习近平总书记给全国高校黄大年式教师团队代表回信，希望大家“立德修身，潜心治学，开拓创新，真正把为学、为事、为人统一起来，当好学生成长的引路人，为培养

---

① 新华社：《把思想政治工作贯穿教育教学全过程 开创我国高等教育事业发展新局面》，《光明日报》2016年12月9日，第1版。

② 中共中央党史和文献研究院：《十九大以来重要文献选编》（上），北京：中央文献出版社，2019年，第648—652页。

③ 新华社：《坚持中国特色世界一流大学建设目标方向 为服务国家富强民族复兴人民幸福贡献力量》，《光明日报》2021年4月20日，第1版。

德智体美劳全面发展的社会主义建设者和接班人、全面建设社会主义现代化国家不断作出新贡献”①。2022 年 4 月 25 日，在五四青年节即将到来之际，习近平总书记在中国人民大学考察调研时强调：“老师应该有言为士则、行为世范的自觉，不断提高自身道德修养，以模范行为影响和带动学生，做学生为学、为事、为人的大先生，成为被社会尊重的楷模，成为世人效法的榜样。”② 把为学、为事、为人统一起来是践行党的教育方针的有效路径，是加强师资队伍建设的重要抓手。习总书记的讲话指明了，教书育人就是做学生人生成长的楷模、榜样，就是做立德树人的“好老师”“大先生”。

第一节　师德修养永无止境

课程思政是教师掌握、理解的各学科理论知识中的思想政治教育资源与教师思想品德、日常言行的融合汇聚，构成师德师风的文化基础。课程思政反映了教师的履职能力，师德修养透露出教师的人格魅力。所以，加强课程思政建设，也是加强好老师、大先生的道德修养和文化涵养；强化师德修养，同样离不开课程思政建设的支撑与渗透。

一、个人修养与师德修养

修养是个人知识构成、能力水平、道德观念、情感态度的总称，影响着一个人的待人接物、办事能力、价值取向和好恶标准。修的本义是装饰、整治、学习、遵循，是一个动态的过程。养的本义是抚育、

① 《习近平书信选集》，北京：中央文献出版社，2022 年，第 353 页。

② 新华社：《坚持党的领导传承红色基因扎根中国大地　走出一条建设中国特色世界一流大学新路》，《光明日报》2022 年 4 月 26 日，第 1 版。

培养，是通过教育、训练使身心得到滋养而达到某种状态，体现了一个具体的结果。屈原说："路漫漫其修远兮，吾将上下而求索。"（屈原《离骚》）孟子说："存其心，养其性，所以事天也。"（《孟子·尽心上》），这里的落脚点都是修身，也都表明修养是不可停歇的，是可以通过整治修炼、涵养熏陶逐步完善提升的。

中华优秀传统文化高度重视个人修养，众多典籍史册甚至口口相传的公序良俗，有着丰富的对人格养成的阐释和论述，蕴含着勤劳、勇敢、智慧、朴实等精神元素，蕴含着"修身齐家治国平天下""天下兴亡、匹夫有责"的爱国情感，蕴含着礼义廉耻、和平仁爱、和谐共享等处世哲学，蕴含着天行健君子以自强不息等理想信念，蕴含着敬畏生命、感恩自然、与自然和谐相处等生命共同体意识。

新时代师德修养离不开传统文化的滋养。师德修养是教师职业能力水平、职业道德操守内在的自觉涵育以及外在的真实表现，是教师的气质风度、人格魅力、胸怀境界以及知识构成的融合。师德修养的程度，代表着教师对教师身份、教师角色认可、热爱的程度，是对教师履行岗位职责的一种规范规则上的、社会伦理上的、时代责任上的乃至人生价值上的认知共情和情感共情。

一方面，我们希望培养的学生不仅有着渊博的知识、先进的理念、高超的技能、娴熟的技艺，也要勇于担责、乐于奉献、善于创新、强于自立，是有着健康心理和完美人格的活生生的"人"。另一方面，作为"学高为师、身正为范"的教师，必然也应该有着同样的综合素质能力或朝着这样的方向做着终身学习的努力。

而拥有如此综合素质能力的教师，有着学习的自觉，有着变"本领恐慌"为"本领自信"的自觉，有着家国情怀，必然能够自觉地把培养什么样的人、如何培养人以及为谁培养人这个根本问题贯穿教育教学全过程，实现全程育人、全方位育人。这就是作为教师严格履行岗位职责、不断提升知识能力，在自觉、自愿、自律中加强师德修养的职业实践过程。也就是说，师德修养过程就是把自觉的“学习力”变为强大的“教育力”。前面已经说过，“力”的挖掘是不可穷尽的，这也预示着修养修炼是无止境的。

二、高尚的师德师风是教师职业价值的终身追求

文明的社会、正常的社会自然是人人追求人生价值、个个仰慕崇高道德的社会。教师也是如此，甚至因职业的特殊性、事业性，而成为文明的先行者、道德的践行者。师德师风是一个非常严肃、非常重大的时代课题，也是一个常谈常新、底蕴深厚的经典话题。高尚的师德是广大教师的荣光和骄傲，是永无止境的职业追求，因此可以说师德建设永远在路上。

习近平总书记在全国教育大会上强调：“人民教师无上光荣，每个教师都要珍惜这份光荣，爱惜这份职业，严格要求自己，不断完善自己。”“对教师队伍中存在的问题，要坚决依法依纪予以严惩。”① 中共中央、国务院《深化新时代教育评价改革总体方案》也提出要“坚持把师德师风作为第一标准”，要求“改革教师评价，推进践行教书育人使命”，“对出现严重师德师风问题的教师，探索实施教育全行业禁入制度”。②

道德是人类社会生活中的一种普遍共识，主要是指人们共同生活必须遵守的准则和规范，既有上升到规章制度层面的明文约束，更有群体精神一致条件下形成的约定俗成。简单说，道德就是一把衡量好坏优劣、评判善恶高下的尺子，存在于我们每个人的内心深处。但道德作为一种意识形态，一是没有终极，这体现在道德的高尚性上。二

---

① 新华社：《坚持中国特色社会主义教育发展道路　培养德智体美劳全面发展的社会主义建设者和接班人》，《光明日报》2018 年 9 月 11 日，第 1 版。

② 《深化新时代教育评价改革总体方案》，北京：人民出版社，2020 年，第 8 页。

是重在自觉，这体现在人的品质、品性上。

教师是人类灵魂的工程师，是人类文明的传承者，承载着传播知识、传播思想、传播真理，塑造灵魂、塑造生命、塑造新人的时代重任。对师德的践行，形成了教师从业过程中的风度气质，形成了教师行业的风尚风气，也就是通常所说的师风。师德体现的是教师的道德情操，师风体现的是教师的人格魅力。教师职业的特殊性，决定了教师必须要承担更大的责任，表现出更高的自觉。

三、师德失范事件敲响了师德建设的警钟

近年来，师德失范事件屡有发生。从教育部和各地曝光的相关案例来看，有的违背核心价值观、言论偏离教师身份，有的学术不端、治学不严，有的违规收受学生家长礼品礼金、有偿补课，有的体罚甚至虐待学生、猥亵骚扰女生，等等。这些当事人的错误言行背离社会主义文化的发展方向，在他们身上难以看到作为教师应该具备的优良品质和先进思想。这些典型案例中的当事人严重违反了《新时代教师职业行为十项准则》的基本要求，其业务水平或许不低，有的甚至可能还高于同行，但他们明显缺少优秀传统文化的滋养，道德情操低下、理想信念缺失、心理灰暗扭曲，没有向上向善向美的精神支撑，已经不能担负起教书育人的时代重任。

案例是警示，是镜鉴。深入剖析案例，从中汲取教训，对加强师德建设有着很好的启示借鉴意义，每一位教师都应该对曝光的师德失范案例进行剖析，认真查找当事人的错误根源、思想渊源，对照反思自己的价值观念、教育行为、教学效果，坚持把《教育法》《新时代教师职业行为十项准则》以及相关法律法规、制度要求、岗位职责等作为遵循的根本和不可逾越的红线。要在师德的基本养成中，加强师德修养，厚植教育情怀。

第二节　教育情怀与教师发展

情怀是什么？情怀就是“怀情”，怀情就是热爱。教育情怀就是对教育事业满腔、真挚的热爱。

一、认同、共情与教育情怀

认同作为一种心理活动，是认可、承认，是在感情上喜欢一个人或一件事的前提，是对被认可方归属和依恋的条件。认可是立场的基础。有了认可，才会有基本的立场。

共情是一种情感认同，是在内心深处感受被认可方的需要。共情多指人与人之间因观念相近、情感相通形成的相互吸引、相互支持、相互理解。有了共情，就会有明确的立场。

对于教育事业来说，当教师因为认同教育属性而走向共情教育方针之时，就在教育立场方面产生了文化自觉和灵魂归依。这时候，师德师风建设就自觉地将每个人的一言一行、一举一动规范于一定的社会道德情操和价值观念之下，并使其包含着浓郁的文化情结、民族情结。其结果，就是切实把握好教书育人的政治性、思想性、道德性、人民性，从而在教师文化建设过程中，推动、激励教师塑造出丰富、饱满的教育情怀。

因此，教育情怀就是对教育事业的牵挂和思念，就是对教育事业的担当和奉献。有爱才有责任。没有对教育事业满腔、真挚的热爱，就没有深沉、持久、难以割舍的教育情怀。

显然，教育情怀是一种情感、意念，是对教师个体置于社会环境中的价值方位的理性认知，是对如何发挥教师岗位职责在社会主义核心价值观中的重要作用的正确处理。在注重个性发展、关注自我成长、强调全面发展、实现人生理想的今天，必须依靠中华优秀传统文化教育，在树立文化自信的过程中塑造教师的教育情怀。

首先，要在中国特色社会主义文化教育中涵育教育情怀。

在人类社会发展历程中，每一个时代积淀的历史，都无声地以那个时代的文化诉说着那个时代的特征。正是这一个时代一个时代的文化，构成了连绵不绝的历史、文明。漫长的中华民族奋斗历史，积淀了浓郁的文化养分，给予我们无比强大的前进定力。正是在历史传承教育中、在文化的绵绵濡染中，人民教师一步步加深了其历史现实感与文化认同感。

习近平总书记在党的十九大报告中指出："中国特色社会主义文化，源自于中华民族五千多年文明历史所孕育的中华优秀传统文化，熔铸于党领导人民在革命、建设、改革中创造的革命文化和社会主义先进文化，植根于中国特色社会主义伟大实践。"① 传统文化、革命文化、先进文化成长、丰厚于中国特色社会主义伟大实践中，也就是成长、丰厚于党史、新中国史、改革开放史、社会主义发展史之中。如果说传统文化、革命文化、先进文化汇聚发展形成了中国特色社会主义文化，那么党史、新中国史、改革开放史、社会主义发展史则在伟大的社会实践中积淀形成了辉煌的社会图景。

民族的历史是民族精神的积淀，时代的文化是时代精神的再现。教育情怀则是那个民族、那个时代教师文化的价值体现。进入新时代，必须"深入挖掘中华优秀传统文化蕴含的思想观念、人文精神、道德规范，结合时代要求继承创新，让中华文化展现出永久魅力和时代风采"②。要通过多种形式，着重宣传为民族、为时代服务的教师道德楷模和师德标兵，让教师文化"活"起来、"动"起来，融入教育教学全

---

① 《中国共产党第十九次全国代表大会文件汇编》，北京：人民出版社，2017 年，第 33 页。

② 《中国共产党第十九次全国代表大会文件汇编》，北京：人民出版社，2017 年，第 34 页。

过程，融入教师的日常生活，融入学校文化建设之中，奠定坚实的文化自信，孕育成长的精神动力，培养真挚的教育情怀。

其次，要在文化自信的培养过程中涵育教育情怀。

传统文化是构成家国情怀的情感渊源，文化自信和历史思维则是形成政治定力和理想信念的哲学基础。因此，每个人因其学识修养不同，也就有了不同的综合素质能力。但其共同的基础是文化，是文化自信。这也是在家国情怀、政治认同之上涵育教育情怀的逻辑必然。

有传统就有历史。历史是一面镜子，反映着不同时代的价值观念，反映着不同时代的道德指向。体现了那个时代的深厚文化和做人的哲理，也是理解那个时代的思维基础。我们要在历史文化学习中了解中华优秀传统文化、革命文化、先进文化，体会、揣摩这些文化之间一脉相承的内在逻辑联系，从而在心灵深处播下教育情怀的种子。

历史思维是文化自信的结果，文化自信是历史思维的前提。坚持中国特色社会主义文化教育，在树立文化自信的过程中涵育教育情怀的同时，还需要在“四史”教育中确立起历史思维，使感性的教育情怀上升为理性的政治认知。

最后，要在“四有好老师”标准规范之下涵育教育情怀。

2014 年，习近平总书记在同北京师范大学师生代表座谈时，就如何做一名好老师提出的要有理想信念、有道德情怀、有扎实学识、有仁爱之心四点要求，是新时代好老师的重要标准。“圣人无常心，以百姓心为心。善者，吾善之；不善者，吾亦善之；德善。信者，吾信之；不信者，吾亦信之；德信。”（《道德经・第四十九章》）教师只有具备高尚的道德情操和人格魅力，才能使学生“亲其师而信其道”。作为教师，就要努力成为一个圣人，要围绕教育事业、学生成长考虑问题。教师不能以个人情意、个人好恶去判断是非、评价学生，而要有视生如子的大爱，循循善诱、不厌其烦，谆谆告诫、诲人不倦，特别是对待犯错误的学生、不听话的学生更要耐心、细心、关心。只有这样，才能融入学生中间，打动学生、吸引学生，让学生心服口服。

历史是不断延伸的，教师文化建设也是不断递进的。要结合历史的发展和时代的需要，结合不同学校的发展历史和发展特色，让教育情怀与个人成长、学校发展与国家发展密切联系起来，赋予每一位教师教育情怀特殊的含义。

二、教育情怀与教师专业发展的内在联系

如果说周而复始地把巨石推向山顶的西西弗斯是希腊神话中的悲情英雄，那么年复一年送走毕业生、迎来新学生的老师就是学生人生成长道路上那盏永不熄灭的指路明灯。原本一批批学生和老师并不相识、更无关系，但因为教育，师生们走在了一起、心连在了一起。如同王阳明先生说的花树原本在深山中自开自落一般，因为情怀、因为关注，花的颜色明艳起来，花也从此住在“我”的心间；因为情怀，“天下无心外之物”①。因为教育情怀，高尚师德成为教师的毕生追求。所以，加强师德修养、涵育教育情怀，目的就是实现师德自觉与师德自律，播种优秀、传播优秀、收获优秀，推动以德立身、以德立学、以德施教，推动教育能力和教师境界的全面提升。一言以蔽之，教育情怀和教师专业发展都应以落实立德树人为根本任务、以培养德智体美劳全面发展的社会主义建设者和接班人为目的，教师也应当自觉关注自身成长，做学生为学、为事、为人的示范。

首先，教育情怀与教师专业发展在内涵上是相通互补的。

教育情怀是对教育事业的崇高感情和广阔胸怀，是一种对教育事业的坚定执着和全身心投入。教育情怀中包含着对教育事业无私且炽热的真挚感情。这是一种超越名利的道德境界，形成实现教师责任的自觉内驱力，因而直接推动着教师专业发展。

---

① 王守仁：《王阳明全集》（一），北京：线装书局，2014 年，第 126 页。

教师的专业发展强调的是教师作为一个专业人员，必须经历的一个由不成熟走向成熟的发展历程。教师专业发展是每一位教师根据自身情况和学校需要，在职业道德、专业知识、教学能力、思想品质、教育科研等岗位需要方面的具体发展。通过教师专业发展，实现教师专业化，达到教师专业标准的一系列要求。这个过程，不仅需要先行确立相关教育理念而成为师德的修炼过程，还需要培育、提升职业道德、价值观念、理论体系、能力素养，逐渐使得教育情怀渐次清晰、饱满且愈加成为对教师成长的滋养。

其次，教育情怀推动教师专业发展走向教师全面发展。

高质量的教育发展亟须高质量的教师专业发展来推动。而无论是教师专业发展还是教师全面发展，都需要教师不断更新专业发展理念，丰富专业知识储备，提升实践应用能力，提振专业精神动力。这个过程，是主观能动性的启动过程，也是教育内生动力的生成与培育过程。主观能动性是人们对外部世界的积极回应，对于教师专业发展有着重要意义，也是形成教育情怀的基本因素。正是教育情怀的激情昂扬，才使得教师专业发展有条不紊、严谨有序，并不断实现教师教学境界“技”“术”“道”的渐次提升，实现教师从“经师”向“人师”坚定迈进。

不同领域、不同行业都有专业发展，唯独教师的专业发展因教育情怀而使其成为全面发展。或者说，如果教师的专业发展不是全面发展，其专业发展本身则是毫无意义的、残缺不全的。教师教学水平的高低对教学质量的影响事关重大。教师的科研水平、自学能力、沟通能力、反思能力对自身提高也有着重要影响。推动教师发展，就必须对教师进行人格、情感、意志等全方位的培养与训练。而这样做的结果，依然是对教育情怀的塑造。所以，实际上是教育情怀推动了教师专业发展走向教师全面发展。

最后，课程思政建设是对教育情怀和教师发展的共情。

微观层面、狭义视角的课程思政，重在挖掘课程背后的思政元素知识点。围绕课程思政建设的五个维度，都需要教师严格履职和教师专业发展。宏观层面、广义角度的课程思政，尤其强调师德师风，这就离不开教师对教育事业钟情热爱、真情奉献。“一个人的各种官能是用来判断他人相同官能的尺度。”“产生各种行为和决定全部善恶的内心情感或感情，可以从两个不同的方向或两种不同的关系来研究：首先，可以从它同产生它的原因，或同引起它的动机之间的关系来研究；其次，可以从它同它意欲产生的结果，或同它往往产生的结果之间的关系来研究。”① 因此，课程思政建设、教育情怀、教师发展是一致的，也是相通的。而这一点，又进一步说明了教师的发展一定是全面发展。仅仅局限于学科知识层面研究教师专业发展，一定是被动承担教师角色的职责，把教师工作简单看作是谋生的职业，其最终的发展终究是狭隘的、局促的、不完整的。所以，课程思政的师德本义，其实是对教育情怀和教师发展的共情，并终将推动教师专业发展走向全面发展。

三、教师思维模式的确立

在第二章，我们曾介绍过教育部前副部长钱俊瑞对“我为教育而教育”的批判。现在可能有人会说：“我只是教书，政治与我无关，我没有这个责任。”其实，这个态度本身就是一种态度，认为自己没有责任、可以不负责任也是责任履行的一种程度。“逃墨必归于杨，逃杨必归于儒。”（《孟子·尽心下》）教育的属性决定了教育的政治立场，也决定了教师应该树立什么样的思维模式，决定了教师在教育教学活动的价值取向。而这个过程，恰恰是课程思政建设的具体表现，也是教师品质的特征外显。

---

① ［英］亚当·斯密：《道德情操论》，蒋自强等，译，北京：商务印书馆，1997年，第16、17页。

教育是国之大计、党之大计。如何落实好立德树人这一根本任务，培养一代又一代拥护中国共产党领导和我国社会主义制度、立志为中国特色社会主义奋斗终身的有用人才，是我们每一位教育工作者的光荣职责和崇高使命。对此，教师对教育必须有着清醒的认知，绝对不能低头办教育，不能闭门办教育，要清楚我们所处的时代和环境。而要想清醒认识这个时代，必须站在历史的长河中审视这个时代，必须有着教育家、政治家的思维模式，这个思维模式的基础就是历史思维。

历史是一面镜子。重视历史、研究历史、借鉴历史是中华民族5000多年文明史的一个优良传统。党的十八大以来，习近平总书记多次指出历史学习的重要性。在给复旦大学青年师生党员的回信中，希望“认真学习马克思主义理论，结合学习党史、新中国史、改革开放史、社会主义发展史，在学思践悟中坚定理想信念，在奋发有为中践行初心使命”①。总书记提出的“四史”学习，进一步指明了历史学习的重要方向和现实意义。

文化是历史的延续，历史是精神的积淀。要在历史学习中了解中华优秀传统文化、革命文化、先进文化，体会、揣摩这些文化之间一脉相承的内在逻辑联系，坚定文化自信。历史中不仅有着深厚的文化，也蕴含着做人的哲理。在历史学习中还要挖掘学校的历史、家乡的历史，宣传学校的历史、家乡的历史，在历史思维的确立中教育学生走向社会以后要学习单位的历史，引导和教育学生爱学校、爱家乡、爱集体，进而爱社会、爱国家、爱民族。

通过对这些历史、文化的学习，我们每一个人都会自然而然地把自己的命运和单位的命运、国家的命运、民族的命运密切联系在一起，从而凝聚起前进的磅礴伟力。这个联系过程，就引发了我们第二个思维，政治思维。

---

① 《习近平书信选集》（第一卷），北京：中央文献出版社，2022年，第283页。

历史思维让我们找到所处的时代坐标，其结果就是政治思维。清醒的政治思维帮助我们适应时代要求，站稳政治立场。习近平总书记在2020年秋季学期中央党校（国家行政学院）中青年干部培训班开班式上发表重要讲话，明确要求领导干部要提高七种能力，其中第一种能力就是政治能力。[①] 政治能力，显然需要政治思维的支撑。

党的十九大报告提出要培养担当民族复兴大任的时代新人，就是说我们培养的未来一代、培养的社会主义建设者和接班人，必须德技并修、知行合一、全面发展。教师在教授学生书本理论知识、基本生产生活技能的同时，必须在政治思维指导之下，高度关注学生的精神培养和人格养成，高度关注学生世界观、人生观、价值观的培养。这就强调了教育的育人作用。育人就是政治。

新的时代，要求我们关心国家和民族的发展，要求我们有政治思维，要求我们对社会、对国家负责。在这种政治思维之上，我们就有了政治定力，就有了政治辨别力，就知道该做什么。知道自己该做什么，也就有了我们自己的责任。这就是第三个思维，责任思维。

如何确立责任思维，我们在第三章第一节中说得比较详尽。可以看出，责任思维推动着教师文化建设，也推动着课程思政建设。有了责任思维，就要求我们不能率性而为，要负责任，这样就形成了第四个层次的思维，辩证思维。

坚持辩证思维、一分为二，就是坚持马克思主义的唯物辩证法。看问题不机械、不片面，遇事不是人云亦云，而是多问几个为什么，这也是一种成熟的表现。

树立辩证思维，要求我们教育学生主动学习、坚持学习，要有耐心、耐力，要能够持之以恒、要立志。“立志而圣，则圣矣；立志而

---

① 新华社：《年轻干部要提高解决实际问题能力 想干事能干事干成事》，《光明日报》2020年10月11日，第1版。

贤，则贤矣。”[①] 只要我们坚定志向、坚持学习，就有能力辨别是非，就能主动担责，反过来说这也是讲政治，最终自然也就成了历史的传承者。所以，这几个思维是递进的，是贯通的，是相互联系的。

历史思维、政治思维、责任思维、辩证思维的有效贯通，把培养什么样的人、如何培养人以及为谁培养人这个根本问题贯穿教育教学全过程，也推动着教师践行课程思政、实现全面发展。这四个思维表现的是自我教育、自我调控能力，是一个人在内心形成自觉驱动力的动力源泉。显然，有了这样的站位、认识，就有了前行的精神力量，做教育家、做好老师，就是水到渠成之事。

亚当·斯密认为人的心灵或呈现出一种美德，或是有破坏性的缺陷而不能阻止邪恶所引起的危害。他说：“人的品质，同艺术的创造或国民政府的机构一样，既可以用来促进也可以用来妨害个人和社会的幸福。谨慎、公正、积极、坚定和朴素的品质，都给这个人自己和每一个同他有关的人展示了幸福美满的前景；相反，鲁莽、蛮横、懒散、柔弱和贪婪酒色的品质，则预示着这个人的毁灭以及所有同他共事的人的不幸。”[②] 其实，这个品质的培养，和思维模式的确立也是一致的、相互支持的。

第三节　如何成就更多新时代的大先生

“学为人师，行为世范。”教师肩负着传道、授业、解惑的神圣职责与光荣使命，承担着传承文化、塑造灵魂、培育人才的时代重任。如何自觉培树渊博的专业理论、广博的通用知识、宽阔的胸怀视野，

---

① 王守仁：《王阳明全集》（三），北京：线装书局，2014 年，第 230 页。

② ［英］亚当·斯密：《道德情操论》，蒋自强等，译，北京：商务印书馆，1997 年，第 235 页。

不断涵养高尚的师德师风和超凡的人格魅力，从而在引领学生成长的教育实践中将自己修炼成为好老师、大先生，是教师的崇高职业理想和终身价值追求。

一、务学不如务求师（扬雄《法言·学行》）

之所以"务学不如务求师"，是因为"善为师者，既美其道，有慎其行"（董仲舒《春秋繁露·玉杯》）。在学生眼里，教师就是"吐辞为经、举足为法"（韩愈《进学解》）的"圣人"，是模仿跟从的榜样，教师的言传身教影响着学生的思想形成和人格养成。因此，教师要在下力修炼"务学不如务求师"的至高职业境界中将自己修炼成为大先生。

教育就是模仿，就是跟随，教师的道德标准、价值观念、境界情怀具有很强的示范性。著名教育家梅贻琦先生曾形象地把学校比作水，把师生比作鱼，把教育教学比作游泳。他说，教育就好比大鱼前导、小鱼尾随，学生在跟随观摩中耳濡目染，从而使教育的效果"不求而至，不为而成"。现实生活中，教师也正是以其言传身教呈现出的师德师风教育引导着学生的日常言行和个人修养。一个教师的神态气质、秉性修养甚至语言风格、个人偏好都是在不自觉地给学生做示范。如果教师课上课下不一、校内校外二致，学生看到后会无所适从，对学生的成长也将是毁灭性的打击。

"学，行之，上也；言之，次也；教人，又其次也；咸无焉，为众人。"（扬雄《法言·学行》）对于学问，教师表现出来的具体行动，高于其言谈说教，这也正是"务学不如务求师"所努力追求、寻找的原因所在。"务学不如务求师"作为教师的职业境界，不仅是教师的自律约束和自觉追求，也是教师为学、为事、为人的修养指南。教育当在理论联系实际的过程中，带领学生深入基层一线、深入农村社区，与学生一起用心感应时代脉搏、用脚丈量祖国大地，升华理论、丰富思想，提升能力素养，涵育家国情怀，夯实报国之志，展现教师风采。

二、欲明人者先自明（王夫之《四书训义》）

“教师是人类灵魂的工程师，承担着神圣使命。传道者自己首先要明道、信道。”[①] 党的十八大以来，习近平总书记多次论及教师的历史使命和政治责任，明确提出传道者自己首先要明道、信道，要坚持教育者先受教育，努力成为先进思想文化的传播者、党执政的坚定支持者。教师要在明道、信道的基础上传道。明道就是要从实际出发，深刻认识、尊重、把握事物发展的本质特性和客观规律，信道就是坚定共产主义远大理想和中国特色社会主义共同理想，传道就是积极传播中国特色社会主义先进文化。教育的发展和教师的成长充分证明，明道是基础，信道是关键，传道是根本。践行“四为服务”办学根本、落实立德树人首要任务，离不开广大教师的明道、信道、传道。明道、信道、传道就是从“自明”走向“使人明”，就是让教师成为人类灵魂工程师、人类文明传承者，成为学生人生成长的“引路人”、心灵塑造的“大先生”。所以，“使人明”不仅是教师职业的功能价值体现，也是对教师为学、为事、为人的基本要求。这就是说，教师要在努力实现教师职业“使人明”的功能价值中将自己修炼成为大先生。

新时代人民教师不仅要做工作中的骨干、当名师，更要做事业中的表率、当明师。习近平总书记在中国共产主义青年团成立100周年大会上引用了毛泽东同志为陕北公学成立时的题词：“要造就一大批人，这些人是革命的先锋队。这些人具有政治远见。这些人充满着斗争精神和牺牲精神。这些人是胸怀坦白的，忠诚的，积极的，与正直的。这些人不谋私利，唯一的为着民族与社会的解放。这些人不怕困难，在困难面前总是坚定的，勇敢向前的。这些人不是狂妄分子，也不是

---

① 新华社：《把思想政治工作贯穿教育教学全过程 开创我国高等教育事业发展新局面》，《光明日报》2016年12月9日，第1版。

风头主义者，而是脚踏实地富于实际精神的人们。中国要有一大群这样的先锋分子，中国革命的任务就能够顺利的解决。”习近平总书记强调，“今天，党和人民同样需要一大批这样的先锋分子”①。今天，这样的先锋分子就是明道、信道、传道之人，就是心怀“国之大者”，就是不忘立德树人初心、践行育人使命之人。

三、教师当与学生同青春、共成长

“出世便是破蒙，进棺材才算毕业。”（陶行知先生语）选择教育事业，立志成为人民教师，不仅要关注培养什么样的人、如何培养人以及为谁培养人，还要关注自身如何成长，如何发展才能胜任这一工作、实现这一目的。在具体的教育教学活动中，教师和学生是对立统一的辩证关系。教师作为教育者，利用规定的教育教学内容和自身的知识素养能力，教育、引导学生掌握知识、认识社会、规划人生、担当奉献，既是帮助学生确立世界观、人生观、价值观，也是在不断检视自身、提高自身、成就自身。“好老师不是天生的，而是在教学管理实践中、在教育改革发展中锻炼成长起来的。”“这就要求老师始终处于学习状态，站在知识发展前沿，刻苦钻研、严谨笃学，不断充实、拓展、提高自己。”② 只有牢固树立终身学习理念，不断提高业务能力和教育教学质量，才有可能成为业务精湛、学生喜爱的高素质教师。也就是说，教师的不断成长、教师的全面发展伴随着教师的整个职业生涯，是不断地在更高层次、更高水平上实现教师个人的全面发展。教师与学生“同青春、共成长”，之于学生就是促进其成为全面发展的人，之于教师就是实现为学、为事、为人的生命之树长青。所以，教师还要

---

① 习近平：《在庆祝中国共产主义青年团成立100周年大会上的讲话》，《光明日报》2022年5月11日，第2版。

② 习近平：《做党和人民满意的好老师——同北京师范大学师生代表座谈时的讲话》，《光明日报》2014年9月10日，第2版。

在与学生的“同青春、共成长”中将自己修炼成为大先生。

“流水不腐，户枢不蠹，动也。”（吕不韦《吕氏春秋·尽数》）教师在课程思政建设中，无论是基于五个维度的课堂层面的课程思政建设还是基于师德师风层面的教师全面发展，其实都是在坚持动态的学习、实践、提升，都是坚持不断地成长。但成长的意义不是个体的独自发展，不是游离于集体之外的孤立发展，不是远离社会的片面发展，那是精致的利己主义；成长的意义在于团结互助，在于携手并进，而教师的成长还有一层意义就是示范、引导。“模不模，范不范，为不少矣。”（扬雄《法言·学行》）教师与学生“同青春、共成长”的根本还是教师的成长示范，就是用模范的行为纠正不模范的行为，用模范的人格改造不模范的人格。

四、推动“教师个体师德”走向“教师群体师德”

“一花独放不是春，百花齐放春满园。”（《古今贤文》）学校作为一个特殊的社会生态系统，教师作为一个独特的行业群体，高尚的师德在教师之间也有着相互感染、相互浸润的影响。而且，教育系统内部各项工作之间也是相互关联、互为制约的，不可能把教书育人的有机整体工作机械地割裂成毫无关系的条条块块，这也正是“坚持把立德树人作为中心环节，把思想政治工作贯穿教育教学全过程，实现全程育人、全方位育人”的意义所在。① 所以，身为教师，如果有着终身学习的自觉、有着崇德向善的品质、有着不甘平庸和追求卓越的坚毅，自然也就有着明确的方向和目标。这种以德立身、以德立学、以德施教的教师职业风范，推动着广大教师播种优秀、传播优秀、收获优秀，从而也推动着“教师个体师德”向“教师群体师德”的整体跨越，推

① 新华社：《把思想政治工作贯穿教育教学全过程 开创我国高等教育事业发展新局面》，《光明日报》2016年12月9日，第1版。

动着教师队伍建设的不断深化。所以，教师要在用情推动“教师个体师德”走向“教师群体师德”中将自己修炼成为大先生。

从“教师个体师德”走向“教师群体师德”，不仅体现了每一位教师的师德自觉，还成为整个教师队伍为学、为事、为人的群体风范展示。中共中央、国务院《关于全面深化新时代教师队伍建设改革的意见》决定实施师德师风建设工程，提出要“发掘师德典型、讲好师德故事，加强引领，注重感召，弘扬楷模，形成强大正能量”①。为此，管理层面要加强理想信念教育，引导教师准确理解和把握社会主义核心价值观的深刻内涵，着力提升思想政治素质，全面加强师德师风建设。教师个人要深入学习领会习近平新时代中国特色社会主义思想，坚定中国特色社会主义道路自信、理论自信、制度自信、文化自信，强化师德修养，提升育人本领，用一点一滴的个体师德汇聚形成健康向上的群体师德，传播文明、引领风尚，做学生为学、为事、为人的大先生。

教育是有着明确目的的培养人的社会活动。我们选择了教师，就选择了崇高和伟大；选择了教师，就应该努力成为一束光，照亮学生人生成长的道路；选择了教师，就必须在培养社会发展、知识积累、文化传承、国家存续、制度运行所要求的人方面，对“国之大者”心中有数、了然于胸，充分展示自己的理想信念、家国情怀和知识技能，争做为学、为事、为人的大先生。

愿我们每一位老师不忘教育初心、牢记育人使命，坚持涵育思想情操、丰富知识体系、修炼气质形象，坚持以德立身、以德立学、以德施教，将课程思政打造成生活思政、言行思政，自觉地在宏大的课程思政建设中成就自己、成就学生，推动每一个人的自由全面发展。

---

① 《中共中央　国务院关于全面深化新时代教师队伍建设改革的意见》，2018 年 1 月 20 日，http://www.gov.cn/zhengce/2018－01/31/content－5262659.htm，2022 年 9 月 1 日。

后　记

自从在《河北教育》（德育版）2021 年 1 月号上刊发《课程思政的师德本义》那篇小文之时起，对课程思政作为一种教育理念，更加坚定了其对教师成长、教师发展重要性的深刻认识，也愈发感到新时代教师责任之重大、使命之光荣。

教师作为社会一分子，在个人的成长发展中或许也有过消极懈怠、满足停滞、得过且过、不思进取，甚至困惑、迷茫、倦怠、疲惫；但作为文化的引领者、社会的先行者，教师往往又有着崇高的职业道德理想和美好的人生价值追求，信仰坚定、目标远大，学识渊博、修养深厚，常常是人们景仰的对象、模仿的榜样。因此，教师的一言一行、一举一动成为社会风向的标杆，成为道德风范的楷模。这也是中华民族尊师重教优良传统的缘由所在，也是教师教书育人职责的神圣所在。

教育是人类社会实践的结果，有着明确的服务特征和培养目的。培养什么人、怎样培养人、为谁培养人一直是教育的首要问题，也是教师认识教育目的与意义、认识教师身份与角色、认识教师责任与价值的理论基础。而课程思政则将这一系列研究、思考、辨析、推敲等教育心理活动，融揉成深度学习、知行合一，最终化为这样一种教育行为：眼里看的是学生发展，心中想的是教学实践，肩上扛的是师德师风。

陶行知先生有句名言，叫作“教师的职务是‘千教万教，教人求真’；学生的职务是‘千学万学，学做真人’”①。如果所有教师都能强化自觉自律，率先垂范、为人师表，其所汇聚、弘扬的就是高尚的师德师风。这种向上的精神力量推动着自身，推动着学生，也推动着社会的不断发展。

发展是永恒的主题。而发展不仅要有思想认识上的方向明确、思维清晰，也要有社会实践上的本领自觉、行动自信。课程思政依托课程背后的思政元素知识点，让原本单纯传授知识的课堂教学生动有趣、充满活力；课程思政依托教师充满个性的全面发展，让传统的师资队伍建设彰显师德风采、尽显人格魅力。这就是我们常说的知行合一。而“知是行的主意，行是知的功夫；知是行之始，行是知之成。若会得时，只说一个知，已自有行在；只说一个行，已自有知在”②。所以，教师不仅要知之，还要有具体的行动。社会生活中，“所有道最忌讳‘知’，须要‘悟’。想学游泳，只读游泳教科书绝不能会，需要到水里淹一淹，即因但‘知’不行。知是旁观的，悟是亲身体验的”③。“知”还停留在表面，还需要在“悟”中付诸行动。顾随先生这里讲的“悟”不只是“参悟”“思考”，更是实践，是“行”。但“知”“行”之间也不是跳跃的、隔阂的，必须要经过思考，经过深思熟虑，甚至是怀疑。“不参、不疑，不足以言学。大疑，大悟；小疑，小悟。”④ 也就是说，从“知”到“行”是质变，中间有一个量变的过程，这个过程就是课程思政。通过课程思政，教师充分理解了教育的政治属性，对教育目的有了更加清醒的认识，将立德树人作为根本任务；通过课程思政，教师坚持终身学习，不断更新、完善自身的知识结构体系，提升能力

① 江苏省陶行知研究会、南京晓庄师范学校：《陶行知文集》（下），南京：江苏教育出版社，2008年，第975页。

② 王守仁：《王阳明全集》（一），北京：线装书局，2014年，第34页。

③ 顾随：《顾随全集》（卷七·传文录），石家庄：河北教育出版社，2014年，第37—38页。

④ 顾随：《顾随全集》（卷七·传文录），石家庄：河北教育出版社，2014年，第38页。

素养；通过课程思政，教师在课堂教学和理论传授中紧密联系实际，实现了思政小课堂和社会“大课堂”的有机结合；通过课程思政，教师逐步把为学、为事、为人统一起来，在高尚师德的自觉修炼中成就自我、成就学生，进而成为推动学生全面发展的好老师、大先生。最后，通过课程思政，在量变的积蓄中实现了质变，达到知行合一，从而推动教师的全面发展。

显然，这时候“历史什么事情也没有做，它‘并不拥有任何无穷尽的丰富性’，它并‘没有在任何战斗中作战’！创造这一切、拥有这一切并为这一切而斗争的，不是‘历史’，而正是人，现实的、活生生的人。‘历史’并不是把人当做达到自己目的的工具来利用的某种特殊的人格。历史不过是追求着自己目的的人的活动而已”①。

教育作为社会劳动的重要构成，其发展也不是自动生成的，也是由人的活动推动的。教师的教学活动是分领域、分层面的，对教育的影响也是效果不一的。课堂内的课程思政是教学目标、教学计划中不可缺少的重要内容，是如盐在水的“金课”的重要支撑。课堂内的课程思政虽然也涉及世界观培树和人生发展的重大问题，但更多的是针对当下的社会现实和学生思想实际，重在解决成长过程中的问题；课堂外的课程思政是教师个人独特的人格魅力，是教师个体独特的全面发展，是师德师风映照下的教师“金色人生”的生动写照。课堂外的课程思政因为少了说教多了示范，诚心正意、格物致知，其教育力更有效、更持久，甚至会伴随、熏染、影响学生的一生。

课堂内的课程思政依靠的是教师内在的知识体系建构，课堂外的课程思政展现的是教师外在的气质形象。只有课堂内的课程思政和课堂外的课程思政相结合，才是完整的课程思政，才是全面发展的课程思政。“君子之道，辟如行远，必自迩；辟如登高，必自卑。”（《礼记·中庸》）在课程思政建设中修炼教育能力、提升教学效果，也是

① 《马克思恩格斯全集》（第二卷），北京：人民出版社，1995 年，第 118—119 页。

教师加强师德修养、涵养教育情怀的过程。教师是温暖世界的一团火，是照亮学生人生之路的一束光。教师的学习力、教育力不是一朝一夕形成的，而是在现实生活中经过长期不懈的奋斗追求逐渐磨炼形成的。因此，努力去保持火的温暖和光的明亮本身就是一种情怀、一种奉献、一种人生，甚至是一种精神力量的蓄积和呈现。

有了这样的基本认知，就有了贴近学生思想、融入现实生活的情感自觉，也就能够从传统的技术型课堂授课转向全方位传授知识和引导学生做人的课程思政。

基于此，撰写了《课程思政与全面发展》一书。

由于本人学养不足、水平有限，书中观点错误、疏漏在所难免，敬请大家批评指正。在这里借用叶嘉莹先生经常引用的一句话聊以自慰，那就是："余虽不敏，余虽不才，然余诚矣。"

而当最终定稿之时，令我心存感激、念念不忘的是，河北医科大学党委书记翟海魂先生、河北衡水中学党委书记郗会锁先生在百忙中为我审阅书稿、倾情作序，河北省图书馆郭巧玲女士、河北省委党校魏海青老师在查阅参考文献、核实有关资料方面给予了无私帮助，在此谨致谢忱。

回首两年来，大部分周末休息时间都沉浸在书稿之中，疏忽了家人，现在想起还颇感愧疚。家是爱的港湾，是一个人学识德行的起点，家人的理解和支持是我撰写《课程思政与全面发展》的加油站。在书稿付梓出版之际，谨向我的家人表达由衷的感谢。

最后，衷心祝愿大家认真践行课程思政、涵育教育情怀，努力修炼成为"名师"和"明师"，努力成长为好老师、大先生，在尽情享受得天下英才而教育之的人生快乐之中真正把为学、为事、为人统一起来，实现师生的共同发展、全面发展。

刘凤彪

二〇二二年十二月一日于石家庄